JN110660

華僑の風水事典

鮑義忠

BeBe Aya

自由国民社

はじめに

私の父、鮑黎明は革命運動の闘士だった祖父が日本に亡命して、当時新聞記者だった祖母と結ばれて生まれた日中の血筋を引く二世である。幼少時から中国の風習豊かな家庭で育ち、自然に中国の卜筮星相学を研鑽して、風水の道に導かれていった。

さらに、台湾に遊学し各地で著名な風水先生の知己を得て、当時日本でただ一人の本格的風水師として活動を始めるようになる。著書も数多く出版して、風水師として高い評価を頂くようになった。

私も父とは一時疎遠だった時期もあるが、風水の神様方による父の病気の奇跡的な回復もあり、いつのまにか風水の魅力に取りつかれてこの道に足を踏み入れていたのである。

著者は運良く、九天玄女という女神と縁を持つことができて、その女神からの神託によって、台北のある道教寺廟に参るように言われたことが風水とのつながりの始まりだった。

すると、その道教寺廟の隠徳無極大法師という方が「私は二十三歳でこの寺（三峡無極七玄宮）を建てて、二十六歳の時に見た夢で、ある神佛から『貴方を訪ねて日本から二人の人が現れる』と言われたが、それはあなた達（鮑とBeBe）に違いない!!」というのだ。そんな劇的な出会いの後、何度かその道教寺廟に参るたびに手厚い歓迎と、隠徳無極大法師の絶大な法力や人柄に惹かれ、我々は拝師（師匠と弟子の儀によって入門を認められる）の契りを結ぶことになったのである。

私が道教の秘伝の法術を授かった師である故林文瑞老師（玄靈法師）は、私に秘術を口伝で授けた後に四十代という若さで惜しくも逝去してしまった。

この師から授かった秘術は、今現在ではなかなか習得できない程凄まじい威力だったが、九天玄女さまから直々のご推薦となれば話は別だ!!

真の道教の世界では〝神佛が良しとしたものはすべて良し〟という言い伝えがある。つまり、何らかの事情で神佛に〝うん〟と言わせれば〝奇跡が起こる〟ということを、私は多くの神佛との邂逅で知っている!

そして、神佛はなかなか〝うん〟とは言わないこと、私は幸か不幸か〝うん〟と言わせることには長けているのだ。

そんなことがあって、伝説上の女神さまご推薦の道教寺廟と日本を行ったり来たりしながら修行をして、ついに道士と乩士（靈媒師）の資格を頂くことができた。しかし、これで修行が終わった訳ではなくて、終わりなき修行の始まりである。

神佛から神託が降りる度に私自身が毎回、半信半疑で懐疑的なのは毎度のお約束だが、今思い出すと、私の父鮑黎明が病に罹った二十四歳の時に弁財天さまから「九天玄女さまが鮑先生（黎明）のご自宅に参りますので、絵でも写真でもなんでもいいのでお祀りしてください！」と言われ、当時は私も風水を知ってはいても、父が専門家ゆえに反発するように懐疑的で、しかも道士でもなかったため「九天玄女って誰？」という程度の認識だった。

私の父はまったく英雄ではなかったが〝窮地の英雄を救う女神〟の名の通り、その後病気は数多の神佛や周りの方々の手厚い守護と神通力によって回復したのを、今でも昨日のことのように鮮明に覚えている。

このように風水には〝眼に見えない驚くべきパワー〟があり、風水暦はそれを最大限に利用できる最高のアイテムなのだ。

本書はこれまでの年度版の風水暦に合わせて、前半は理論編として父黎明が著した風水書『華僑の風水学』や『正統風水百科』から風水の基礎知識や原則を抜粋して、「事典」判として上梓するものである。

後半の風水暦の使い方は大きく分けて二つである。

ひとつは何かを始めるのに、ふさわしい月か日であるかどうか調べること、もうひとつはどこかへ行く時に良い方位か悪い方位かを確認することだ。

こういったところから、昔から暦は行動の指針や参考にされてきたのである。

良い結果を得たいと思うのは人情で、詳しく調べるには各人の膨大なデータが必要になるが、それを掲載するとなると、一冊の本にまとめることはとても不可能である。

しかし、本書で紹介する一般的な吉凶方位盤や風水日程表でも、人生の道標として十分にその役目を果たしてくれる。真っ暗な暗闇を歩くための一筋の灯りにして頂けると確信している。

そして、我々人類に平和な世が訪れることを心より祈願している。

鮑義忠

神恩感謝！

華僑の風水事典

目次

contents

第一部◆理論編

[プロローグ] 風水はいかにして歴史を動かしてきたのか?

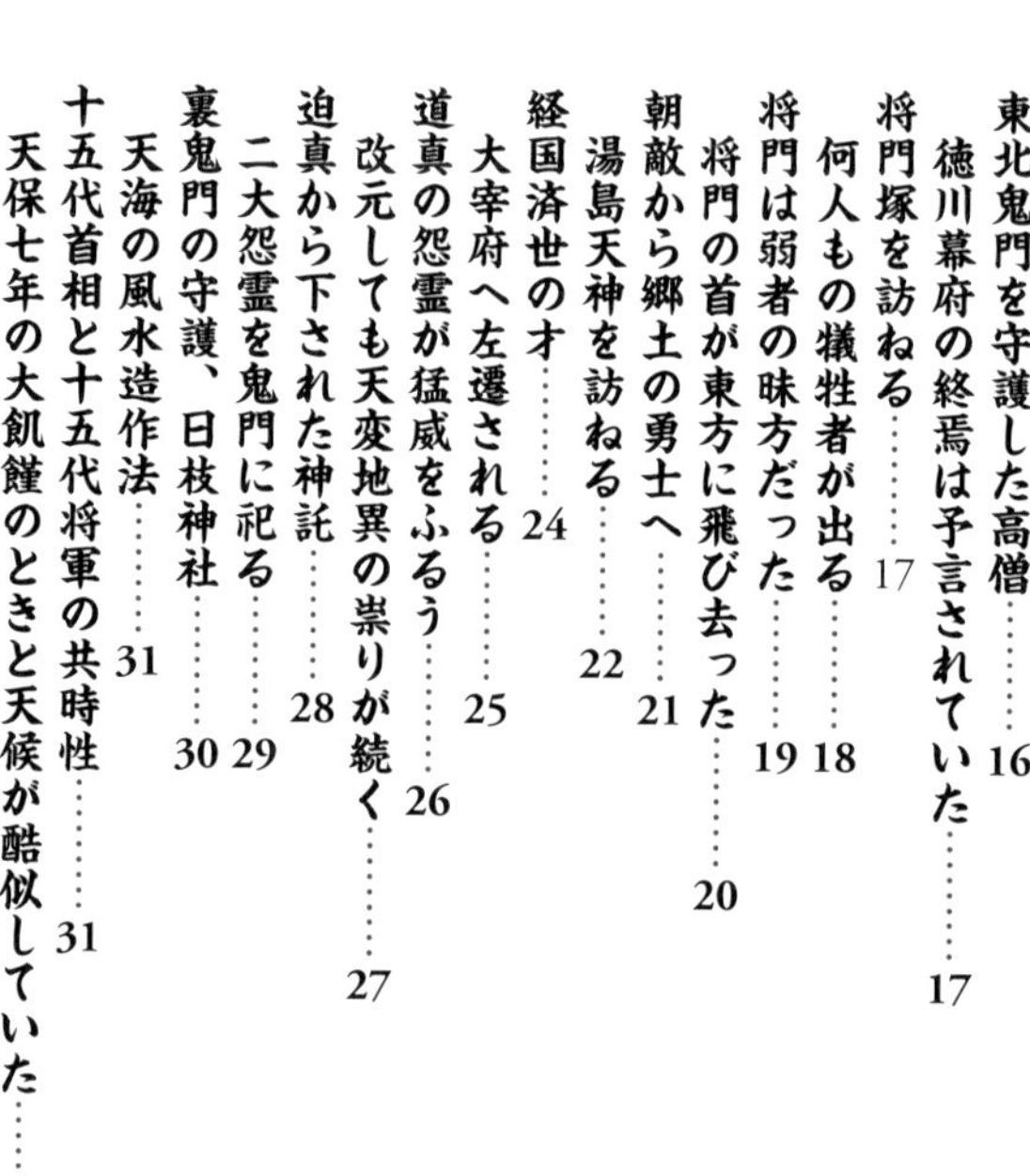

[第一章] 古代中国に学ぶ風水学の基本原則

第二部◆実践編

［第壱章］吉凶方位盤の使い方と風水用語の解説

［第弐章］本年と各月の吉凶方位盤と解説

［第参章］本年と各月の風水日程表

［第肆章］は欠番

［第伍章］風水十二支占い

◆ここからは巻末からご高覧ください

［巻末護符］華僑の強運護符

第一部 ◆ 理論編

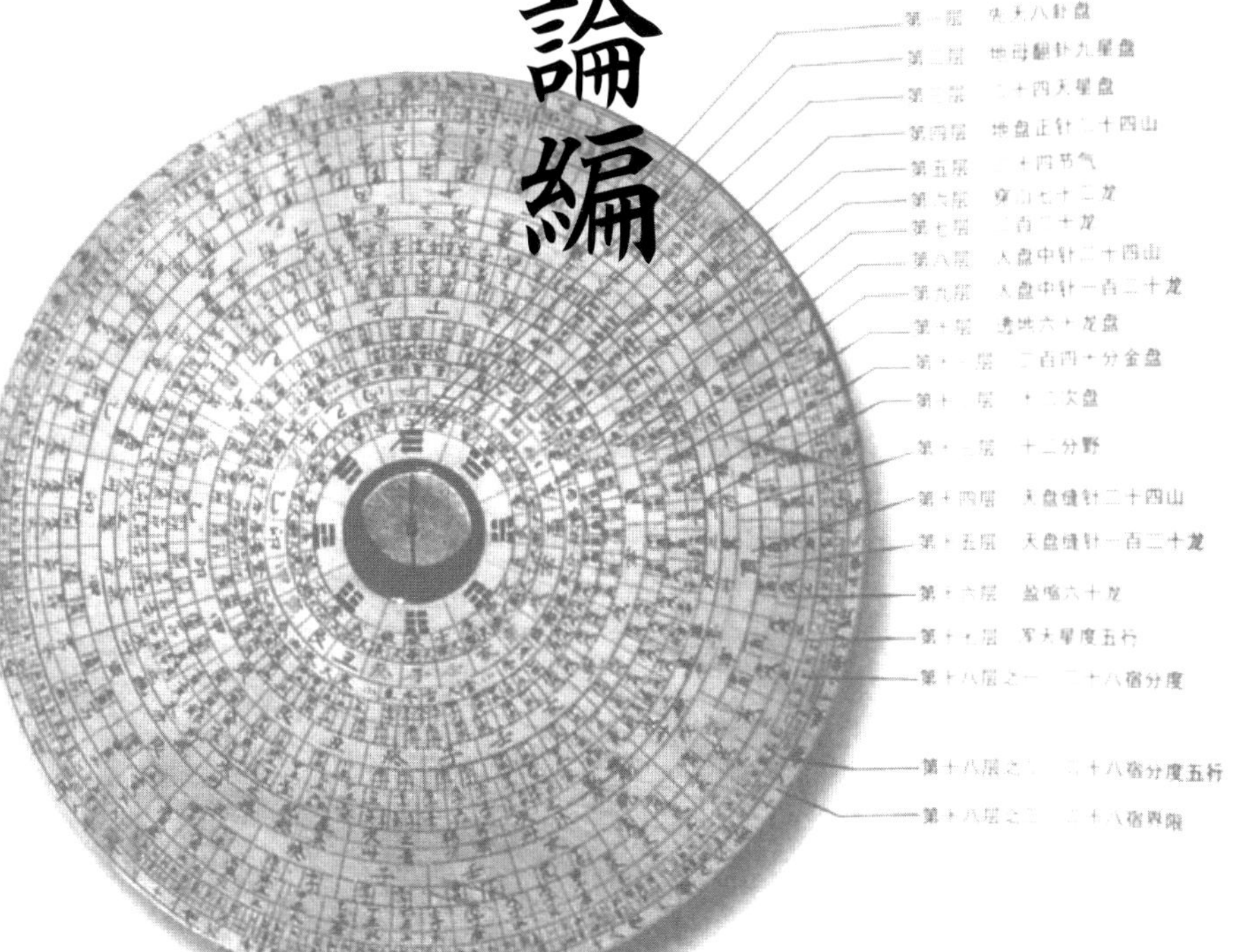
第一层 先天八卦盘
第二层 地母翻卦九星盘
第三层 二十四天星盘
第四层 地盘正针二十四山
第五层 二十四节气
第六层 穿山七十二龙
第七层 一百二十龙
第八层 人盘中针二十四山
第九层 人盘中针一百二十龙
第十层 透地六十龙盘
第十一层 二百四十分金盘
第十二层 十二次盘
第十三层 十二分野
第十四层 天盘缝针二十四山
第十五层 天盘缝针一百二十龙
第十六层 盈缩六十龙
第十七层 浑天星度五行
第十八层之一 二十八宿分度
第十八层之二 二十八宿分度五行
第十八层之三 二十八宿界限

[プロローグ]
風水はいかにして歴史を動かしてきたのか?

風水は中国三千年の歴史に育まれた占術であり、多くの為政者によって採用され、大きな影響をもたらした思想哲学でもある。

日本でも天皇家の儀式はもちろん、幕府の重鎮たちも政の吉凶を占うものとして、歴史を動かす要因のひとつとして重宝してきた。

そこで、誰でも一度は聞いたことがある、歴史から風水に関連する興味深い出来事を紹介していこう。

◇東北鬼門を守護した高僧

江戸幕府の第十五代将軍は、水戸藩主・徳川斉昭の子で三卿のひとつ一橋家を継いだ徳川慶喜であった。

尾張・紀州・水戸の御三家を頂点とする、いわゆる幕藩体制において、水戸藩は尾張藩、紀州藩とともに将軍継嗣を出しうる家格だったが、常に副将軍の座に甘んじざるをえなかった。

世に名高い水戸黄門こと徳川光圀が、かつては副将軍であったことを思い出してほしい。このような取り決めは、黒衣の宰相といわれ、家康・秀忠・家光の三代の将軍の知恵袋であった、天海大僧正の献策によるものだったと十分に推察できる。

ちなみに、水戸は江戸城から見て「東北鬼門」の方位にある。易では、東北方位は静止・停止した状態が自然であると説く。だから、東北方を静止した状態にし、それを守れば幕藩体制を維持することができると天海は考えた。

というのも、もともと天海は京都の東北を守護する比叡山延暦寺の大僧正である。比叡山延暦寺は周知のとおり天台宗の総本山であるが、「国家鎮護の根本道場」という立場を謳っている。その真意は、京都の東北を守護し、祈願することで国家の安泰を図るというところにある。

そこで、鬼門の守護をライフワークとした天海は、江戸城の東北に位置する上野山に東叡山（東国の比叡山）寛永寺を建立した。上野山は江戸城という龍穴（大地のパワースポット）の東北にある丘陵の突端であり、龍穴が風に吹き曝されるのを防いでいるのである。

天海は寛永寺を建てただけでは東北の守護は不十分とみたか、さらに東北方位に誰も動かせない場所を設けたのである。

そのひとつは、平将門の首塚を神田明神の管轄にし、今の大手町の一角に祀ったこと。そして、菅原道真を湯島天神に祀ったことである。

◇徳川幕府の終焉は予言されていた

言うまでもなく、将門、道真という日本史上の恐るべき怨霊の両巨頭を東北に祀ることにより、もしこれらの寺社を撤去する者があれば、祟りをこうむるぞとの脅しである。だから鬼門方位を永遠に静止した状態に保つことができたのである。

現に大手町の一角には、将門の首塚がいまだにある。誰もが祟りが怖いのである。不可思議な事件もしばしば起きているからなおさらだ。上野の寛永寺も同様で、織田信長のような英傑が現われない限り、焼き討ちされることはないだろう。

風水の観点からもそれは頷ける。詳しいことは鮑黎明著『黄帝占術風水篇』（徳間書店）を参照いただくとして、とにかく江戸城の鬼門に位置する岡や丘陵の高みに神社仏閣を建てることで、天海はそこを不動の地形に作り変えたのである。

そして天海は、ほぼ次のような遺言を残したといわれている。

「水戸藩より世継ぎを迎えるとき、徳川幕府は終焉するであろう……」

果たせるかな、第十五代将軍を立てる段になって、予期せぬ事態が起きた。尾張藩、紀州藩から男子が誕生しなかったのだ。幕府はやむをえず、タブーであったはずの水戸藩より世継ぎを迎えることに決めた。これが徳川慶喜である。

東北方位はまた移動・変動の力をつかさどり、それまで権力を維持していた者は失墜の憂き目に遭うことになる。逆に、これまで不遇だった者は復活のチャンスに恵まれるのである。これこそが「陰極まって陽に転ずる作用」であって、知られざる東北の陽転作用である。前者が徳川幕府、後者が朝廷の主、天皇になるだろう。

十五代将軍、徳川慶喜のときに大政は奉還され、明治維新を迎えるのだが、それは江戸城の東北、水戸藩から将軍を立てたからなのである。まさに天海の遺言どおりになった。

◇将門塚を訪ねる

中国風水に「神前仏後（しんぜんぶつご）」という言葉がある。直訳すれば「神社の前、または仏閣の後ろ」であるが、要するに、神社仏閣には家屋でも会社でも、隣接したり、向かい合っていないほうがよいということだ。

もし隣近所にあったりすると、何かと厄介なことに遭うとか、災難に見舞われるという。

かりに、神社仏閣がその家、または会社の凶方に位置していれば、災いが止むことがないとされている。

私もそうした被害に遭われた方々から実際に相談を受けたり、台湾でも日本でもそのような場に赴いた経験があるので、原典に説かれたことの信憑性を否定するつもりはない。

「そんな怪奇現象が現代に起きるはずがない」という懐疑的な人には。格好の場がある。東京は大手町一丁目にある将門の首塚がそれである。

西から北に大きなビルが建っている一隅に、首塚はひっそりと控えている。四方を高いビルに囲まれた地勢は「四害殺」、別名を「牢獄殺」といい、こういうところに住むと心は塞ぎ込み、二進も三進もいかなくなる大凶相と言っていい。まさしく将門公の怨霊を封じ込めたかのように思える。

もう何度も取材やロケでここを訪れているけれども、不可思議な亜空間のように感じられてならない。

大手町という、日本人なら誰でも知っている大企業の巨大なビルがひしめく日本経済の中枢のような地に、なぜ、このような祠(ほこら)が保存されているのか、奇異に映らないだろうか。西洋的合理主義からすれば、さっさと整地してビルを建てたらよいはずだ。しかし、これまでの将門の首塚にまつわる不可解な出来事を知ったら、きっと「触らぬ神に祟りなし」ということになるだろう。

◇何人もの犠牲者が出る

大正十二年(一九二三)十一月、関東大震災の衝撃さめやらぬ頃のこと、一面が焼け野原になった将門塚のあたりを大蔵省が整地して仮庁舎を建てたとたん、怪我人や病人が統出し、死者はわずか二年間で十四人にものぼった。死者には時の大蔵大臣、早速整爾(はやみせいじ)も含まれていた。たちまち、これは祟りだと大騒ぎになり、仮庁舎は取り壊されたのである。

加門七海著『平将門は神になれたか』(ペヨトル工房)によれば、そのとき、将門塚を掘ると小さな長方形の石室が見つかった。しかし、石室は将門の棺(ひつぎ)ではなく、比較的新しい時代の河原の土砂や陶片の混じった土が入っており、かつて一度発掘され、補強された形跡がめったと記録されていたらしい。そしてそれは明治以前のことで、秘密裡に発掘された可能性が大であり、当然ながら徳川幕府がその発掘に手を下し、将門の髑髏(どくろ)(首級)を取り出し、どこかに移したと考えられるという。

つぎに昭和十五年(一九四〇)、なんと大蔵省の本庁舎に雷が落ち、大パニックとなって、建物は全焼した。ちょうど将門没後一千年に当たっていた。そもそも昭和二年から将門の鎮魂祭が行なわれていたのが、この年はそれを怠ったからだということになった。

五年後の昭和二十年、将門塚は東京大空襲により再び灰燼（かいじん）に帰したのだが、戦後、アメリカの駐留軍が将門塚の場所にモータープールを作ろうとしたとき、ブルドーザーの運転手が事故で死亡してしまった。

そのときは通訳が米軍の将校に、「たいへん有名な歴史上の大酋長の墓があった場所だから」と懸命に説明したため、将門塚は整理されずに済んだという。

◇将門は弱者の味方だった

将門が乱を起こすきっかけとなったのは、伯父の平良兼（たいらのよしかね）との対立であったようだ。

以後、将門は、常陸・下総・下野の各地で一族と抗争を繰り返したが、承平五年（九三五）、源護と平国香（良兼の兄、将門の伯父）との戦いに勝利、国香は戦死した。また、子を殺された源護が朝廷に将門の反乱を訴え出たため、私闘では済まなくなる。

朝廷に召喚された将門は事の経緯を述べて弁明に努め、いったんは許されて下総に帰った。

天慶二年（九三九）、将門は武蔵の国司・源経基と郡司・武蔵武芝との紛争に介入。さらに常陸国司に追われる常陸国の土豪・藤原玄明を助け、ついに常陸国府を攻略。国司を追放した。これにより、将門は中央に反旗を翻す首謀者とみなされ、関東一円の豪族に対じ、将門追討の令が発せられたのである。

『宇治拾遺物語』や『日本外史』では、将門は皇位を狙った逆臣という汚名を着せられている。

だがそれは違う。乱がなぜ起きたか、その原因の一つは、まず、伯父の国香が将門の父から預かった遺産を将門に渡そうとしなかったことだ。また、源護の倅（せがれ）たちが執心していた美人が将門に嫁いだことから招いた嫉妬。そして三つめとして、当時の武蔵介、源経基が将門を誤解して朝廷に讒言（ざんげん）したからである。

源経基は武蔵の国司として赴任早々、坂東土着の名門、武良武芝と対立した。経基は官僚主義の小人だったために、権限を振り回し、武芝の助言に耳を貸さず、民を虐待して搾取したのであろう。そこで将門が心配して、武芝を経基のところへ連れて行き、和解の宴を開いている最中に、武芝の従者が経基の家来と衝突して、これを張り倒してしまった。

そのため小心な経基は、武芝と将門が結託して自分を迫害するものと気をまわし、急ぎ京都へ駆け込み訴えたが、かつて武芝を圧迫した武蔵守の興世王ですら、経基には同情しなかった。

そうしたことから経基はよほど人望がなかったとみえるが、これに対して将門は人望が厚かった。坂東でもめ事が起きると、将門は話し合いを勧めて和解させたり、あるいは一方を庇護している。興世王が慣行を無視して足立郡内に入って乱暴をはたらき、郡司の武芝を圧迫したときにも将門の介入により和議が成立したのである。その後にも興世王は新たに赴任した守、百済貞連と対立したが、下総国の将門の許に走って庇護を受けている。

◇将門の首が東方に飛び去った

『将門記』は、将門が常陸国府を陥落させたのち、関八州を領有しようという決意をしたのは興世王の発議によるものだという。今も昔も意気投合した者たちが力を合わせて、共に目標を達成しようと励まし合うことに変わりはない。歴史をただ「勝てば官軍」という眼でしかとらえないのなら、人生の深奥は見えないだろう。

また、『将門記』には、将門が上野国府で八幡大菩薩の使いだと称する巫女の神託に従って「新皇」の位に就いたと記されている。これは京都の朱雀天皇に対抗したものであろうが、このときのご神託には実は深い意味があったのである。それについては後述したい。

それにしても、一族間の私闘が国家に対する反乱へと変わっていった背景には何があったのか。

それは将門が身に受けた血のせいだったのだろうか。将門の父、良将は桓武天皇の曽孫にあたる高望王の子であり、将門は桓武天皇の五代目落胤という名門の血筋なのである。だから、いつまでも地方の豪族に甘んじているのは血が許さなかったのだろうか。

次から次へと国司らを追放し、日の出の勢いで関東一円を席巻した将門の最期は妙にあっけない。天慶三年（九四〇）二月、父の国香が殺された直後に将門征伐を試みて果たせなかった平貞盛が、下野の豪族・藤原秀郷（俵藤太）とともに再度、将門に挑んだ。将門は流れ矢に当たり、まったく思いがけず討ち取られてしまう。享年、三十八歳であった。

将門の首級は京都に送られ、獄門に架けられたが、三日後、白光を放って東方に飛び去り、武蔵国の豊島郡芝崎村（今の大手町から神田橋辺）に落ちたという。「将門首塚の由来」

はそのときの様子を、「大地は鳴動し太陽も光を失って暗夜のようになったという」と伝えている。

驚愕した芝崎村の者が今の首塚の井戸で首級を洗い、同村の日輪寺境内に葬った。日輪寺は今から一千余年前、了円法師が建てた天台宗の古刹である。一説には、将門の胴体を日輪寺に埋葬し、後に京都から届けられた首も併葬されたのが今の首塚であるらしい。

将門の霊は国賊の汚名を雪がれることなく瞑目しなかったという。そして誰も回向してくれないことを怨み、火災が発生したり、怪我人や病人が出たり、厄介な出来事がたて続けに起きたが、村人たちはなす術がなかった。

◇朝敵から郷土の勇士へ

徳治二年（一二〇七）、遊行上人・真行坊という時宗の僧が東国へ行脚の途中に通りかかり、村人たちの話を聞くと、将門塚の前で恭しく回向し、塚のそばに石碑を建てて手厚く葬り、将門の魂魄に蓮阿弥陀仏の法号を贈ったとたん、祟りはおさまったという。

そしてその塚を筑土明神と崇め、塚の前に祠堂を建てて神田明神と称した。このことから将門塚は現在、神田明神の管轄である。将門塚の転身である筑土明神（現在は筑土八幡神社）は筑土八幡町（かっての牛込）にあり、将門の木像と首桶が御宝物である。

塚の傍らにあった蓮池も昔は神田明神の御手洗池といい、禁漁池であった。すでに埋め立てられて今はないが、塚には将門の首を洗った古井戸の跡が残っている。

将門の没後、女婿・忠頼の孫、忠常と忠将を経て、その血筋が相馬御厨、相馬中村、武蔵、小田原、千葉の地域に大量に子孫を増やし、なかでも相馬の平氏はその眷属が二百数十姓の多きに及んだという。

そして江戸は相馬氏族で占め、江戸太郎重長がその頭領とされる。神田明神・四谷天王の宮司は芝崎氏、筑土明神の神主は筑土氏というふうに江戸の旧家はすべて相馬平氏の血筋を引く。つまり将門の遠い子孫であって、江戸の明神と名のつく神社はみな先祖である将門公を祀ったものである。かつては太田道灌も徳川家康も、なにはともあれ江戸の鎮守である神田明神を崇敬したらしい。

明治の頃、将門を逆賊呼ばわりする者が絶えなかった。

それに対して将門雪冤の運動を起こしたのが、牛込払方町の老儒学者・織田完之翁でめった。

織田翁はよほど口惜しかったとみえて、文科大学から宮内

大臣、枢密顧問官の松方伯爵、大蔵大臣にまで働きかけ、その甲斐あってついに明治三十八年（一九〇五）、時の芳川内相により将門事績の正伝『将門記伝』が国宝に指定された。

将門塚保存会の記す由来文は将門公の霊を慰め、江戸っ子の心意気を顕彰する名文だと思われるのでここに掲げたい。

「京都では藤原氏が政権をほしいままにして我が世の春を謳歌していたが、遠い坂東では国々の司が私欲に汲々として善政を忘れ、下僚は収季に民の膏血をしぼり、加えて洪水や旱魃が相続き、人民は食なく衣なく、その窮状は言語に絶するものがあった。その為、これらの力の弱い多くの人々が将門によせた期待と同情とは極めて大きなものがあったので今もって関東地方には数多くの伝説と将門を祀る神社がある。このことは将門が歴史上。朝敵と呼ばれながら実は郷土の勇士であったことを証明しているものである。また天慶の乱は武士の台頭の烽火であると共に弱きを助け悪を挫く江戸っ子の気風となって、その影響するところは極めて大きい。ここにその由来を塚前に記す」

このような精神は、時代が変わった今の東京にも当てはまることではないだろうか。少なくとも江戸っ子なら、やはり首塚や神田明神に詣でて将門公の御霊を慰めてあげてほしい。

◇湯島天神を訪ねる

ここまでの将門にまつわるエピソードを読んでも、まだ迷信だと言い張るだけの勇気がある方はいるだろうか。つぎに湯島天神に目を転じていただこう。

文和四年（一三五五）、湯島村の住民が道真公の霊夢のお告げにより、村の高台の北端にあった老松の下に道真公を祀る小さなお堂を建てたのが、湯島天神の始まりだという。

太田道灌が江戸城を築いて間もない文明十年（一四七八）の夏の日のこと。道灌はいつものように和歌を考えているうちうたた寝してしまった。すると枕元に道真公が現われた。その翌朝、菅公自筆の画像を持ってきた者があったので、道灌はこれぞ歌道奨励の神慮に違いないと決め、湯島台の天満宮を大いに再興したという。

ひるがえって、日本民族は多分に迷信や俗信に振り回されやすいようである。「そんなことはない」という人の中にも、迷信と真実の区別がつかない場合が少なくないようである。迷信の中でも、かなり浸透しているのが「鬼門信仰」である。とかく日本では東北の鬼門は忌み嫌われている。

鬼門方位に向く家は売りに出ても買い手がつかなかった

り、鬼門に移転するのを避ける人が多い。どうしてだろうか?それについて私は真剣に考えずにはいられなかった。

さて、平将門の怨霊と並び称されるのが菅原道真の怨霊である。その道真公を祀るのが湯島天神である。

どうして将門塚のつぎが湯島天神になるのかというと、まず、江戸つまり東京の東北鬼門を守護しているのが、将門公と道真公の日本史上の二大怨霊だからである。その場合、かつての江戸城、今の皇居から見ての鬼門方位になることはいうまでもない。なぜ、この二大怨霊を鬼門に祀ったのか、そのわけを、ここで探ってみよう。

かつて将門が新皇の位に就いたとき、上野の国府で官位を授ける儀式の最中に、神がかった一人の巫女が自分は八幡大菩薩の使いであると口走り、そのご神託を将門に告げたという。それは、「帝位を平将門に授ける。その位記(叙位の旨を記した文書)は菅原道真が取り次ぐ。八幡菩薩は八万の大軍を率いて、将門に天皇の位を授ける。だからすぐに音楽を奏で、それを迎え奉るがよい」という意味であったという。これは加門七海さんが自普『平将門は神になれたか』の中で『将門記』の一節を要約して書かれたものだが、加門女史は、「だけどどうしてここに突然、菅原道真が現われるのか、私は理解できないのである」としながらも、「一説—将門享年三十七歳説によると、将門が生まれたのは延喜三年、奇しくも道真が没した年と同じ年になるらしい」と関連づけている。つまり、これは将門が没したのが数え三十八で満年齢は三十七歳とする立場である。

結局、加門女史は類い稀なる将門の心酔者として、こう結んでいる。

「将門はただ、この託宣で御霊菅公との強力な縁を結ばれたに過ぎないのである……。私はこの神託は、将門が道真と同じ御霊となる運命を決定づける、重大なファクターだったと考える。そしてこの託宣が実際に行なわれたものだとすれば、この巫女の言葉は帝位の授与どころではない、呪われた将門の運命の予言の言葉ということになる」

八幡大菩薩という味方に加勢してもらいながら、どうして将門はあっけなく一命を落としたのかそれについて興味のある方は『平将門は神になれたか』を一読されたい。

ところで、『将門記』のいう八幡大菩薩のご神託にあるように、将門公と道真公とは、もしかすると非常に深いかかわりがあるかもしれないのだ。

ちなみに、私の祖母の先祖はなんと菅原道真公であるらしい。子供の頃から耳にタコができるほど聞かされたので忘れない。宮崎の本家に家系図が残っているそうなのである。

さて、菅原道真がそれほどすごい怨霊であることをあまり気にしない読者、また現代の若い人たちのためにも、その縁起を少し述べておきたい。

◇経国済世の才

菅原道真（八四五～九〇三）は平安時代前期の学者・政治家である。菅原氏は奈良朝以降、学者の家系として有名であり、祖父の清公は儒門の領袖、父の是善は上卿良吏・儒士詞人と称され、ともに文章博士と式部大輔の地位に就気公卿に列せられたほどの名家だった。ちなみに文章博士は当時、学者の最高位であった。

道真もまた文章博士と式部大輔になったから、優秀な学者の血脈は三代続いたことになる。これは当時としても稀なことであった。さらに道真は学問に優れていただけでなく、性格も穏健で誠実だったところから、宇多天皇の信頼を得ることになる。

仁和三年（八八七）に「阿衡の紛議」という事件が起きた。これは藤原佐世と橘広相が詔書の中にある阿衡という言葉の解釈をめぐって対立し、詔書の作者である橘広相が処罰されそうになったとき、道真は広相を擁護する意見書を藤原基経に奉ったのである。

平安時代は、藤原氏が天皇との外戚関係を結ぶことで政権をほしいままにしていたので、誰も藤原氏にまともに反論するだけの自信もなかった。即位して間もなかった宇多天皇にしても藤原氏との確執に頭を痛めていたため、このときの道真の勇気凛々とした行ないには大いに感心されたという。

寛平二年（八九〇）、道真は蔵人頭に抜擢される。これは天皇にかかわる重要な問題を処理する役職である。そして二年後には参議となり、公卿に列せられた。この頃、皇位継承者を誰にするかという重大事について、宇多天皇は参議になったばかりの道真ひとりに相談した。公卿では最下位の官位の道真に、天皇がひとかたならぬ信を寄せたのである。

ほかの公卿たちの不満と羨望を身に受けながらも、道真はその後も参議から式部大輔へ、さらに中納言へと昇格し、皇太子の教育担当である春宮権大夫も兼任する。

昌泰二年（八九九）、道真は右大臣の位に昇った。左大臣は藤原時平であった。時平は、あの阿衡の紛議で宇多天皇に譲歩させて政治的優位に立った基経の子である。すぐれた学者の家柄であっても、身分は高いかというと低かった。それが、権力の権化ともいうべき藤原氏と肩を並べるまでに昇進したのである。

ちょうどこの年、宇多天皇は敦仁親王に譲位すると、三ヵ月後には仁和寺において出家し、法皇を称し、天皇の父君として大きな発言力を有した。しかし、代替わりのときには、もめ事が起きやすいものである。

はたして、敦仁親王が即位して醍醐天皇となるにあたり、宇多天皇が申し渡したにもかかわらず公卿たちはこれを守らなかった。そればかりか、政務にいそしまず、道真に大臣辞任の勧告書を送りつける始末であった。そのような公卿たちの抵抗に、道真は天皇に辞表を奉ったが、受諾されなかった。

◆大宰府へ左遷される

延喜元年（九〇一）の正月、道真は、醍醐天皇を廃して天皇の弟の斉世親王を擁立しょうと画策したとの嫌疑をかけられた。道真にとってはまさに寝耳に水であった。敦仁親王の頃から道真が次期天皇にと勧めていた醍醐天皇を廃しようなどとは、とてもありえないことである。これは、道真の娘が斉世親王に嫁していたことから、身に覚えのない罪を着せられたようだ。

道真は大宰権帥という官位に落とされ、旅仕度を整えるいとまも与えられず、二月五日には筑紫の大宰府へ発った。

筑紫大宰府への左遷の報を聞き、驚いた宇多上皇は処分の停止を要請するために内裏へ駆けつけたが、警固の者たちは内裏に入れようとせず、蔵人頭も上皇の参内を天皇に取り次がなかった。

上皇は夕暮れ時まで座りこんで待ったが、けっきょく天皇に会えず、虚しく帰った。それもこれも、みな、左大臣の藤原時平の陰謀であった。

迫害は道真の子たちにも及んだ。長男の高視は土佐に流され、残りの子たちも飛騨の山奥、駿河、播磨へと、それぞれ流された。

筑紫にいたる道真の道程も困難を極めるものであった。老いた馬は蹄を痛めており、また、今にも沈みそうな古びた舟に乗せられての護送であった。道中で逃亡する危険を冒すより、途中で落命しろという扱いにも思えた。

こうしてやっと筑紫にたどり着いてみれば、そこは雨漏りがする、床が抜けた粗末な官舎であった。その廃屋のような家で、道真は無念のうちに生涯を閉じた。延喜三年（九〇三）二月二十五日、享年五十九歳であった。

道真が世を去った年の、夏も終わろうという頃に起きた怪事を、『大鏡』は伝えている。

ある晩のこと、比叡山延暦寺の座主・法性坊尊意の持仏

堂の戸を、かすかに叩く音がした。尊意が戸を開けると、そこには死んだはずの道真が立っていた。「どうしたのか」と尋ねると、「無実の罪を着せられたまま死んでしまい、無念でならない。如何にしても収まらぬ怒りに雷電となって、自分を陥れた公卿たちを殺そうと思う……」と言った。尊意は道真の師匠であり、仏弟子の道真の霊魂がその師のもとへ現われたのであろう。

道真が尊意に頼んだことは、公卿たちは雷電を鎮めるために師匠を呼んで祈祷させるだろうが、自分と師匠との誼から、どうか参内しないでいただきたい、というものだった。尊意が、師弟の間柄も大切だが、天皇のご命令とあらば参内しないわけにはいかぬ、と答えると、道真は怒気を発し、口から炎を吹きかけた。その炎は戸に燃え移ったが、尊意は慌てず、法力を用いて炎を消し去り、道真の霊を退散させたという。

◇道真の怨霊が猛威をふるう

果たせるかな、菅原道真の死後から、厄難や天変地異がたて続けに起きる。

『大鏡』には、七日間も豪雨が降り続き、雷が清涼殿に落ちそうになったとある。そのとき左大臣の藤原時平は太刀を抜いて雷を睨みつけ、一度は退散させたが、豪雨と雷の被害はほとんど毎年のように京を襲ったという。それだけでなく、旱魃が続いて、雨乞いをする農民たちが困り果てて騒ぎ出したこともあったと伝えている。

さらに、延喜八年（九〇八）には藤原菅根が死んだ。彼は道真に左遷の命が下された日、急いで駆けつけた上皇を天皇に取り次がなかった蔵人頭である。

その翌年には、道真を追放した張本人の藤原時平が急死した。享年三十九歳の若さであらだ。

延喜十三年には。源光が狩猟中に不慮の死を遂げた。源光は時平に協力して道真を追いやり、道真が左遷された後にそのあとがまとして右大臣となった男である。源光の死は尋常一様ではなく、悩乱の状態であったと伝えられる。また一説では、時平の弟でのちに政権を掌握する忠平に暗殺されたともされる。

道真を客死に追い込んだ元凶である時平、その共犯者の源光。彼らが死んだ前後の年は豪雨により洪水が京を襲い、疫病が発生し、農民は不作に悩まされたという。

時は流れて、道真の逝去より二十年たった延喜二十三年、右大弁の藤原公忠が病にかかってもいない身で急死した。

あろうことか三日後に蘇生して言うには、「時平の言うことを信じて、罪もない臣を流罪にした誤りは重大だ。地獄に堕ちるであろうが、もし年号を改め、過ちを認めて謝るならば地獄堕ちは免れるであろう」。つまり冥界での見聞を伝えたというのだった。

この話を耳にした醍醐天皇は、さっそく延長と改元し、道真流罪の宣旨を焼き捨て、道真を官位に返り咲かせ、さらに正二位に昇進させた。

かつて第一皇子つまり敦仁親王だった頃、道真に学問を教わり、道真から次期天皇にと薦められた醍醐天皇であった。運命は実に皮肉にも、この天皇をして道真に左遷を申し渡させることになったのだ。たとえ、藤原時平が実際に企んだこととはいえ、醍醐天皇にしてみれば藤原氏の勢力に抗しがたい苛立ちはあっただろう。

◆改元しても天変地異の祟りが続く

年号を変えるにいたった原因はまだあった。道真が死んで二十年目のその年、三月に皇太子の保明親王が夭折した。保明親王の母が時平の妹であったから、これも道真の祟りだと思われた。

それに親王の死と時を同じくして、宇多天皇の女御だった褒子が急死した。褒子は時平の娘であったから、やはり道真の怨みをかったのだと思われた。その後も、道真の祟りは止まなかった。

延長三年（九二五）、保明親王のあとに立太子した慶頼王もわずか五歳で夭折した。その後に皇太子に擁立されたのが寛明親王だったが、道真の祟りを恐れた醍醐天皇はこの皇子を昼でも暗い部屋の中におき、灯火をともした御帳の内で育てた。

寛明親王は保明親王の死後、四ヵ月して生まれたからである。幸いにも親王は後に七歳で即位し、朱雀天皇となったのであるが……。

だが、恐るべきことに、朱雀天皇が即位するときにも怨霊は祟ったのである。

延長八年（九三〇）六月二十六日、清涼殿に雷が落ちた。大納言の藤原清貫の衣服に火が飛び、清貫は焼死。右大弁の稀世は雷に胸を裂かれて横死した。右近衛の舎人忠包は毛髪に火が移り焼死。紀蔭連は煙にまかれて死亡。そのほかにも死傷者が出て、一大パニックとなった。

醍醐上皇は心痛のあまり、病床に伏すことになり、三ヵ月後に薨去した。これぞ日木史上、類を見ない大事件であった。

◇道真から下された神託

いわば道真の怨念によって死去した父、醍醐天皇の後継である朱雀天皇の即位は、前途にただならぬ暗雲がたちこめているかのように感じられた。事実、その後まもなく、坂東では平将門の乱が、瀬戸内海沿岸では藤原純友の乱が起き、律令制に緩みが生じたのである。

また、朱雀天皇が即位して十年のうちに、時平の次男、三男が相次いで死亡し、地震や疫病の発生をみ、改元や大祓いが幾度も行なわれた。このときにも、先の藤原公忠に起こったのと同じような現象が見られたらしい。地獄で道真と醍醐天皇に逢ったというのだ。

それだけではない。その後も道真からの宣託が京都・滋賀の巫女、神官、僧侶に下る。

天慶五年（九四二）。右京七条坊に住む多治比奇子（たじひのきこ）という巫女へ菅原道真から神託が降り、火雷天神を祀った。道真公の没後、四十年目であった。

天慶九年、大内裏の北野に一夜のうちに千本の松が生え、「道真を祀れ」とのご託宣が降りたので、天暦元年（九四七）、その地に社を建て、「天満大自在天」と尊称したという。ここが、いわゆる天神様こと北野天満宮の発祥の地である。

それでも道真の祟りはおさまることがなかった。天変地災は依然として続き、改元や祈祷の絶えることがなかった。

天徳四年（九六〇）九月二十三日の夜半に内裏で起きた火災は、翌二十四日早朝まで続き、幾棟もの殿舎のほか、貴重な宝物や文書が焼失した。このような内裏の大火災は平安遷都以来、百六十七年ぶりのことであらた。翌年、応和と改元したためか、十五年問は火災は発生しなかった。

しかし、貞元元年（九七六）にまた内裏が炎上し、地震も起きた。天元三年（九八〇）にも内裏が焼失した。貞元元年の火災の頃の話が、『大鏡』につぎのように織っている。

内裏天井の裏板が発見されたが、そこには虫に食われたような跡があり、一種の歌のように読めた。

つくるとも　またもやけなむ　すがわらや　むねのいたまの　あはねかぎりは

造っても造っても、道真の無念が晴れぬ限りは何度でも内裏を焼く、という意である。げに恐ろしきは道真公の怨霊よ、といったところだ。

正暦四年（九九三）六月、一条天皇により、故・菅原道真公に左大臣正一位が贈られ、さらにその年の閏（うるう）十月に太政大臣の位が贈呈された。そして、天皇の勅使として道真の曽孫・

幹正が立てられ。幹正は道真が葬られた筑紫の安楽寺に下向し、天皇の詔書を読み上げた。

そのとき、遥か天空のかなたから、詩を朗々と吟じる声が聞こえ、「生きての怨みは死しての喜びとなり、今はすべて満たされている……」と、うたっていたという。

菅原道真公が死んで九十年の星霜をへて、ようやく怨霊は鎮まった。

天慶四年(九四一)、道観という僧が蔵王菩薩に導かれて金峰山の浄土を巡ったとき、道真公は「日本太政威徳天(にほんだじょういとくてん)」と呼ばれていたという。そして、時代は下って、明治期の古神道家・宮地水位(一八五二～一九〇四)が幽界を探訪した折に、道真公は神仙界に三つある刑法所のうちの一つで長官を務めていたという。

このような話は道教の世界では枚挙にいとまがない。人は死して後、冥界や幽界において何らかの役目を負わされるという。あの世ではこの世の秩序を護るべく、亡魂たちは神として、あるいは菩薩として、賢愚の別なく、働かなくてはならないのだという。

ともあれ、道真公ゆかりの天満宮は全国に一万五百社もあるという。それだけの数にのぼったのは、道真公の怨霊の祟りを恐れるだけでなく、すぐれた学者であり政治家であった道真公にあやかろうと、文筆・学問の神として祀ったからである。また、世の冤罪に苦しむ人たちの守護神としても民衆の尊崇を集めたからだろう。

◇二大怨霊を鬼門に祀る

将門公を祀る神田明神はもともと今の首塚のある芝崎村にあったのが、神田橋の外に移り、後に神田山(今の駿河台)、湯島台と転々とし、宮本町(現・在の外神田二丁目)へ鎮座して落ち着く。

天正十八年(一五九〇)、徳川家康が江戸に入ったとき、江戸城の拡張工事のため、将門の首塚を神田明神と号して、駿河台に移した。そして二代将軍・秀忠のとき、現在の外神田へ移されて今日に至っている。

和歌森太郎氏の説によれば、大手町のあたりに須崎明神という古い社があり、この地の古い土豪である江戸一族の御霊を合祀していた。ところが将門の首塚がしばしば鳴動し、人々に祟りをなすというので、戦国時代の頃に須崎明神に合祀したという。ちなみに、猿楽町(千代田区および渋谷区)という地名は、神田明神に猿楽を奉納した名残りであるという。また、日本橋兜町の名は、将門を討ち取った藤原秀郷(俵藤太)

が罪滅ぼしに将門の兜を供養した兜塚に由来する。兜町となったのは明治四年（一八七一）のことである。

兜神社（兜塚）は証券界の守り神的存在だそうだが、これは将門の兜を埋めた上に建てられたのである。将門の首が祀られた日輪寺は芝崎町の名を背負い、浅草寺付近に移転して、現在の地名は西浅草三丁目となっている。

湯島天神の建つ湯島台は、かつての江戸にあっては上野山、駿河台、霞ヶ関などと並んで、江戸城周辺の固有の丘として戦略上からも重要な拠点であった。

永禄年間（一五五八～一五七〇）の地図によると、湯島天神を東に下った天神下交差点辺は海岸であった。そこから一キロ数百メートル東方の海上に浅草観音の島が見えたという。また不忍池は当時、入り江であった。

◇裏鬼門の守護、日枝神社

日枝神社は江戸っ子たちから「山王さん（さんのう）」と呼ばれて親しまれてきた。例祭の山王祭は「天下祭」と呼ばれ、東の鎮守、神田明神の神田祭とは江戸の祭りを二分して、それぞれ隔年の周期で行なわれてきた。古くは日枝山王権現と称したが、慶応四年（一八六八）、日技神社と改められた。

赤坂の山王日枝神社には「皇城之鎮」という扁額がかけられている。これこそ、江戸城そして皇居の西南裏鬼門を鎮護するという意味である。ここまで立場を明確に表わしている寺社は、ほかにはないかもしれない。

また、江戸の産土神として崇敬を集めたというくらいだから、やはり皇城の鎮護のために建てられたと見てよいだろう。

この神社は、太田道灌が江戸城を築いたとき、武蔵国河越の山王社を勧請し、江戸城内に祀ったことに始まると一般に伝わっている。だが社伝には、すでに江戸氏が、後に江戸城が建てられた地に山王宮を祀っていたと記されている。

天正十八年（一五九〇）、徳川家康が入府し、江戸城内の紅葉山に祀ったものを、二代目秀忠のとき、城内の半蔵門の外辺へ遷座し、さらに明暦三年（一六五七）正月の「振り袖火事」で炎上したため、四代目家綱は新たに現在の赤坂溜池の隆起した地に移した。

赤坂の山王日枝神社の鳥居の正面に建つビルがある。ビルの入り口が鳥居に向いているのでなく、鳥居を背にしているので「神前仏後」となるのだが、これこそ自民党の大物代議士たちの事務所が集まるＴＢＲビルなのである。

自民党は山王日枝神社を鎮守として崇めていると、党員の人から聞かされたことがある。自民党は永田町に本部を置いているから、最も近隣の神社である山王日枝神社に詣でるのは自然なことであろうか。

古くから日枝神社の神使は猿といわれ。拝殿や門の前に夫婦猿の像が安置されている。そのためか、不思議と自民党（または元自民党）代議士のなかに明らかに猿面と思われる人が何人かいるのは、党内でも知る人ぞ知る事実であるらしい。それも決まってリーダー格の人なので、日枝神社の使者ではないかという噂が広まったことがあったという。

◇天海の風水造作法

さて、平将門と菅原道真という日本史上で最も恐るべき二大怨霊を江戸城の鬼門に祀ったのは、前に述べたように、黒衣の宰相と呼ばれた天海大僧正その人であった。

江戸城は四度に及ぶ大普請によって、大坂城に勝るとも劣らない巨大な城郭となったが、それもこれも風水による造作を行なったからにほかならない。

ちなみに、鬼門を鎮護する神田明神と山王日枝神社を直線で結ぶと、その延長線上に天守閣跡がある。また、浅草観音と目黒不動尊とを直線で結んでも、やはり天守閣跡の付近を通る。よく上野山の寛永寺と芝の増上寺が鬼門・裏鬼門の抑えであるといわれている。それはあながち間違いではないが、両寺はむしろ徳川家の御墓所としての存在なのである。

風水において龍穴の周囲の「砂（風除けの丘・小山）」となる丘陵に神社仏閣を築くのは、その場が削られたりされないためである。それらの丘が削られてしまうと、龍穴が風に吹き曝されて生気が散失することになるからである。

それゆえ、江戸城の東北にあった神田明神・首塚・湯島天神などに加えて、上野山に寛永寺を建てたわけである。

しかし、かつての神田山・湯島台はいくらか削られてしまった。

鬼門、つまり東北方位は、易の八卦では「山」「変動・停止・相続」を表わすため、この方位にある丘や台地上で新築や増築や改築、また普請工事をすると、世継ぎが絶える可能性がある。

◇十五代首相と十五代将軍の共時性

戦後四十年続いた自民党政権の最後の宮沢内閣の不信任案の可決と、徳川慶喜の大政奉還にみられる共時性（シンクロニシティ）。この偶然に見えて偶然でない事態は、ひとえに東北方位のもたらす作用にほかならない。

平成七年（一九九五）は戦後五十年という節目の年であったけれども、自民党五十五年体制をさかのぼると、初代総裁の鳩山一郎を筆頭に、石橋湛山、岸信介、池田勇人、佐藤栄作、田中角栄、三木武夫、福田赳夫、大平正芳、鈴木善幸、中曽根康弘、竹下登、宇野宗佑、海部俊樹、そして宮沢喜一でピタリ一五人目である。

平成五年（一九九三）は鹿島市長のゼネコン汚職事件に続いて、Jリーグサッカーの前半戦で鹿島アントラーズが優勝するという出来事が大衆の関心を集めた。

言うまでもなく、鹿島は茨城県であり、皇居から東北の方位に当たる。これで東北が変動したとみれば、自民党は徳川幕府であり、宮澤喜一は現代版の徳川慶喜になるだろう。

これは単なる偶然なのだろうか？

◘天保七年の大飢饉のときと天候が酷似していた

そして、注目すべきは、自民党が結成恐れた昭和三十年（一九五五）も宮沢内閣が退陣した平成五年も、平均気温が例年を下回る冷夏であったということ。

さらに、平成五年は、大飢饉が起きた江戸末期の天保七年（一八三六）と夏の間は毎日の天候までもが驚くほど酷似していたのである。

その大飢饉の五年後に、老中・水野忠邦が物価高騰、百姓一揆、株仲間の動揺などの封建社会の混乱を鎮めるため、政治改革に乗り出したことはご存じのとおりである。これを天保の改革という。

結局、改革のほとんどは失敗したが、薩摩藩や長州藩ではいちおうの成功をおさめ、後に明治維新の原動力となって薩長連合が指導的立場を勝ち得るのである。

それはさておき、昭和二十八年の吉田内閣不信任案の年も、昭和五十五年の大平内閣不信任案の年も、平成五年（一九九三）の宮沢内閣不信任案の年も、不思議と例外なく長雨・低温・日照不足であった。

とかく政府自民党の旗色が悪いときは、夏の天候は夏らしくないというジンクスがある。加えて、不景気になる確率が非常に高いという。

また一説には、自民党の形勢が不利である年や、プロ野球で巨人軍が優勝しない年も景気は芳しくないとの確実なデータもあるという。

◆式年遷宮も天皇の遷居も日取り、方位を見て決定

平成五年の十月二日には伊勢神宮の御神体が新しい本殿に移されたわけだが、これを正式には「式年遷宮」といい、もう一千年以上も前から二十年ごとに挙行されている厳粛な行事なのである。この日は月と日の干支が「天地徳合」という良き日和であった。これは明らかに。伊勢神宮の神官が暦から日を選んだことがわかる。だが、国民のいったいどれだけの人たちが、このことに着目していたのだろうか？

それだけではない。平成五年十二月八日巳刻（午前九時～十一時）に、平成天皇ご一家は赤坂の東宮御所から皇居にご遷宮なされたが、このとき天皇ご一家は、家財道具だけを皇居に移されて、葉山の御用邸に赴かれたのである。

つまり、東宮御所から皇居は東方にあたり、このときは東方に瘟神の五黄土星がめぐっていたから、天皇ご一家はいったん、葉山のほうに「方違え」をされてから、皇居に向かわれたのであろう。

残念ながら、いつ皇居に移られたかのデータは私の手許にはないので、確実な立証は今後にゆだねたい。

ともあれ、天皇ご一家の遷居についての判断は、伊勢の御神体の遷居と同じように、年・月・日・時に至るまで調べたうえでなされたということを知ってほしい。

風水においてこのときは年・月・日・時ともに「七赤中宮」であり、東方に五黄土星がめぐっていたため。天皇ご一家は方違えされたわけだが、実は風水の二十年周期で変わる地運においても第七運、つまり七赤の大運だったという点が見逃せないのである。

詳しい説明は専門的知識がどうしても必要になるため割愛するが、第七運において瘟神、五黄土星は使い方を誤らなければ、かえって旺盛な運気を招き寄せることができるのである。だから、天皇ご一家は、運・年・月・日・時における東方の五黄方位に移られたのである。この点は、在来の“日本流”方位学研究家の理解の及ばないところであろう。

中国風水学が間違いだと未だに思っている方位学研究家たちは、この事実に対してどのような見解を述べるだろうか。たいへんに興味深いところである。

ちょうど、象牙の吉相印が最高であると何十年も宣伝し続けてきた日本の印相家たちが、ワシントン条約で象牙の輸出入が禁止されてから、それまで凶相としてきた黒水牛材の印を吉相であると、一転して立場と言動を翻したようなことになりはしないだろうか。

吉相印が日本独自の俗信であることに気づいた人は増えているようだが、最近では台湾や香港で日本人観光客をターゲットにした“お土産”吉相印販売が盛んになっているという。なんとも憂うべき現状である。

閑話休題――。

ともあれ本書は、現代風水をテーマにした画期的な意欲作であるという自負をこめて、このプロローグを読者に対するひとつの問題提起にさせていただきたい。

風水ブームの第二章の幕開けにふさわしいものになったか、また一般読者にとっても平易に理解できる内容に書けたかどうか、それは読後のお楽しみと言わせてもらおう。

（補注）財界の要望を受け、日本社会党に対抗する意味から、自由党と民主党が合同して昭和三十年（一九五五）に成立したのが自由民主党である。もともと、資本家・商工業者・農民を基盤に自由主義陣営の一員としての日本の地位確立を目指す、というのが結党の趣旨であった。

戦後は自由党の吉田茂がもっぱらGHQ（占領軍総司令部）のG2（参謀第二部、情報部）による強力な支援のもとに経済復興への道を歩み、朝鮮戦争をきっかけにわが国は急速に伸びた。生産設備と技術の導入に努めて生産力を増加させた大企業は、鉄鋼・電力・化学肥料などの重化学工業を先頭に、産業活動躍進の牽引車役を果たしたのである。

結局、第十九回国会で教員の政治活動を制限する二法案と、警察権力を復活させる警察法改正案を強引に成立させた。議長権限で国会内に二百名の警官を引き入れて、国会の会期を延長させたのだ。国会に警官隊が太ったのは議会史上、空前のことだった。

またこの会期中に多数の自由党議員が造船汚職で逮捕された。時の幹事長・佐藤栄作も逮捕必至と見られたが、吉田首相は犬養法相に指揮権を発動させ、佐藤の逮捕を拒んだ。これが有名な造船疑獄事件である。

これにより、吉田内閣は国民からも財界からも見放され、退陣するのである。昭和二十九年の十二月十日に日本民主党の鳩山内閣が発足し、翌年の十一月十五日に保守合同し、自由民主党が誕生する。

この結党の年月日は、実は日本国の命運と運携する運気をそなえていたため、長期安定政権を維持するに至る。

［第一章］

古代中国に学ぶ風水学の基本原則

◇万物は「本質」を「形態」に現す

何を学ぶにも、学ぶ人の天賦の才が結局はモノを言うと言われているが、こと風水については造形に対する感性の豊かさがあるかないかは、ことのほか大きいと言ってよい。

風水学はもともと「相学」のカテゴリーに含まれるものである。中国タオ自然学の立場では「有諸内面形於外」と言う。つまり万物が内に宿す働きや性質はそれなりの「形態」を外面に現すという意味である。言い換えると人であれ動物、草木、山川であれ、その姿、形からその性質を知ることができると言うことである。

こういう視点から人相、手相、声相、名相、筆相などの学が産み出されたわけで、風水で言うなら山地や河流、道路、建物の形態に着目してその性質を究明するわけである。『洩天機地理（えいてんきちり）』には一に「勢」、二に「形」、三に「方位」（気）の三科として説いてある。

まず「勢」とはパワー、力量を形の上から感じとることであり、雄壮・高大であることが良い。たとえば、山地の勢いが万馬の駆けるようなもの、また巨大な波浪、あるいは龍が降臨したようであれば吉である。逆に萎縮・逃避・隠蔽（いんぺい）の勢いは悪いとし、もし蛇が驚いたような、または矛や剣のような、あるいは流水のような勢いだと凶である。

この「勢」を見抜くのが漠然としていてわかりにくい。人相学でも勢いのあるなしを非常に重んじるのだが、これは数多くの人を観察する必要があるし、大いに右脳を活用しなければならない。

次に「形」とは形状、形態であって、そのものの形から自然に客観的に何を連想できるかということである。原則的には端正・厳粛な形を尊ぶ。

たとえば、冠を植えた形、釜を伏せた形、燕の巣の形、酒樽を倒した形ならば吉である。

逆に硬直・過剛・乱雑な形を忌み、たとえば、刀を横にした形、舟が覆った形、乱れた衣服の形ならば凶である。

というふうに判断していくのだが、勢、形との関連性はないのかと言うともちろんある。それは「勢来形止」と言って、勢い来りて形をとどめる。つまり「勢」は形をとどめる以前の状態を指し、それなりに形を現すと「形」になる。だからはっきりとした形状を現していない様子を「勢」と規定している。

勢、形と看たうえで「方位」を測るのだが、形勢共に吉であれば、方位は自然と配合させることができる。形勢を変えることは容易ではないが。方位は選ぶことができるのだ。

『堪輿学原理』には、

「しかし、多くの堪輿術（風水）を研習する人は形勢を舎て方位を言う。ここにおいて本来は倒置せん」

と戒めている。形勢を看ずして方位を論じることは本末転倒なのだと。そのために風水学は隠秘なものとなり人に理解されにくくなって、その判断法も繁雑なわりに需験が少なくなってしまうのだと。

この立場は観相をするのと同じである。相を論ずるのに眼がどうだ、鼻が口が耳がどうだと観るより前に気品がある、威厳がある、賤しい感じだ、孤独で苦労しそうだといった印象というか、何気なくその人を観て感じられるものが「勢」なのである。

そして、次に顔の形、眼鼻耳口の形、容姿や身体を観るのが「形」になり、そのうえで各々の相がどう関わっているかを判断するのが「方位」を測るのと同じことと考えてよい。

この方位の見方は本書では追って詳しく解説するが、要するに地磁気との関係をもとにある土地の建物が河流、道路、山地、ビルに対してどの方位に位置しているかを明らかにするものである。

またマンションやアパート、一戸建て住宅自体の方位から住む人に適するか否かを占う。

とりあえず、「形勢」についての具体的な見方を次に紹介しておこう。

「形勢」を見るのが簡単なことではないと述べたが、それを見究めるのに三年や五年はかかると言われている。

そこで「形勢」の善し悪しを龍・穴・砂・水という四つの観点からとらえる見方を知っていただこう。

◇風水ではなぜ山脈や水脈を「龍」と呼ぶのか

風水では山脈・地脈・水脈などを、山龍・龍脈・地龍・水龍というふうに「龍」にちなんだ表現をする。なぜだろうか。

これは、李白の詩にある「白髪三千丈」といった中国人的な誇張では決してないのである。むしろ、「愚公、山を移す」の故事の如しというべきである。つまり、何年かかっても父祖よりの遺訓を実践し続けるといった執念に支えられた姿勢から観察され、そういう表現が最もふさわしいという結論となったものであると思う。

西晋の郭璞（二七六〜三二四）の『葬書』に、「夫れ陰陽の気、噫して風となり、升りて雲となり、降りて雨となり、地中を

行(めぐ)れば則(すなわ)ち生気となる」とある。

これこそが、山龍とか龍脈と呼ばれる山縁である。「陰陽の気」とは天地を統率している根源的な力であり、エネルギーと解せる。この「陰陽の気」には、風をおこし、雲をよび、雨を降らせる龍のような性質がある。

また、そのエネルギーは、地中をめぐれば「生気」となるのだ。地中をめぐるというのは、やはり地に潜む龍（潜龍）のようなものである。

「生気」は地中をめぐるため、上下左右に軌跡を描く。それが地形に起伏、高低をもたらせたというわけである。そして山脈の千変万化の起伏した形が龍の姿を想起させるし、河流でも蛇行し曲折した形状を見ると、やはり龍の姿を思い浮かべてしまう。

◇孔子・孟子と風水

ちなみに「壟」という字がある。リュウ・リョウ・ロウの三種の音がある。篆文(てんぶん)では土十龍。

身をくねらせた龍の象形であり、龍の背のようにうねりくねった畝(うね)、丘、阜(おか)を意味する。

となると、漢字の成立する太古の時代に風水思想が根づいていたと考えても不自然ではない。

ゆえに山脈は山龍、地脈は地龍、水脈は水龍とみなすのである。そのような表現は決して荒唐無稽ではないのである。

「壟断(ろうだん)」という言葉がある。地の高く切り立った所。丘のことである。また、独り占め、丸儲けするという意味もあるが、それは『孟子』の「公孫丑(こうそんちゅう)章　句下」の故事に由来している。

古代の中国に、一人の賤丈夫(せんじょうふ)（行ないのいやしむべき男）がいた。彼は必ず市場で最も高い良い場所（壟断）を探し、そこから市場全体を一望して、物の値段を見比べ安いものを買って高く売り、儲かりそうな物を探しては大きな利益を独占していた。

彼は市場の利益を独り占めしたので、人はみな、その仕業を憎しと思い、市の奉行は彼から税を取り立てた。商人から税を取ることは、このときに始まったという。

しかし、見方を変えるなら、賤丈夫が市の利益を独占しえたのは、市場を一望の下に見下ろせる高い丘に登ったからこそである。そして、つぶさに市の状況を観察し、正確な情報を把握し、市場調査に専念したからにほかならない。

とすれば、孟子の時代（前三七二〜前二八九）にはもうすでに「壟断」という言葉が使われていたことがうかがえる。孟子は、東周の戦国時代の人である。

もっと遡るなら、孔子の時代（前五五二～前四七九）で東周のことに話は及ぶ。

孔子の生誕の地として名高い中国山東省の曲阜は、「曲折した阜（おか）」であることからその地名があるのだが、見事に曲がりくねった山脈（龍脈）が通っていることから、優れた風水の地として、中国では龍虎山と双璧とされている。

今でも曲阜には孔廟・孔府・孔林という壮大な遺跡が残っていて、当時の面影がしのばれる。

ただ残念なことに、幾世紀もの間に建設工事のため、龍脈は分断されて、曲阜の素晴らしい風水は破壊されてしまった。

いずれにせよ、孔子の頃にはすでに風水思想が存在していたことは疑いないところである。その意味からも、現存する風水学書の記述の信ぴょう性があると言えるのである。

◇風水の三原則―勢・形・気の三科

そこで「生気」とは何かということになるが、これは「万物を生み出すもの」であり、別名を「地霊」ともいわれている大地の偉大なエネルギーである。

この生気が盛んであれば、山脈は蜿蜒と起伏して、あたかも躍動する龍身を思わせる姿になる。水脈も同じようにクネクネと蛇行しているなら、生き生きとした龍身を想像させる。

これは「有諸内而形於外」、つまり、万物が内に宿すもろもろの働きや性質は、その外面の姿形に現われるという、中国タオイズム（易の思想）の立場である。

風水学では「勢・形・気」の三原則にのっとって、山脈や河流などを観察していく。

「占山の法は勢をもって難となし、形はこれに次ぎ、方はまたこれに次ぐ」とあるように、風水判断の難易度は勢・形・気（方位）の順になる。

◇「勢」を見る

「勢」を見るとは、外観からパワー、力量を感じ取ることである。補足するなら、「形」を成す以前のものに対して、ある種の勢いが強いか弱いかを感じ取るということである。これが最も難しい。普通はだいたい外見に惑わされてしまうからだ。

『葬書』に説くところは次のようなもので、主に龍脈の見方である。なお、原文は、両親の遺体をそのような地に埋葬したら子孫にどんな影響を及ぼすか、という視点で書かれて

いる。もちろん、その場合は土葬に限るということをお断わりしておく。

「勢如万馬（勢が万馬の如し）」の地、つまり太祖山が雄壮で山脈が開け、万馬が天から地に駆け下るような山勢であれば、そこに葬ると王者が輩出するという龍穴がある。

「勢如巨浪（勢が巨浪の如し）の地、つまり丸い山の峰が連なり、巨大な波浪を思わせるような山勢であれば、諸侯（地方の豪族。省知事）が輩出する龍穴がある。

「勢如降龍（勢が降龍の如し）」の地、つまり三方が整然とした峰に囲まれ、河流が包囲し、巨龍が降臨するのを守護するような山勢であれば、三公（司法・立法・行政の最高位にある者）が輩出する龍穴がある。

「勢如重屋（勢が重屋の如し）」の地、つまり山岳が屏風に似て、高きから低きに家屋を幾重にも囲むかのような山勢であれば、そこに葬ると開府建国の偉人が輩出する龍穴がある。

「勢如驚蛇（勢が驚蛇の如し）」の地、つまり山峰が孤高で山脈は偏斜、左右の山岳は崩れ、山背・山脚が相互に刺射しあう驚蛇のような山勢なら、国や家を亡ぼす人が輩出する。

「勢如戈矛（勢が戈矛の如し）」の地、つまり地脈の勢いが弱く明堂（穴の前の広く平坦なスペース）も砂（穴の周りにある山や丘陵）もなく荒涼としていて、戈や矛のような尖山が直射するかのような山勢なら、子孫に刑罰や災禍が及ぶ。

「勢如流水（勢が流水の如し）」の地、つまり小岳が大岳に連なり、山脈が急に飛揚し、八方から風が吹き、草木が繁茂しないような山勢なら、孤独で苦労する人が輩出する。

また、「千尺を勢となす」とあるように、「勢」は何キロ、何十キロという壮大で長遠な視野に立ち、とらえるものでもある。したがって、「勢」を見るというのは。大局的に観るということでもある。

◇「形」を見る

「形」とは形状、形態であり、平たく言えば姿、かたちである。この形を見るには、「五星図」や「九星図」に照らして分類するが、ほかに、どのようなものに類似、酷似しているかという造形的な感性が必要になる。

すなわち、想像力をたくましくしなければならない。「あの山は酒瓶みたいだ」「観音様のお姿に似ている」というふうに、最もよく似た形を思い浮かべなくてはならない。それも客観的な視点に立ってのことであるのは言うまでもない。

『葬書』に説くところは次のようなものである。

「形如燕巣（形が燕巣の如し）」の地、つまり生気に満ち、隆起した土地の窪んだ、燕の巣のような地形であれば、そこに葬ると子孫から王侯貴族が輩出する。

「形如側罍（形が側罍の如し）」の地、つまり後方に遠方から山脈が伸び来たり、その支脈が包囲し、衆山が前方に迫り来て、酒甕の側面のような地形なら、大臣・将軍が輩出する。

「形如覆釜（形が釜を覆すが如し）」の地、つまり山峰が高くて丸く、豊満な形で釜を覆したような地形であれば、富厚く豊かな財をもたらす龍穴がある。

「形如植冠（形が冠を植えるが如し）」の地、つまり山脈が止まって、まるで主人と賓客が会見して密接に交差し合っているかのような峰があり、冠や帽子のような地形なら、永く富や地位に恵まれる。

「形如乱衣（形が乱衣の如し）」の地、つまり山峰が破裂し崩れていたり、山脈がそむき合うかのような無秩序に乱れた衣のごとき地形なら、邪淫な女性が輩出する。

「形如灰嚢（形が灰嚢の如し）」の地、つまり雑草も生えず、不毛の地で、破られた土蔵のような、または破れた袋のような地形なら、家宅は災害多く、とりわけ火災に見舞われることになる。

「形如覆舟（形が舟を覆すが如し）」の地、つまり小舟を覆したように四面が光って滑らかで、樹木が生長しないような地形に葬れば、子孫は疾病、牢獄の災いに苛まれる。

「形如模几（形が机を模すが如し）」の地、つまり固くて四角くて机のような地形なら、そこに葬れば子孫が絶嗣となり、滅ぶことになる。

「形如臥剣（形が剣を臥すが如し）」の地、つまり痩せた山背の山脈が真っ直ぐに走り、両辺が平らな斜面で、剣を地に置いたような地形なら、忤逆（逆らうこと）で親不孝な子孫が輩出する。

「形如仰刀（形が刀を仰向けるが如し）」の地、つまり刀の刃先を天に向けたように山の端が湾曲し、中央部が高く聳え、山肌が亀裂して崩れかかっている地形なら、子孫は災禍に見舞われ続け、一家で逃亡することになる。

また「百尺を形となす」とあるように、「形」は何十、何百メートルという視野に立ち、土地を観察するというものである。だから、「形」を見るということは「勢」を見ることに比べて容易であろう。

◇「気（方位）」を見る

「気（方位）」を見るとは、龍脈の走り来たる方向であるとか、龍穴が向いている方角を羅経盤などで測り、それによって判

断するということである。

「形勢」がともに吉相ならば、その方位は自然に良い配合になるので、方位を測ることはするけれども、それは確認のためである。たとえば、子方(ねほう)から走り来たる龍脈なら「子龍(しりゅう)」であり、龍穴の向きが西南の中心あたりなら「艮山坤向(ごんざんこんこう)」になり、これは吉穴だと判断できるということになる。

本格派の風水家なら、まずその土地の勢をよく観察し、つぶさに形を見てから大局的に吉凶を判定してしまう。そのうえで改めて方位を測り、細かい調整を指示するのである。

マクロからミクロという順序で風水は見なければいけない。だから羅経盤を懐から取り出すのは「形勢」を判断してからのことなのである。

◇龍・穴・砂・水の四大原則と明堂

「龍」…風水学では山脈のことを龍脈と呼ぶ。大地の生気が活発であれば、それ相応に山脈にも高低や起伏を生じる。その形勢が龍を想起させるのである。そして、龍脈にも長短、大小、真仮の違いがある。すなわち、長いのを幹龍、短いのを枝龍と言う。また幹龍は大幹と小幹に分かれ、枝龍は大枝と小枝に分かれる。

また眞龍と仮龍の別があり、見かけは立派そうな龍脈でも、形勢が劣っていると仮龍（従龍）になる場合がある。その見分ける方法は眞龍（正龍）ならば龍脈は紆余曲折し、守護するもの（過峡）を伴うのだが、仮龍ならば龍脈は起伏に乏しく守護するものがないと考えてよい。

「眞龍の図」（左頁の図）を見ると、龍脈がズレて屈曲しているのがわかるだろうが、こういう形勢は眞龍の一種で専門的には「順杖(じゅんじょう)」と言い、富貴なること長久なるべしと説かれている。

「穴」…いわゆる龍穴のことで、大地の生気が聚集した地点のことである。俗に「三年で龍を尋ね、一〇年で穴を定む」と言うほど見究めるのが難しい。龍が原因ならば穴は結果である。よって優れた龍脈の果てには必ず秀気を湛(たた)えているものだ。

前述したように、西晋の郭璞(かくはく)の『葬書』に「夫(そ)れ陰陽の気、噫(おく)して風となり升(のぼ)りて雲となり降(くだ)りて雨となり地中を行(めぐ)れば則ち生気となる」とあるが、その生気が凝固すれば、「穴星」と言って或る形を成す。「五星図」（後出のP46で詳細は解説という基本的な形がよく知られている。これは金木水火土の五行の性質をそなえ、龍脈が眞龍か仮龍かを看たり、隣接するビルとの相生相剋を看たりと応用がきく。

◆眞龍の図◆

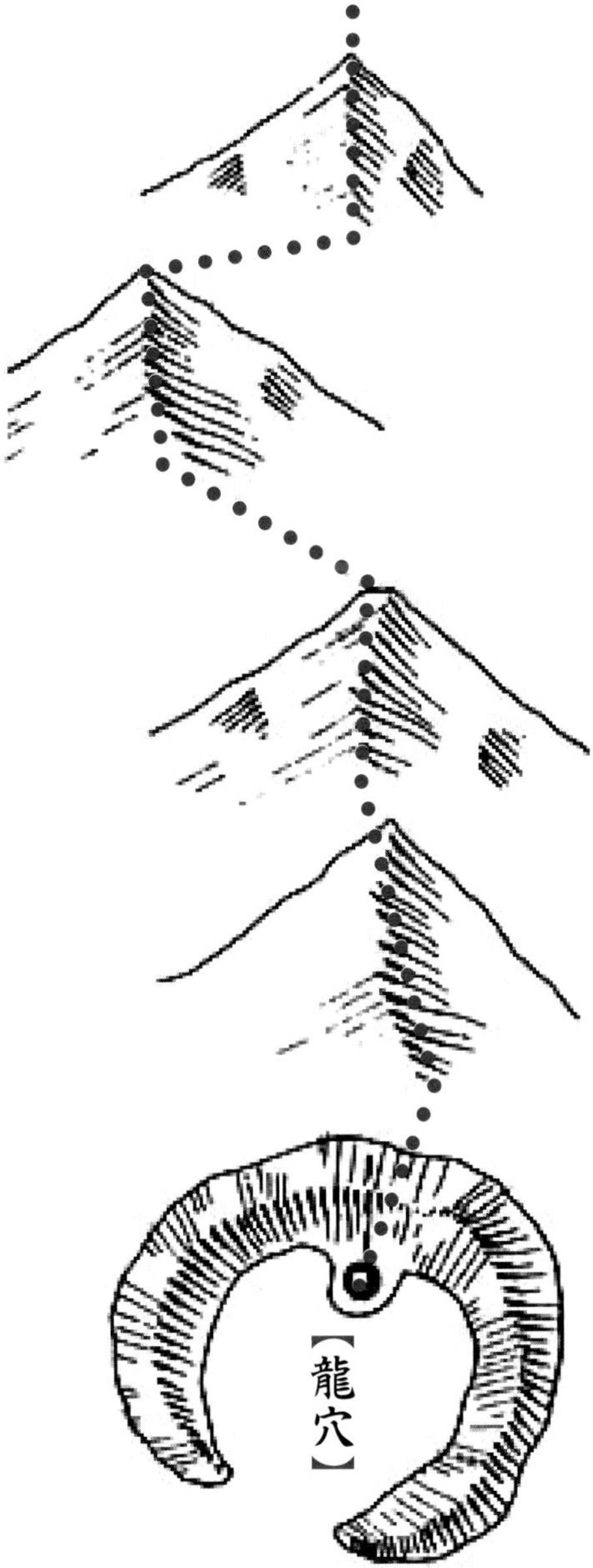

【龍穴】

＊龍脈と龍穴がズレて屈曲している

参考までに「天機九星図」（左頁の図）を掲げておく。風水名家邱延翰が説いた判別法である。天罡・孤曜・燥火・掃蕩の四体が凶である他はみな吉形である。なお、平脳天財・凹脳天財・雙脳天財の三体は老九星のうちの巨門の変形で特に高大であれば大吉である。これは現代建築にも適用される形であろう。

「砂」…穴地の近辺にある丘、小山のことで龍穴の護りとなる凸地を指す。穴の左辺にあると青龍、右辺を白虎。前面を朱雀、後面を玄武と称する他に穴の前面にある高台を朝山、小山を案山とも言う。

東京の風水では房総半島が青龍砂であり、三浦半島が白虎砂の働きをしていて、ちょうど「砂環水疱」の大吉相を形成していることがわかる（P47図「東京の風水」参照）。

京都も東側に比良山地が桃山まで伸びて青龍砂を成し、西側には丹波山地の支脈が通り白虎砂として護っている。さらに北側には鞍馬山、貴船山が玄武となって控え、南側は開けていて明堂になっているので、唐の長安を模して造られたのも頷ける大吉相だ。

東京と京都の風水を比較するなら、水龍は東京が優れ、山龍は京都が勝っている。そして東京周辺の河流は汚染されているのが難点であり、京都の青龍砂も東海道本線、新幹線が通り龍脈が損なわれてしまっているのが遺憾である。むしろ、天然の地形がそのまま残っている地を探すほうが困難かもしれない。

「水」…穴前の河流、池、湖、海などを指し、いかに優れた地形でも水の気を欠くと画龍点睛を欠くことになる。『葬書』に「風水の法は水を得て上となす」とある通りで、古来より河流や臨海区域が栄えたのもこれにもとづく。

龍穴の前面に水の気が集まり、開けていると「明堂」と言って重視する（P48「明堂の図」参照）。台湾や香港のビルの正面玄関に池や噴水池を設けるのはそのためである。ただし、玄関の向きと地運（二〇年ごとに変わる）との配合宜しきを得て初めて発展するのであって、ただ形式を真似ても効果はない。

ちなみに香港上海銀行の前面の噴水池もまた明堂であり、左右の建物も青龍・白虎の砂を成してまさに「蔵風聚水」を実現させている。さすがに風水師が工夫しただけあって凄いものだ。

◇中国の風水の雄大さに学ぶ

中国大陸には四つの龍脈がある。もちろん源流は崑崙山脈

◆天機九星図◆

大山上另生一小山者是	府星図	孤曜	平脳天財	太陽	天機九星図
		操火	凹脳天財	太陰	
		掃蕩	雙脳天財	紫氣	
			天罡	金水	

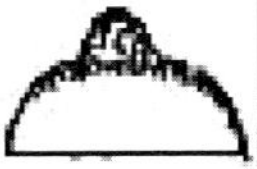

◇五星図・老九星図◇

五星圖

金…円形。背が高く、横幅が中型ならば吉。

木…直形。背が高く大型で、縦に細ければ吉。

水…曲形。背が低ければ吉。

火…尖形。全体的に小型ならば吉。

土…方形。背が高く、全体的に大型ならば吉。

老九星圖

貪狼…木形の発展形。おおむね吉。

巨門…土形の発展形。おおむね吉。

禄存…土形の発展形。おおむね凶。

文曲…水形の発展形。おおむね凶。

廉貞…火形の発展形。おおむね凶。

武曲…金形の発展形。おおむね吉。

破軍…水形の発展形。おおむね凶。

輔星…土形の発展形。おおむね吉。

弼星…水形の発展形。おおむね吉。

◆東京の風水◆

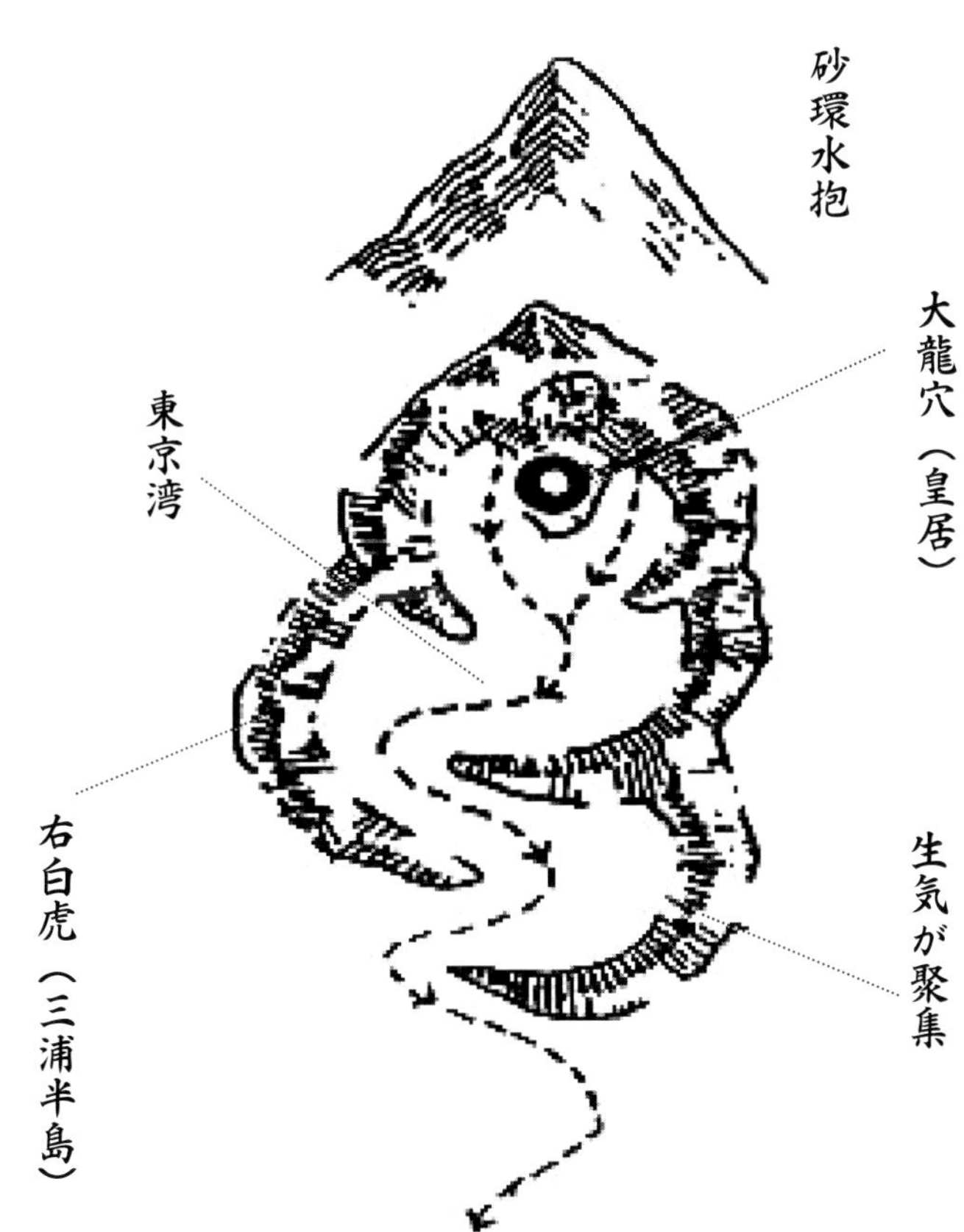

「砂環水抱」
龍穴は砂と水に護られて、生気は風によって散じることがないので蔵風聚水の吉穴となる。

◆明堂の図◆

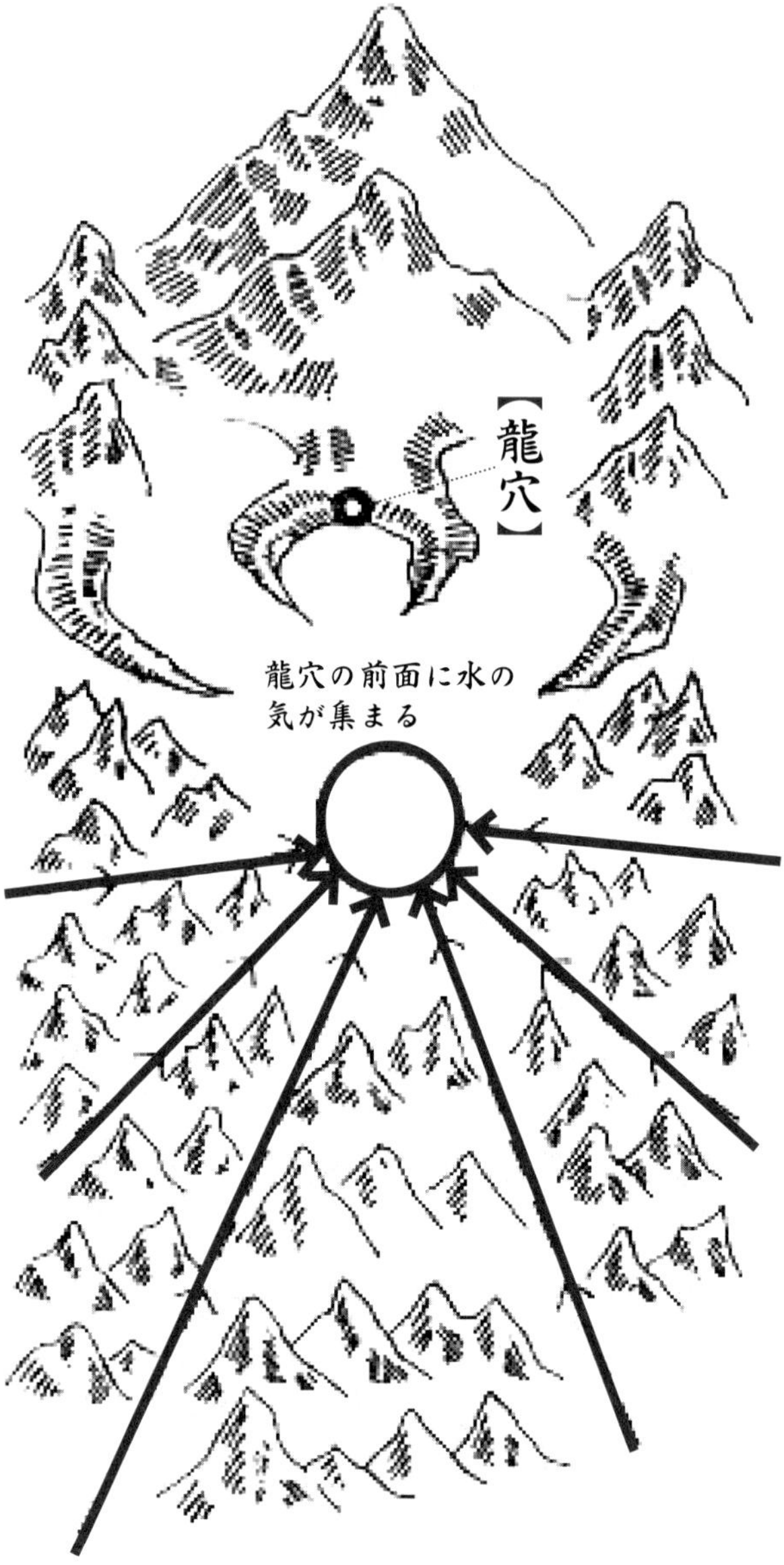

に端を発しているのであり、日本列島に連なる龍脈の根源でもある。

主流の中龍脈は一つは黄河に沿って黄海に至る脈、二つには長江（楊子江）に沿って東海に至る脈の両脈に分かれ、「中国四千年」の悠久の歴史と文化を産み出した最も重要な龍脈である。ちなみに首都北京は中龍が龍穴を結んで繁栄した精華の地である。

次に北龍。東北各省から朝鮮半島に至り、龍穴を結び、海を越えて日本で龍穴を結んでいる。

その次に南龍。広東、広西、雲南、貴州の四省を経て南海に至る脈が香港で龍穴を結んでいる。また武夷山脈を経て、台湾海峡を潜って台湾で龍穴を結んでいる。

とりわけ南龍は清朝末期の太平天国の乱（一八五一～六四年）の後に旺運となり、現代の発展を築く原動力として大きな影響力を及ぼしているのだ。であるから、香港、台湾を中心に文化・経済の発展が顕著であることが頷けるだろう。

さて、ではまず南龍の系列である香港の風水を見ることにしよう。

香港は中国大陸の広大さに比べると、実に狭い限られたエリアであるが、南龍の行き着く場所なだけに、良き風水の地が聚集していることに気付かされる。

香港の地形と風水を見ると明らかであるが、香港一帯で最高峰は海抜九五七メートルの「大帽山」である。その源流は広東の羅浮山である。

大帽山のある新界地域は実に数多くの龍穴が存在していることで知られる。宋韶光氏の『為作解風水』には十一ヵ所にのぼる名龍穴が記されている。そのうちの一つである「百花林」と言う龍穴はかの国父孫文先生の母堂の墳墓がある風光明媚な地であり、名家、富豪の墳墓で占められている。

大帽山から東南に伸びる主龍脈は九龍半島の主峰である「筆架山」（海抜四五三メートル）から九本の龍脈に分かれている。だから「九龍」という地名は九匹の龍という意味である。

そのうちの一支脈である旺角、油蔴地、尖沙咀のあたりは九龍の中心部として栄え、海を越えて香港島の太平山まで龍脈を伸ばしている。

すでにはとんどの龍穴は名家や富豪の占めるところとなっていて、これはそのまま香港の貧富の差として現れている。

一八四〇年に勃発した阿片戦争は、清朝末期の弱体化しつつある中国に英国が武力侵略を企てたというのが実情であった。そして一八四二年には香港は事実上英国の領土となり、一八六〇年には九龍半島までもが英国に割譲され、一八九八年に英国は中国と交渉し、新界とこれに近接する小島につい

て九九年間の租借を約するに至った。

一九四五年、第二次大戦が終結して、香港が再び英国に帰属すべきかどうか問題になったが、英国はあくまでも香港、新界、九龍半島とその周辺の諸島を含む統治を主張。その後、英国は物価の安定とインフレ対策を実行に移し、支配を確立したことによって諸外国からの香港への資本投資を招き、中国本土からの人口流入も増加の一途をたどり、今日の繁栄を築くに至った。

筆者は、その背景には英国が他国に先んじて香港の風水の価値を知ったからだと思う。

香港政庁の予算に「風水対策費」が組み込まれているという事実がそれを物語っている。

現地の新聞によると、公共工事の際、その影響を受ける住民から風水が悪くなると訴えられれば、「お祓い費」が支給されるケースが多いという。

実際、一九八六〜九一年の五年間に三二四万香港ドル（日本円で約一五〇〇万円）が風水対策費から支出されたらしい。

◇風水の最良の地、台湾の風水

台湾の風水を評するなら、南北に走る中央山脈の主峰玉山（かつての新高山、海抜三九五二メートル）の地気が台北に及んで、天龍穴を結んでいることを挙げるのが自然でわかりやすい。

そもそも中央山脈は、中国大陸の閩江、福州あたりと厦門のあたりに両翼に伸びた武夷山脈（南龍の主脈）が台湾海峡でいったん海に潜って台湾で再び隆起してできたものである（次頁の図「台湾の風水地図」を参照）。

台北市は台北盆地の中心にある。この盆地という地形は優れた風水の地であることの条件である。

そして、台湾の主龍の中央山脈から二本の龍脈が伸びて龍穴を結んでいるのだが、その一は台湾第二の高峯、大雪山（興隆山とも言う）から来る雪山山脈が台北市の北方に伸び、大屯山に至って隆起したもの（四緑巽龍）。

その二は新竹、桃園（国際飛行場がある）を経て台北市の西北に伸び、観音山で龍穴を結ぶもの（二黒坤龍）である。

筆者の恩師陳怡魁博士はこう言っている。

「台北市の受ける影響では四緑巽龍の方が大きいが、四緑巽龍の本脈は殺煞を帯びている。巽は風である。そのため、台北は毎年のように台風が通過し災害も頻繁であった。これに対し、二黒坤龍は煞気を帯びていない｝

四緑巽龍（巽は東南、風）は台北市の東南に伸びている龍

台湾の風水地図

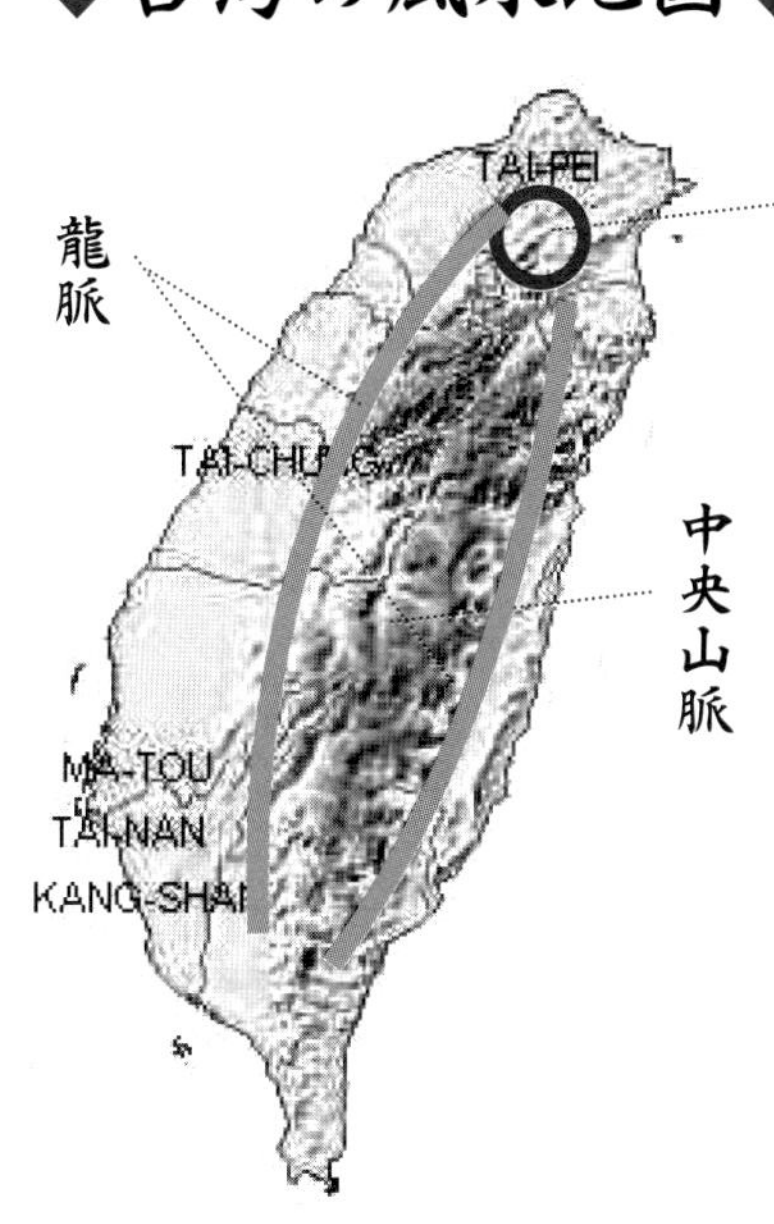

脈のこと、二黒坤龍（坤は西南地）は台北市の西南に伸びている龍脈のことで、いずれも台北市という龍穴を中心に見て、風水学上そう呼ぶのである。

台北市がある地はその昔、地質形成時代において盆地は窪んだ内海であった。周囲には、やや高い丘陵などが水面より出ていたに過ぎない。

少なくとも四〇〇〇年前には原住民族が漁猟を生業として暮らしていたことは、貝塚や出土物から考古学的にほぼ確かめられている。

◆良き風水の地は狙われる

今でこそ世界有数の外貨保有国となった台湾であるが、かつては欧米や日本の植民地に甘んじていた。日本が太平洋戦争で敗北した後に米不足で物資が困窮していた頃、蓬莱米（ほうらいまい）を日本に輸送してくれたので、日本国民はそのおかげを被っていたことも忘れ去られようとしている。

その時に蒋介石総統は言った。「以徳報怨」つまり「怨ミニ報イルニ徳ヲ以テス」ということである。確かに中国と日本は無益な殺生をし、対立もしたが、所詮は中華の同胞（黄色人種）ではないか。いわば兄弟喧嘩をしたに過ぎないと。

それに二〇〇万もの日本兵を無償で本国に送り帰してくれたのである。そして蒋介石総統と吉田茂首相は。戦後になってからも友好を大事にしていた。

それはともかく、かつて蓬莱の宝島と呼ばれた台湾は資源豊かなまさに宝島であり、「砂糖に樟脳、烏龍茶。そしてお米が二度穫れて、お山にゃ黄金の花が咲く」と唱われたほどである。

台糖ファイザー（現ファイザー製薬）の前身は台湾製糖だし、良質の楠から採れる樟脳はナフタリンの原料だったし、台湾の烏龍茶は日本の製茶技術が導入されており、中国大陸のものより遥かに良質である。米粉は蓬莱米で作るのが最も美味だし、金鉱も日本統治時代に掘りおこされている。

日清戦争に勝利した日本は、台湾を割譲させる約束を清朝政府からとりつけ（下関条約・一八九五年）、島民の激しい抵抗に遭ったが、結局一八九八年に台湾総督として児玉源太郎、民政長官に後藤新平が就任してからは反乱も鎮静した。それ以後は、台湾はほぼ日本の独壇場となる。

国家資本に加え、三井財閥などの大企業資本が進出し、半官半民の台湾銀行創設にはじまり、総督府による塩、酒、煙草、樟脳、アヘンの専売化や三井系の台湾製糖会社の設立などといった植民地支配下に置かれたのであった。

そのような体制は、日本の台湾統治が始まって一〇年ぐらいして確立され、諸外国の資本は追い出されてしまい、台湾は日本国内への食料や原料資源の一大供給地となったのである。

以後、一九四三年のカイロ宣言で「台湾・澎湖群島は中国のもので返還すべきである」と決まり、一九四五年の敗戦にあたり、ポツダム宣言を日本は受諾し、台湾の中国復帰が実現するまでの半世紀近い時期、台湾は日本経済にとって重要な拠点であった。

台北は盆地であることに加えて、淡水河と基隆河がこれを包み込むように見事に蜿蜒と曲折して流れているのに注目していただきたい。こういう地形は天然の砂環水抱にあたるため、よく蔵風聚水が果される大吉相の地といってよい。

良き風水の地は狙われる、という言葉通り、香港よりもっと前から、台湾は諸外国の侵入が頻繁だったのである。

〔第二章〕現代社会に風水を活かす

◇風水の意義

そもそも「風水」という言葉は、前述したように西晋の郭璞の著わした『葬書』（別名を『錦嚢経』）に、「『気ハ風ニ乗ジテ散ジ、水ニ界レバスナワチ止マル』古人ハコレヲ聚メテ散ゼシメズ、コレヲ行イテ止メルアリ、故ニコレヲ風水ト謂ウ」と記されているところに由来する。

この一節の意味するところは——大地の「生気」は風によって散じてしまうが、水によって聚められるという性質がある。だから、風に吹きさらされるのを忌み、水の存在を喜ぶわけで、「風ヲ蔵メ水ヲ聚メル」、つまり「蔵風聚水」をするための工夫、手段を講じることを「風水」というのだ、ということである。

ここでいう「風」は、春風や微風などの陽風のことではない。

厳密には、凹風・射風・直風・急風という四種の「陰風」を指す。「陰風」とは寒冷な朔風、つまり北風のこと。また「凹風」とは、ブーメランのように、吹いてきたのがまた去っていくような風をいう。「射風」は射られるような風、「直風」は真っ直ぐな風、「急風」は台風や暴風のような風速のはやい風のこと。こういった「陰風」に吹きさらされると大地の「生気」が散じてしまうと説く。

だから先祖の墓を建てるときでも、住居を構えるときでも、「陰風」に吹きさらされるようなところはさける。どうしても仕方がない場合は、防風林や竹林を植えたり、石敢当を建てたり、池を設けたりするのだが、それでも防ぎきれないと、風湿の病（リューマチ、神経痛など）や天然痘、肺結核などにかかったりした事例が中国には数えきれないほど多い。

たとえば、玄関が北方に向いている家（坐南向北）で、玄関を入ってそのままベランダまで気が達するような造り（漏財宅という）だと、病気にかかるとか、お金がたまらないということになりやすい。

もちろん、建造年月日や居住する人の先天運によってはその限りではないし、近辺の地形・地勢しだいで吉宅になったりもするから、一概に言えないところであるが。陰風に吹きさらされるところでは、たとえ一時的に栄えても長続きしないと風水からは断言できる。

◇恐ろしい風沙殺

風水では風に吹きさらされるのを忌み嫌うわけだが、具体的にどんな場合にどんな現象が起こるのか、そのわかりやすい例として「風沙殺」というものを挙げておこう。
「風沙殺」に関係があるのは、東南、西北、東北、西南という四つの方向から吹いてくる風である。このうち、東南と西南からの風は温風、陽風の性質も兼ねるのでそれほどではないが、西北と東北からの風が厄介である。

風沙殺には「死殺」「災殺」「病殺」の三種類があり、文字どおり死亡、災難、疾病をもたらすとされているが、西北と東北からの風がもたらす病殺の作用としていくつかの難病が知られている。

たとえば血漏殺、これは血友病である。血液中の血小板が減少し、流血すると止まらなくなる。そして労咳殺。これは結核である。こうした病気は、西北と東北からの風がもたらすと風水では報告している。

さらに流産殺というものもある。意外なことに、女性の流産も陰風に吹きさらされることで引き起こされるというのである。妊産婦は特に長時間、風に当たらないように心がけることが大切だろう。

◇理想的な自然環境の条件

生物気象学(バイオメテオロジー)では、気温が約二〇度、湿度が約五〇%、そして無風状態という条件が人間にとって最も過ごしやすく、ほとんどの人が快適で爽やかな精神状態になるという報告がある。

気温と湿度のパーセンテージに関しては個人差が認められるとはいうものの、ある程度の調査と分析により、生物気象学上の結論としては、だいたいこんな数値になるようだ。

これを見て思い出すのが「不快指数」である。つまり、蒸し暑さに対して、人体が感じる快・不快の程度を示す指数のことである。

かつてはテレビ・新聞に「今日は不快指数が七二」であるとか報道されていたが、最近ではほとんど聞かなくなった。

不快指数は一九五五年ごろからアメリカで使われだしたもので、指数が七〇以下なら快適で、七二でほぼ半数の人が不快、八〇を超えると全員が不快を感じるというものだ。参考までに不快指数は次の数式で求めることができる。

(乾球温度+湿球温度)×〇・七二+四〇・六=不快指数

かりに温度一八度、温度二二・八%なら、不快指数はちょうど七〇で、ほとんどの人が快適に感じることになり、生物気象学のデータとは噛み合わなくなるようだが、ここで大切なことは「無風状態」という条件なのである。

夏の暑いときだからといって扇風機を回さずに直風にして

身体に当てていると、一時的に筋肉が麻痺したような不快感を覚えるが、あれは風にじかに当たっていると血行が阻害されるからである。

また、風に吹きさらされた状態では、動物や植物をはじめ、ほとんどのものが生命エネルギーを削られ、生気を失い、やがて風化してしまう。

だから、無風状態という条件は、生物にとって大切なのである。この場合の「風」は、前に述べたように、陰風・凹風・射風・直風・急風などを指していることは言うまでもない。

◇風が生じる仕組み

そもそも「風」とは何だろう。

それは自然な天の気であり、天然の気とも中国では言う。

風は、簡単に言うなら、空気の動きである。そして風が吹くためには空気を動かすものが必要となる。

冷たい空気と温かい空気が触れ合うと、冷たい空気は重いため、風となって軽い温かな空気の下に吹き込む。この現象は、焚き火をすると確かめることができる。

自然風をもたらしているのは太陽なのである。ある場所が太陽熱に暖められると、暖まった空気は軽いので上昇していく。すると、その隙間を埋めるためにまわりの冷たい空気が流れ込んでくる。焚き火をしたとき、まわりの空気が水車のように回って動くのと同じ原理で風が生じるわけである。

この焚き火と同じ原理のものに、温暖前線と寒冷前線という気象現象がある。

冷たい空気のあるところへ温かい空気が接近すると、暖気は冷気の上に昇っていく。これが温暖前線である。反対に、暖気の下に冷気が潜り込むと寒冷前線になる。

前線とは暖気と冷気の境日のことである。

これは高気圧という気象とよく似ている。

地球のまわりの空気は地球の引力に引っ張られている。言い換えるなら、空気が強い力で地球を圧迫している。この空気の、一平方センチ当たりの押す力を「気圧」といい、ヘクトパスカルの単位で表わしている。

まわりより気圧の高いところが高気圧、低いところが低気圧である。高気圧では中心から風が火山の噴火のように吹きだし、これを補うように上空から気流が下降してくるので、湿気が少なく天気がよくなる。

反対に低気圧の中心には風が集まり、それは上昇気流となって去っていくため、低気圧の地帯では雲や雨が多く発生し、天候が悪くなる。

春が来ると西のほうから高気圧がときどき移動してきて日本列島を覆うため、うららかな日和になり、穏やかな天気が続く。

この高気圧が東に去ると、天気がくずれ、雨が降ったりするが、間もなく別の高気圧が訪れて、天気が回復する。

夏には太平洋上に高気圧があり、中国大陸に向けて季節風が吹く。夏の季節風は水分が多く、日本の蒸し暑い夏の原因である。夏の晴天はこの太平洋上の高気圧がもたらすものだ。

秋は春の場合と同様である。中国大陸のほうから高気圧が移動してきて日本を覆うと、秋晴れの快い天気になる。

ただし、夏から秋にかけては台風が襲来するために、天気は大きく変わる。

冬には中国大陸に高気圧があり、太平洋に向けて季節風が吹く。この季節風が日本海の冷たい水蒸気を運んでくるため、雪を降らせるわけである。

◇ジェット気流は「龍」が天空を飛び回るもの

もっとも近年では、南米西海岸に沿って流れるペルー海流から赤道沿いにかけて海面水温が異常に上昇するエル・ニーニョ現象、また東太平洋の赤道沿いの海域の水温が異常に下がるラ・ニーニャ現象が毎年のように発生し、異常気象が続いているから、通常の気象と同じだと高を括るとひどい目にあう。

これまでは、二十五～三十年に一回以下の確率で起こる珍しい気象を指して異常気象と呼んでいたが、定義を改める必要があるようだ。

ところで、スペイン語でエル・ニーニョが神の子、男の子であるのに対し、ラ・ニーニャは女の子という意味だが、この二つの言葉は、一九八五年にアメリカのフィランダー博士が発表した論文の中で初めて用いられたものだそうである。

エル・ニーニョもラ・ニーニャも、気象の変化にどんな影響を及ぼすのかはまだはっきりわかっていないらしい。

近年の異常気象の原因としては、火山の噴火による成層圏内の火山灰の増加、フロンガス使用によるオゾン層の破壊などが挙げられており、これからはさらにもっと、天候が複雑になるのかもしれない。

私の恩師、陳怡魁博士は、「風は宇宙の光によって生じた気象の変化であり、水は宇宙の引力によって生じる形象である」と述べておられるが、「宇宙の光」とは主に太陽光線のことなのである。

また、日本の上空では、対流圏と成層圏の境目付近に、西

から東へ向かって強い空気の流れがある。

この空気の流れをジェット気流と呼び、これは蛇のように地球を取り巻いているのである。このような強いジェット気流を、古代中国では、龍が天空を飛び回っていると表現したのである。

今さらながら古代中国人の知恵には驚かされる。

日本の上空には強い西風が吹いていて、それを偏西風というが、日本のジェット気流は偏西風のとりわけ強いものなのである。

ジェット気流は内部で時速三六〇キロ、外側は二四〇キロぐらいだが、夏より冬のほうが強く、秒速一一〇メートル以上になることも頻繁にある。

だから、日本からアメリカへ向かう旅客機は、ジェット気流に乗じれば加速するので燃料の節約になるということは、よく知られている。そのわりには、冬季のアメリカ行きの航空運賃はディスカウントになっていないようであるが……。

◆山水の調和が風水の極意

自然の地形・地勢の究極のところは、「山水」の調和にあると言っても過言ではないだろう。

それはなぜだろうか。

中国風水学では、「山」は動かないから静、陰、女、母という働きをそなえているととらえる。「水」は流動的な性質があり、動、陽、男、父という働きをそなえていると考える。

そして万物・万象は相対的なバランスの上に成り立っているから、山は水を求め、水は山を欲する。したがって、自然の地形・地勢においては、山と水が互いに引き合い、あたかも求愛しているような配置であることが吉になる。その反対に、山と水が互いに背き合い、争っているような配置であれば凶とみなす。

妻帯したばかりの男性は生き生きとして元気そのものだし、恋をしている女性はチャーミングで周囲を和やかにする。

それは中国風に言うと「陰陽の和合」という理想的な関係であり、やがて愛の結晶を生み出し育むという成果をもたらすから、非常におめでたい状態になる。

風水もこれと同じである。一家和楽、家庭円満の根源が夫婦の和合にあることは言うまでもないように、風水にしても山水の調和を最も尊ぶわけである。

ではどのような山水の配合であればよいのか、ということについては、風水学の原典にいろいろな地形図が載っているから、それをひとつひとつ参考にしながら、実際に山岳や河川を実地検分して覚えていくのである。言い換えるなら、「愚公、山を移す」の故事を思わせるくらい気の長い作業を必要とするのである。

◇風水は現代にも通用するか

ここで、風水の成り立ちから現代における意義について紹介しておこう。

風水は、古来から、東アジアを中心に幅広く活用されてきた環境学である。その効力はさまざまな局面で証明されているが、一部の読者からは、「古代中国で考案されたものが、現代でも使えるのだろうか」という素朴な疑問をぶつけられることがある。たしかに、古代と現代では、都市の構造や生活様式が違っている。

たとえば、自然環境は古代のほうが恵まれていたが、自然災害の対策は、現代のほうが進んでいる。

家屋内を見ても、昔は簡素な道具で火をおこし、井戸や川から水を汲んできたものだが、現代では、スイッチひとつで使える設備が整っている。

しかし、このような細部にこだわらずに、家というものの本質を考えてみれば、どれだけの違いがあるだろう。

そもそも家とは、雨風から身を守り、生活する人々に安らぎを与える空間である。柱と壁で外界から、独立したスペースを造り、寝室、浴室、トイレ、居間、厨房などに分けて利用している。

その点では、古代でも現代でも、なんら変わりはない。

外的環境を見渡してみても、山脈や河川は少し形を変えてはいるが、十分に残っている。しかし現代では、ビルやマンションが、山地、丘陵、高台と同じ風水の働きを示す。また、河流についても、線路、道路が、同じ作用をもたらすことがわかっている。

したがって、風水学は、現代でも十分に通用する理論なのである。

◇現代人は地磁気不足に陥っている

ただし、風水理論を現代生活にあてはめる場合には、いくつか注意しなければならない点がある。

第一の問題は、地磁気不足である。

地球は、いわば、ひとつの巨大な磁石になっており、すべての生物は、地球が発する地磁気の作用を受けている。

地磁気の影響について。台湾医学界の重鎮である陳怡魁博

士は、次のように説明している。

「人体には、つねに電流の伝導と電位の変化によって磁場を生じ、その磁場と地球の磁場が互いに反応し合って作用している。つまり、人体の赤血球に含まれた鉄分が、血液の流れる時に地球の磁力線の働きを受けて、人体にさまざまな影響を及ぼすのである」。

陳博士は、近代自然科学の観点から、風水学の有用性を研究している科学者で、私の恩師でもある。

陳博士の研究によれば、人体の細胞膜周辺には、カルシウム・イオン、ナトリウム・イオンの働きによって電流が流れ、生命体を維持するのに、きわめて重要な役割を果たしている。この電流はつねに一定ではなく、地球の磁場の変異に反応して、身体機能にさまざまな作用をもたらす。

たとえば、はだしで野山を駆け回れる環境では、きわめて自然な形で地磁気を吸収することができる。だが、鉄骨やコンクリートに囲まれた現代では、地磁気は建物に吸収されてしまう。人体は地磁気不足になり、血液の流れが悪くなったり、神経や筋肉のはたらきが鈍くなったりする。

ちなみに、東京の地磁気は、一平方センチメートルあたり、平均〇・五ガウス。それがビルのエレベーターに入ると、磁気の強さは半分の〇・二五ガウスになる。

室内では電化製品がところ狭しと置かれているために、地磁気の強さはさらに複雑に変化する。最近ではスマホや携帯電話が普及したせいで、地磁気不足が加速度的に進んでいるに違いない。

このような環境で、現代人は、慢性的な地磁気欠乏症に陥っている。

都会のマンションやビルの中で生活している人が、肩こり、腰の痛み、食欲不振、イライラ、不眠症といった症状を訴えることについて、西洋医学では「自律神経失調症」のひとことで片づけてしまうが、風水学や東洋医学では。明らかに「地磁気不足症候群」であるとみなす。

整体などで磁気治療器が使われるのも、地磁気、人体磁気のバランスがくずれて、身体機能が不自然な状況になっているからであろう。

◇面相と風水

さて、風水がそこに住む人の身体機能に影響を及ぼすということは、実は人相学の立場からも指摘されているのである。

とりわけ、先祖の遺体が土葬にされた場合、その風水がどのようなものであるかによって、子孫の人相を決定づけるだけの影響力をもっているといわれている。

また、どんな家でも三年住めばその人の身体と家の造りが機能的な面で相似形となるとは昔からいわれてきた。言い換えれば、その家とそこに住む人とは共通した波動を有するようになるということである。

観相学のバイブルといわれている『神相全編』に、顔面の「十三部位」が何を表わすかが詳しく書いてある。そこで観相と風水の関連のアウトラインがどういうものかについて述べたい。

【上停】…髪の生え際から眉までの範囲。「天」に象るつまり、天から授かった運勢を表わし、もっぱら両親の庇護のもとにある状態。中停、下停に比べて上停が秀でているなら、祖父母や両親の恩恵を受けられる。数え二十九歳までの運気をつかさどる。

額の部分が広く、四角いか丸く、日角・月角に肉付きがよければ富貴双全。もし、この部分が狭く凹んでいたり、乱紋があれば来龍不真（来たる龍は真龍にあらず）とし、山水無情、龍虎反背にして貧賤をつかさどる。

印堂の部位は重要である。広く輝き、潤いがあるなら、若くして発達し、凶事に遭っても恐れない。富貴双全の命である。しかし、直紋や斜紋が刻まれていたり、傷跡があり、双眉が相連なるのは妻を剋し子を傷め、家業を破り、苦労が多く生活が安定せず、貧苦であるか危険に遭遇する命である。

○天中（帝座）…来龍を表わす。太祖山（頭頂・百会）から龍脈の来たる部位。その両脇は「天岳（詔獄）」といい、龍脈の旁脈を表わし、龍脈を支えている山坡になる。

○左廂…天岳の左（自身から見て左）に位置する。龍脈を支える山坡になる。

○右廂…天岳の右（自身から見て右）に位置する。龍脈を支える山坡になる。

○辺地（辺上・辺庭）…天中より左右両脇のずっと端の部分で龍脈から離れた山林を表わす。

○天庭（天牢・鴻臚寺・四方館）天中のすぐ下の部位で龍脈に連なる山脈を意味する。

○日角…天庭の左に位置し、龍脈を守護する護龍を表わす。

○月角…天庭の右に位置し、龍脈を守護する護龍を表わす。

○父墓…月角の右に位置し、父系の墳墓を表わす。

○母墓…日角の左に位置し、母系の墳墓を表わす。

○司空（司徒）…天庭の真下の部位。平らかであれば吉。龍脈に連なるところ。

○中正…司空の真下の部位。広く張りがあれば吉。龍脈に連なるところ。

◇風水に関連する顔相の部位

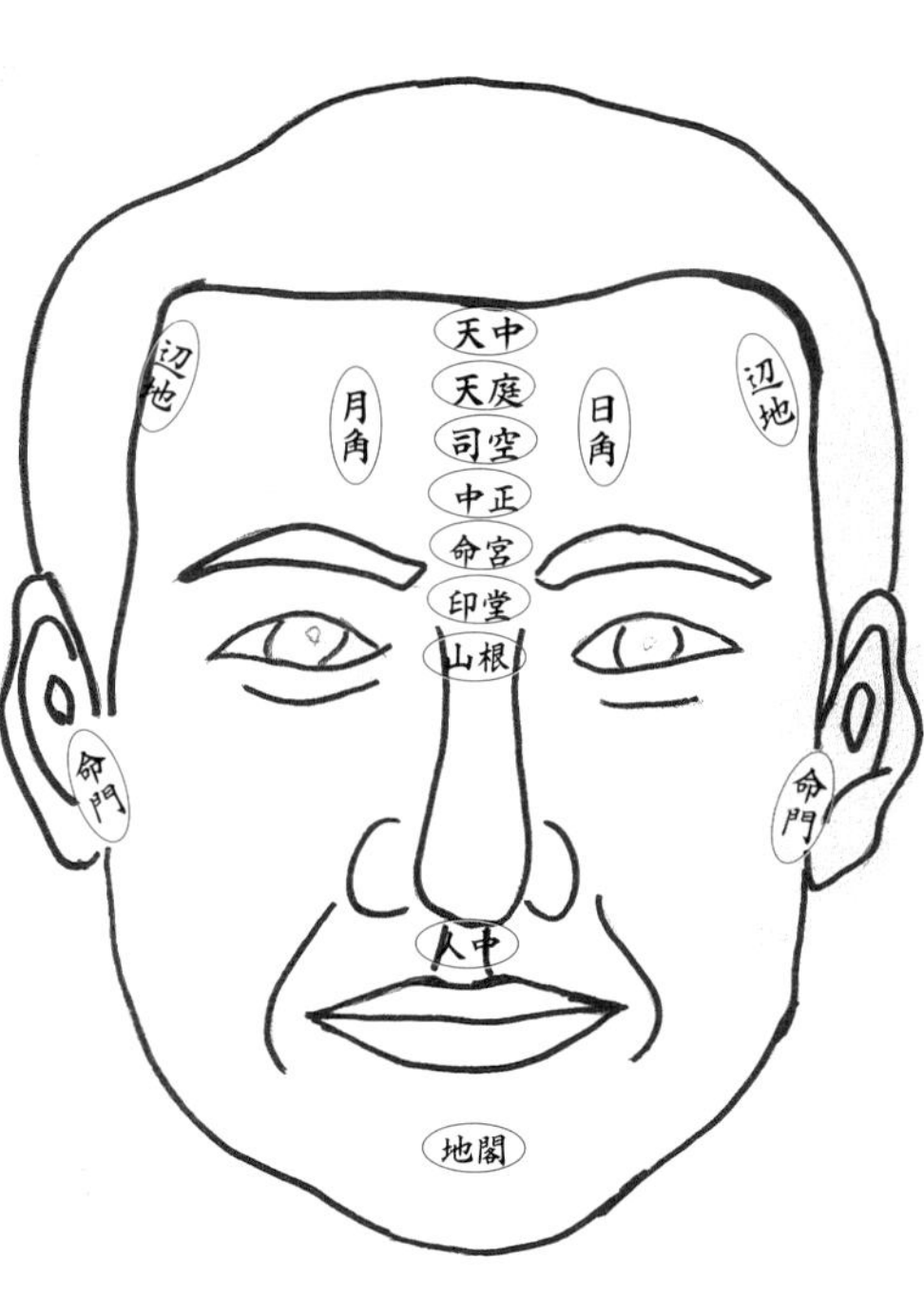

○印堂（命宮）…中正の真下の部位。傷跡なく清く、輝きあれば吉。龍脈に技龍が交差する要衝の部位。

【中停】…山根（印堂の真下）より準頭（鼻頭）までの範囲。「人」に象り、最も重要である。青年から壮年までの自身の運勢が現われる部位。中停が広く、精気が溢れていればおおいに活躍できる。数え三十一歳から五十歳までの運気をつかさどる。

鼻梁も準頭も肉付き豊かで低からず、色鮮やかで顴骨（頬骨）が正しく具わっていれば、富貴双全。来龍は真龍とみる。顴骨が低いか無ければ鼻は「孤峯」となし、穴星は「砂星」の抱護がないようなもので生気を散失するから、労多くして功少なし。山根が低ければ龍脈の気は弱いとみるゆえ、養生すべし。鼻梁が短ければ、龍脈の精気が薄いと見、大きな発達は望めない。

臥蚕・涙堂に傷跡あれば、「砂飛水走」となし、生気が散失するため良き子孫に恵まれない。鼻孔が薄く露であり、唇が傾くのは精気を漏らすゆえ、発達せず。鼻小さくとも両の顴骨の助けを得ていれば発達す。

眼が露で深いか、耳が反り返っているか黒ければ、精気を失うことになり凶。

○山根（玉衡・廷中）…鼻梁の真上、印堂の真下の部位。高く隆々としていれば、龍脈の精気が旺盛であるとなし、健康に恵まれ、高い地位に就く。
○臥蚕・涙堂…眼の真下の部位。顴骨の真上。龍凰を風から守る「砂」とみなし、凹んでいたり、傷跡があると子孫との縁が薄い。
○顴骨（権威）…いわゆる頬骨。龍脈を護送する旁龍・旁脈（傍らの山脈）となし。顴骨が豊かならば龍脈の精気が途中で散逸することがなく、その果てには必ず優れた龍穴があるとみる。
【下停】…準頭の真下、人中より顎までの範囲。「地」に象り、一生の総決算期である晩年の運勢が現われる部位。数え五十一歳以降の運気をつかさどる。上停、中停がよくなくても下停がよければ晩年に栄える。

口角は少し上向いているのがよい。上向いていれば龍脈からの精気がとどめられ、龍穴（口唇）の気が漏れることがなく吉。地閣（顎骨の先端）は豊かであるのがよろしく、頤骨（顎骨の両脇）は丸いのがよい。なお、頬は凹みの中に突起しているのが吉で、これは隆起した丘陵や岡を表わす。

もし口角が反り返り、地閣の肉付きに欠け、髭が口を覆い、口角の輪郭が薄いのは発達せず。
○口角…龍穴
○人中…来龍（鼻梁）から龍穴に至る過峡にあたる部位。はっきりと刻まれているのがよい。
○地閣…龍穴である口角に対して朝山・案山のような存在で、龍穴が風に吹きさらされるのを防ぐ働きを成す。
《註》ここでの記述は出生地の風水、または先祖代々から長い年月を過ごした土地の風水、あるいは先祖の墳墓の風水が、生まれた子の面相に影響を及ぼすということなのである。

したがって上停・中停・下停の三大部位に分けて、龍脈がどのような形勢で伸び来たっているか、そしてそこの家の周辺の地勢がどのようなものなのか、そうした屋外の地形・地勢のいかんによって、そこに住む人の面相が左右されることもあるという結論になる。

◇人体と風水

つぎに『洛書』つまり後天八卦の原理から、人体と八卦・八方位とのかかわりについて述べたい。

『洛書』の方位盤は五黄が中宮に八方を睥睨するかのように居座り、六白が西北、七赤が西、八白が東北、九紫が南、一白が北、二黒が西南、三碧が東、四緑が東南に位置している。

ここに人体をうつ伏せに重ねると、どうなるか。

すなわち、頭が南（九）、右手が西南（二）、左手が東南（四）、

◇人体と八卦・八方位との関係図

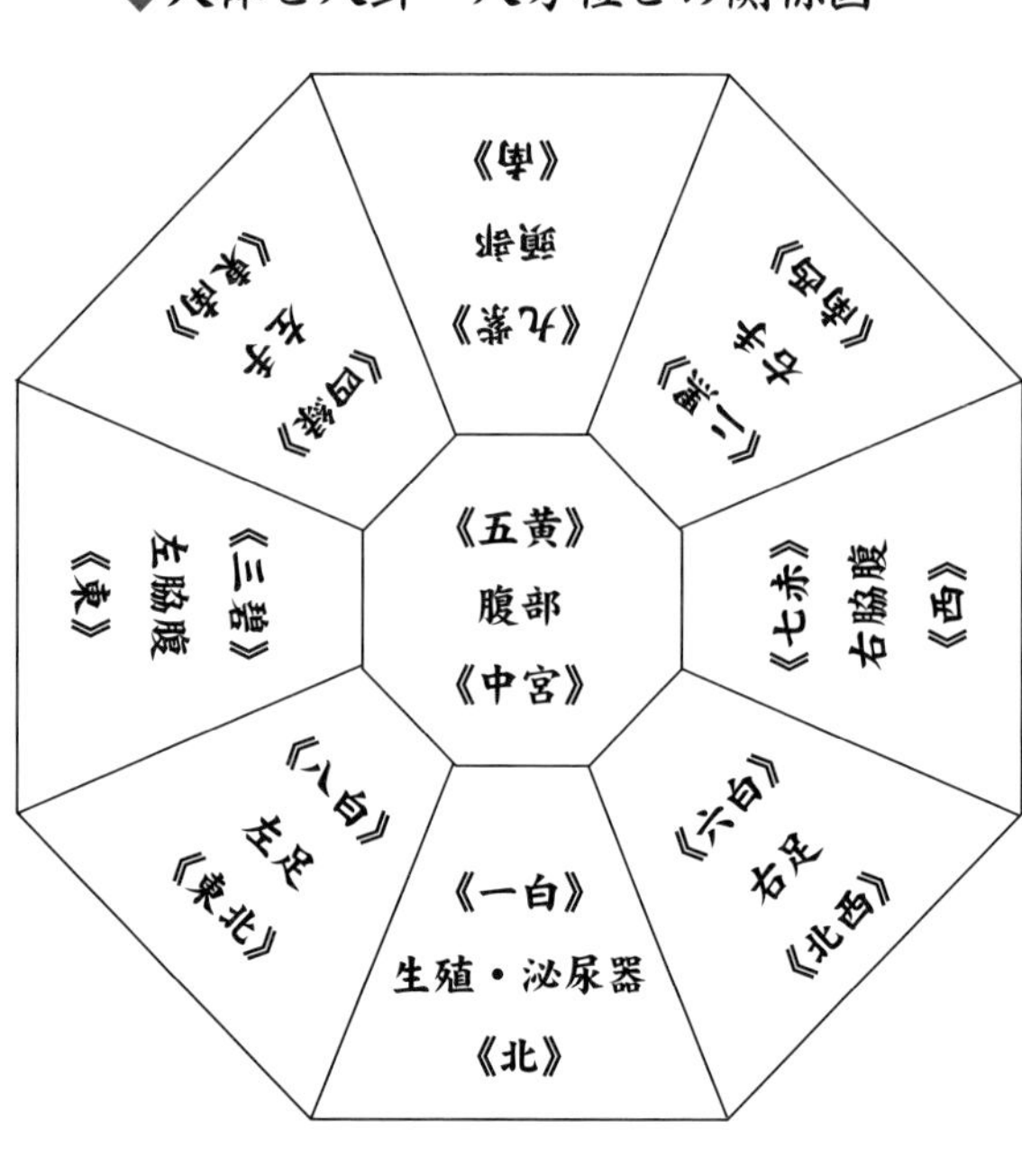

腹部が中央（五）、右脇が西（七）、左脇が東（三）、生殖・泌尿器が北（一）、右足が西北（六）、左足が東北（八）という配合になる。

基本的に住居でも商店、オフィスでも、その中心点（太極）から各方四十五度、八方位に分けて、各方位が身体のどこにあたるかを頭に入れる。そして、もし風水で問題のある場所、たとえばその方位が東であれば「左脇腹」、西南であれば「右手」に注意するように心掛けるのである。

また逆に胃腸が弱い人なら、家であれオフィスであれ、中心点（腹部を表わす）あたりにトイレがある間取りは避けるとか、中心点が建物の中にない場所は使わないようにすることも大切である。

その意味で後天八卦・九星・方位の表わす疾病がどういうものかを整理してみよう。

人体に後天八卦・九星、そしてそれを表わす方位を当てはめると次頁のようになる。これは日本でも、わりあい知られている。いわゆる易占、方位学を研究する者にとっては、常識といえるくらいの基本的知識であるからにほかならない。

○乾（けん）・六白・西北

《身体部位》腎・耳・命門・頭・首・肺臓・痩身・骨張っ

た身体
《症状》憂悶・興奮・高熱・逆上・眩暈・浮腫・腸満・食欲不振

○兌・七赤・西
《身体部位》頬・口・舌・気管支・肉付きのよい身体
《症状》咳・口腔・大小便の不通・血行不順・淋病・月経の滞り

○離・九紫・南
《身体部位》目・耳・腹・心臓
《症状》火傷・高熱・不眠症・視力低下・動悸・息切れ・心臓病

○震・三碧・東
《身体部位》肝臓・脚・筋・膜
《症状》肝臓疾患・痙攣・脚気・発狂・恐怖症・精神異常

○巽・四緑・東南
《身体部位》股・尻・膜・額
《症状》風邪・憂鬱・内熱・進退ある症状

○坎・一白・北
《身体部位》腎臓・副腎・血・耳
《症状》疲労・耳痛・悪寒・下痢・下血・神経衰弱・腎臓炎・性病・難産・子宮炎・尿道炎・膀胱炎・痔・鬱病・ノイローゼ・アルコール中毒・不感症など

○艮・八白・東北
《身体部位》背・鼻・胸・腰・手・指
《症状》肩凝り・血行不順・身体不随・麻痺・腫瘍

○坤・二黒・西南
《身体部位》消化器・腹・肉
《症状》胃腸疾患・過労・肥満症・下痢・消化不良・虚脱症

◇人体経絡と風水

明代の江慎修の著『河洛精蘊』には自然界の八種の現象、つまり八卦と人体の経脈とのかかわりについて系統立てた理論が記されている。この書は台湾では風水研究家だけでなく、命理学（先天八字・河洛理数などの出生データを対象にした占術）の研究にも欠かせない内容なので、あまねく知られており、入手可能な良書だが、中国文に精通していないと理解するのは難しいかもしれない。

人類にとって大自然の恵みを活用することなくしては文明も産み出されなかったわけで、健康を満喫しようと願うならば、この自然界の現象がどのような法則のもとに人体に及ぼ

されるのか知っておかなくてはならない。

①「乾卦」…自然界では「天」を表わし、その先天数は「九」、人体の経絡は「督脈」をつかさどる。

②「震卦」…自然界では「雷」を表わし、その先天数は「八」、人体の経路は「手少陽三焦経・手蕨陰心包経」をつかさどる。

③「坎卦」…自然界では「水」を表わし、その先天数は「七」、人体の経絡は「足太陽膀胱経・足少陰腎経」をつかさどる。

④「艮卦」…自然界では「山」を表わし、その先天数は「六」、人体の経絡は「足太陰脾経・足陽明胃経」をつかさどる。

⑤「兌卦」…自然界では「沢」を表わし、その先天数は「四」、人体の経絡は「手太陰肺経・手陽明大腸経」をつかさどる。

⑥「離卦」…自然界では「火」を表わし、その先天数は「三」、人体の経絡は「手少陰心経・手太陽小腸経」をつかさどる。

⑦「巽卦」…自然界では「風」を表わし、その先天数は「二」、人体の経絡は「足少陽瞻経・足厥陰肝経」をつかさどる。

⑧「坤卦」…自然界では「地」を表わし、その先天数は「一」、人体の経絡は「任脈」をつかさどる。

このような自然界の現象と人体との関係性は、中国では何千年も前から研究されており、たとえば漢方、中医学の古文献に詳細に記されている。中医学の原理にしても『易経』にもとづいたものだから、当然ながら風水とも共通項が少なくない。

上に列挙したうち、乾の「督脈」、坤の「任脈」は十二経脈に含まれず、奇経八脈に属するので馴染みのない読者には取っつきにくいかもしれない。

十二経脈を正経と呼ぶのに対し、奇経八脈は「奇異な脈絡」の意でもある。また、奇経八脈は主に肝臓・腎臓とのかかわりが密接であることからも、特別な意味が込められている。

よく十二経脈が「大河」に、奇経八脈が「湖」にたとえられるが、奇経八脈は十二経脈中の気血が盛んになればそれを蓄え、不足すれば補って調整する働きがあるからだ。

ここらへんの人体のしくみについては、『黄帝内経素問・霊枢』や『甲乙経』または『難経』『十四経絡発揮』などの原書に詳しく説いてあるから、興味のある方はそれらの書を参照してほしい。

第三章 中国の風水学と日本の家相学

◇日本の家相学の源流を探る

推古天皇の十年（六〇二）、僧観勒が天文、地理、遁甲、方術の書を奉ったと伝えられている。そして陽胡史の祖、玉陳が暦法を学び、大友村主高聡が天文、遁甲を学び、山背の臣、日立が方術を学び、それより後にその三人は生業としてこれらの術を伝えていった。

推古十一年十月、聖徳太子は沙門に命じて仏説『安宅神呪経』を小墾田宮に講義させたという。これが本邦での斯学の講習の始まりだということである。

ところが、平成六年（一九九四）に奈良県橿原市より出土した木簡に風水の「大遊年翻卦法」のことが書かれていたため、実際には風水の学は飛鳥時代よりも以前に伝来していたことが、ほぼ明らかになったのである。

とはいえ、それはごく最近のことである。少なくとも推古天皇から徳川時代の中頃に至るまで、風水の学は限られた裕福な者たちや貴族にしか知られず、民間に広まることはなかった。それは言うまでもなく権力者たちによって封印され、門外不出の秘伝とされたからである。

このような事情は中国でもみられたが、日本と異なるのは国土が広く多数の民衆を擁していたので、統一国家としては長く続かず、いつしか封印が解かれてしまった点である。

さて、江戸時代の明和・安永年間（一七六四～一七八一）の頃、摂州・高槻藩士の神谷古暦が出て、断易の法により家相の吉凶を論じ、宅地の欠け張り、畳数の適否などについて『家相観地録』に仔細に著わし、一家を成した。

神谷古暦は当時、巨擘と称せられ、その学を弟子の平岡米山に伝え、さらに平岡は浅井金蘭に、浅井は大田錦城に、大田は荒井堯民、海保漁村に伝えたという。

その間、古暦とは別に、天明二年（一七八二）に大江桐陽が、『家相口訣』一巻を著わし、畳数や間数の吉凶を説くこと少なからずであった。

また、天明三年に南都（奈良）の疋田慶明が『家相秘録』二巻を著わした。この書は『黄帝宅經』『三才發秘』の二書を和訳した中国流の内容であったらしい。

また、天明五年に大坂の松浦鶴雄が『家相要書』六巻を著わし、宅地の欠け張り、畳数の吉凶を説いた。この書の一部分は神谷古暦の『家相略記図』と同じであったため、鶴雄は古暦の流れを汲む者ではないかとされた。

そして、寛政年間（一七八九～一八〇一）には大坂に松浦東鶏が出て、『陰陽五要奇書』『協紀辨方書』『五種秘竅』などの中華の原典にもとづいて『家相圖解』二巻、『家相大全』三巻、『家相必用方鑒精義大成』二巻、『匠家故實録』三巻、『風水玄機録』二巻、『家相秘傳四神巻』五巻を著わし、一家を成した。

初代が松浦東鶏、二代は明喬、三代は東渠、四代は帖齋で後に商人に帰したという。

松浦東鶏の弟子に松浦琴鶴がいたが、東鶏に進言したが容れられず、日夜、和漢の群籍を渉猟して研鑽を積み。時には碩学を訪ねては論議し、遂に一派を成すに至った。

琴鶴は天保二年（一八三一）に『方鑒圖解』五巻を著わしたのを皮切りに、『方鑒口訣』一巻、『家相一覧』二巻。『家相秘伝集』二巻、『家相風水傳』一巻、『地理風水傳秘奥巻』一巻、『家相指略傳』一巻とつぎつぎに著わし、『八宅明鏡』『營造宅經』『安宅神呪經』などの中華原典の和訳も残している。その著書は三〇有余に及び、本邦家相学の中興の祖とされ、昭和の時代に至るまで、家相研究家のほとんどは松浦琴鶴の門下生か、その流れを汲む者とまで言われたほどであった。

そもそも神谷古暦は易断的家相といわれ、九星方位説を採ったが、松浦東鶏は定理的家相といわれ、干支方位説によるものであった。したがって松浦琴鶴は両者の折衷派というべきで、古暦の九星方位説と東鶏の定理的家相を唱えたのである。

なお琴鶴の後、二代は逸成、三代は長逸と相続した。琴鶴の流れは『家相新編』三巻を著わした小石川伝通院の尾島碩聞、飯田天涯、柴田南海と伝承したという。

◇九星方位派と干支方位派

以上、本邦の家相方鑑学の流れをたどってみたが、仏教に諸派があるごとく、その諸説紛々たる有り様は、人間が事物を中庸に観察することがいかに難しいかを知らされる思いがする。

昭和十一年（一九三六）に田中茂公氏が『住宅と家相研究』（教育図書出版社）という書の中で、松浦琴鶴についてふれ、その血統が絶えたことを挙げ、仏教の因果説、つまり原因・結果の法則に照らすならば、琴鶴の学説は、

「全く人というものの霊々照々たる心性を忘れた説、唯心の所現という原因結果の真理の循環を夢にだにも知らない説、全く陰陽、五行、八卦の文字に迷わされた説、心性あるを知らず、人間あるを知らざる、陰陽萬能の中毒説と言わなければならないのです」

とさんざん批判している。

田中茂公氏は『黄帝宅經』の和訳を引用し、家宅の中心、間数・畳数、土蔵・倉庫、付属物の位置を論じ、乃木希典宅などの実例判断を載せている。自著で田中氏は、

「生年月日時は元照が生まれて来るに就いての一階段たるに止まり、生年月日時それ自体が元照所現の原因ではないと信ずるのであります」

と述べ、自身が単なる家相研究家であって、中国命理学を否定する立場であることを宣言している。

彼のような視点で物事の中庸を把握することは難しいだろう。なぜなら中国では風水家として大切なのは風水はもちろんのこと、少なくとも命理学、易占にも精通していないと依頼をこなすことができないからである。

つまり、依頼者の先天運を把握した上で、今はどんな後天運波に入っているかを理解することにより、その人にとっていかなる方位を用いることが今、最も大事であるかを指摘できなければ意味がないからである。

田中氏が琴鶴の血統が絶えたことを指摘するなら、田中氏自身の子孫はどうだったのかが興味深いところだが、これは旧田中氏が命理学の観点に立てず、各人の先天運、言い換えればカルマというものの捉え方が明確でないところに起因していると思う。

◇男女別の九星・本命卦の真偽

本邦では生年の九星を男女別にしないで占うのが至極、当然のようである。中国では男女別にするのが常識であるが、日本で出版された気学書・家相学書は、あくまで日本特有の世俗的な方法として、これを見ている。

『三白寶海』巻下の「天元身運起白例」にこう記されている。

「三元通利の年を説かんと欲せば、男人は三六九宮を遷る。女命はまさに二八五を推すべし。男は順に女は逆に周天に怖す」（原文は「男須女逆怖周天」）

これは、三元百八十年間における男女別九星の循環のことである。三元九星の循環は干支暦で「甲子年」から始まり、六十年続き。それを上中下と、三回繰り返す。

一八六四年（元治一）の甲子年から一九二三年（大正十二）の癸亥年までが上元

一九二四年（大正十三）の甲子年から一九八三年（昭和五十八）の癸亥年までが中元

一九八四年（昭和丑十九）の甲子年から二〇四三年の癸亥年までが下元

たとえば、開始年の甲子年に生まれた男性は、一八六四年なら「一白」、一九二四年なら「四緑」、一九八四年なら「七赤」が本命星になる。

　これに対して女性の場合は、同じ甲子年生まれでも一八六四年なら「五黄」、一九二四年なら「二黒」、一九八四年なら「八白」が本命星になる。

　だから、原文にあるように三元百八十年間において男性で「三六九宮を遷る」、つまり上元で三碧、中元で六白、下元で九紫となるのは一八七一、一九三一、一九九一年に生まれた「辛未年」の人がそうである。

　ほかに庚辰年・己丑年・戊戌年・丁未年・丙辰年生まれの人も同様である。

　女性の場合は「二八五」、つまり上元で二黒、中元で八白、下元で五黄となるのは一八七〇、一九三〇、一九九〇年に生まれた「庚午年」の人になる。

　ほかに己卯年・戊子年・丁酉年・丙午年・乙卯年生まれの人も同様である。

　原文の意味するところは、本命の生年九星は男女別々にそのような循環をするということである。

　男性は九、八、七、六、五、四、三、二、一と年の九星の運行どおりにめぐり、女性は六、七、八、九、一、二、三、四、五と年の九星とは逆にめぐるわけである。

　昔から日本においては『三白寶海』は方位学研究家によく読まれてきたのだが、なにゆえに「男女生年九星の別」についてが徹底周知されなかったのだろうか。

　白井為賀纂輯・松浦琴鶴増輯の『新増補正陰陽方位便覧』ではこの点について、

「俗この命星を以て八宅明鏡にて生気、延年、天醫等の名目を配当するに用ゆるの外、その餘に拘わることなしとおもへるの大いなる誤りなり。且、八宅家の九星男女生命の差別をなす。是既に協紀辨方書にも其の起例を挙げたりといえども従うべからず」

　と述べてあり、『八宅明鏡』に説く生気、延年、天醫等の吉凶八方位の名を配当するのに用いるほかに必要がなく、『協紀辨方書』に男女別の三元九星について例を挙げているが、これにもとづくべきでないとしている。

　つぎにその理由として、

「いかんとなれば、上にも謂ごとく其の生まれ年中宮に起こる太歳星をもって命星といふとは彼の生年の太歳干支を以て干支本命といふに異ならず、既に干支本命において男女の差別あることなし。然るを豈命星のみ、ひとり男女の別をなすべきの理あらんや。是を以て余これを取ざるなり」

　つまり、生年の干支（甲子・乙丑等）が男女の区別をせず、

風水や紫微斗数、先天八字などの命理学で使われているように本命星だけを男女別にする道理はないとの意見である。

白井為賀であれ松浦琴鶴であれ、ただ方位学の観点しか持ち合わせていないのであれば真実は見ることができないだろう。江戸時代に著わされた家相の文献は、そのほとんどがすでに中国の風水から逸脱した内容であるが、筆者はたった一冊だけ中国流の内容に準拠したものを神田神保町の古書店で発見した。

朝見五通の著わした『家相福臻録』がそれである。文政十二年（一八二九）に発刊されたこの書は詳細な内容でないのが残念であるが、乾宅・坤宅・艮宅・兌宅を西四宅、震宅・巽宅・坎宅・離宅を東四宅として吉凶を定め、鬼門の説を退けているところは中国風水学の本末の立場を採っている。そのなかにこう述べてある。

「和漢の宅書数種を集め、これを閲して千古の實理を尋ねるに今の家相老の説は大抵、附曾妄誕なり」

結局のところ、ここまで述べてきたことは要は実践してみなければ、到底、理解できるものではない。方位の現象というのは目に見えるものではないからである。

さらに詳しい探求は、異流派同士のデータの比較検討による以外には水掛け論で終わってしまうだろう。また、そうしない限り、感情的なしこりを残すだけで学術的進歩もない。その意味からも、筆者と異なる見解を持つ研究家の方々からの貴重な実験データを提供していただきたいものである。

◇日本の家相学は風水学ではない

昨今の風水ブームに刺激されて、あれこれ試している人も多いことだろう。

その心意気に水を差すつもりはないのだが、巷にあふれる風水書のなかには、あまり役に立たないものも含まれている、と言わざるを得ない。「役に立たない」という表現が適切でなければ、「風水学とは本質的に違うもの」と言いかえてもよい。

単なる読み物として楽しんでいる分にはかまわないが、少しでも人生をよくしたいと考えている人にとっては、いかがなものだろうか。

その多くが、日本独自の「気学」「家相学」と銘打っているならまだしも、中国古来の「風水」という言葉が使われているのだから、私としても釈然としない。

父である鮑黎明著『華僑の風水学』（東洋経済新報社）でも、中国風水学と日本の家相学との違いについては触れてあるが、本書ではもう少し掘り下げてみようと思う。

◇日本の家相学とはここがこう違う

中国風水学と日本式の家相とは似て非なるものである。知らない読者には、筆者の我田引水ではないかと思われるかもしれないが、そうではない。筆者にしても、中国と日本の文献をいろいろ読破して確認したことなのである。それはまた、中国人の血をうけ継いだ筆者ならではの自負があるからにほかならない。

両者の決定的な相違は次のようにまとめることができる。これは黎明著『華僑の風水学』にも述べたとおりであるが、本書ではさらに詳しく解説し、読者の参考に供したいと思う。

ここでは『家相―現代の家相とその考え方』（学芸出版社）を参考にしながら、日本流の家相の概念を挙げることにする。著者は一級建築士の山片三郎氏である。昭和四十六年九月の刊行で半世紀前のものであるが、非常に客観的な立場で書かれている。

「本書は昔から伝わっている『家相・地相』に関する数多くのいろいろな説を整理して集約したものに、私が建築家として、これから家を求めようとされる方に、あらかじめ知っておいて頂きたい、とねがうことを加えて、具体的に詳しく記述したものです」

と著者がまえがきで述べているように、家相の諸説を紹介したうえで、建築家として実際の知識にふれておられる。家相を肯定も否定もしないけれども、なかには一概に根拠薄弱と決めつけられないものもあるというのは、『家相の科学』（光文社）の清家清先生や『間取りと家相のタブー』（講談社）の岡本輝三氏とほぼ同じスタンスであると言ってよいだろう。

山片氏の『家相』を読むと、日本流の家相の考え方がいかに「部分観の寄せ集めから全体観の吉凶を論じている」かが明らかとなるであろう。そして、そのような考えのもとに家相書を書いている研究家がいまだに多いということも、遺憾なことと言わねばならない。

一、鬼門・裏鬼門について

この点は日本の家相・気学研究家のほとんどの人がタブー視していることに気づかされる。とにかく東北・西南の方位は忌み嫌われているのである。ただし、地運とのかかわりから鬼門・裏鬼門をとらえることも忘れてはならない。

二、住居・オフィスの各部の意味について

玄関の向きが何を意味するか、また、寝室やベッドの位置がどのような面に影響を及ぼすのか等々については、P76の表に書いたように中国風水学では明確に説明できる。しかし、日本の家相にはそのような説明はない。

『家相』には神棚、仏壇、井戸、台所、浴室、窓、倉庫・納屋、築山、池、泉水、門の方位のことが書かれてあるが、なぜか玄関の方位について記述がない。そこで、『現代の家相と設計』（永岡書店）という建築家の明石秀代氏の著作をひもとくと、「門・玄関」の箇所に、「幸運の気運は玄関から入り、対角線上に逃げていく」とあるだけであった。

さて、前述した『家相』には、これぞ日本流家相の特徴と言える記述が見える。

神棚・仏壇をはじめ井戸、台所、便所、倉庫、池・泉水、門に至るまで東北・西南の各四五度、つまり鬼門・裏鬼門は凶としている。どこまでも鬼門にこだわるのだ。

これによると東南に吉が集まることになり、仏壇、台所、浴室、倉庫、門などで東南方位は家中で最も活気に溢れる方位になることだろう。こういう考え方で家を建てるとなると、建築家との意見の対立をみることは避けられないだろう。

三、方位の吉凶について

日本の家相では住居とオフィスを問わず東・東南・西北の方位にあるか、それらの方位に向いているのが吉相であるとされている。つまり、住居・オフィスの形や方位、間取りを見る以前より、すでに方位上の吉凶が決まっているとする。これは不合理なことと言わねばならない。地形・地勢を無視して方位の吉凶が決まるのだろうか。

家相では『營造宅經』という古書をもとに、地形の良し悪しを論ずる。これはどの本にも書いてあるが、北高・南低の「晋土」は富貴永昌の吉地、西高・東低の「魯土」は富貴繁昌の吉地となり、その複合した西北高・東南低の地は富貴最勝の大吉地と説かれてある。

しかし、このような見方だけで地形を選択してしまうのは考えものである。というのも、逆に北低・南高の「楚土」は貧地で凶と説いているからだ。この見方では本当に土地の吉凶がわかるはずはない。

たとえば九七年七月に中国に返還された香港。その経済の中枢にあたる香港島の地形は北低・南高の楚土になるのである。中心街である中環（セントラル）地区は北にビクトリア港を臨み、南は維多利亜山（五五四メートル）、奇力山（五〇一メートル）、歌賦山（四七九メートル）、金馬倫山（四三九メートル)などが聳えている。中環地区には香港政庁、総督官邸、市政局のほか、風水戦争の当事者である香港上海銀行や中国銀行の超高層ビルがある、いわば香港の政治・経済の心臓部なのである。

さて家相では、中環は本当に貧地で凶相なのか。それが実は大吉相なのである。日本流家相の研究家がここを訪れても、どうしてここまで繁栄したのか、理解できないだろう。

香港島は中国の南龍脈が延び来たった地で、新界にある香港最高峰の大帽山(九五八メートル)から、龍脈が九本に枝分かれして、九龍半島(九本の龍脈に由来する)に広がっている。その龍脈が海を潜り、南側の香港島の最高峰、維多利亜山として隆起したわけである。

だから、中環地区は南高であるが、龍脈から延びた山を背にしているので強力な後援者に恵まれ、健康を満喫できることになる。また北低であるが海を望むので金融・交易に欠かせない財気をもたらされる。これを「背山臨水(山ヲ背ニシテ水ニ臨ム)」といい、風水では吉地の条件なのである。

さて、室内の判断は第四章で述べたように建物の坐向により宅運は決まる。

たとえば乾宅(西北に坐し東南に向く建物)なら、門・玄関は西にあれば吉となり、仏壇・神棚は北・南・東南に吉というふうになる。つまり建物の坐向という全体観に立ったうえで各部の適所を決めるというのが風水学なのである。

四、方位の範囲・度数の分割について

この点に関しては第五章で後述するので、ここでは省略する。

五、地運の判断について

地運という法則はなぜか家相・気学には説かれていない。皮肉なことに伊勢神宮の式年遷宮が一千年以上も行なわれてきたというのに誰も気づかなかったのだろうか。二十年に一度の御遷宮は「天心改運法」といい、永久に吉運を維持するための風水学の秘法である。

都市の興廃は五百四十年という周期で長期的展望に立って決めるとする。地方の県や市区単位なら百八十年という周期でみる。町村単位なら六十年、ないしは二十年という周期でみる。

普通は小運二十年の周期でみることが多く、一般の住居、オフィス・店舗なども二十年周期で判断する。それによると今まで栄えていた家が衰退し、逆に振るわなかった会社が活況を呈するようになる。大事なのはいつ、どの部分を増改築

項目	中国風水学	日本の気学・家相学
一、鬼門・裏鬼門について	一概に凶方と断定しない。周囲の地形、方位の度数、地運との関連により吉凶が変わるとする。	これを忌み嫌い、避けるのみ。
二、住居&オフィスの各部の意味	①玄関の向き（門向）は対外的活動力に影響を及ぼす。 ②玄関の位置（門位）は対人関係に影響を及ぼす。 ③ガスレンジの向き（炉向）は情緒と判断力に影響を及ぼす。 ④ガスレンジの位置（炉位）は生理機能と判断力に影響を及ぼす。 ⑤電化製品の位置は視神経を思考力に影響を及ぼす。 ⑥トイレの位置は宅卦または本命卦からみて凶方にあるのが吉。 ⑦寝室・ベッドの向きと位置は体力・情緒・夫婦仲・子どもの教育・親子の感情に影響を及ぼす。 ⑧机の向き・位置は企画力・思考力・決断力に影響を及ぼす。 ⑨仏壇・神棚の向き・位置は情緒的な鎮静作用に影響を及ぼす。	各部の意味するところは明確に説かれていない。
三、方位の吉凶について	①建物の構造、向き、付近の地形や地勢との関係を無視しない ②生年の本命卦により各人の吉方・凶方が決定する。専門的には生年月日時と出生地というデータから詳細に割り出す。 ③八方位と九星による判断。 ④九星と九星による判断。	①東、東南、西北を吉方として、その他の方位は吉方とみない。 ②トイレを非常に嫌う。その位置を決め難い。方位の境界線上にすべきと説く流派もある。 ③生年の九星を強める方位を吉、弱める方位を凶とする。 ④欠け張りで吉凶を決める。

四、方位の範囲・度数の分割	①八方位を各45度にし（八宅法）さらに各15度の二十四方位で判断するのが一般的である。 ②二十四方位をさらに細分化して見る。六十龍（各6度）六十四卦（5・625度）、穿山七十二龍（5度）、百二十分金（3度）、二百四十分数（1・5度）、三百六十分数など用途に応じて判断する。	①八方位を各45度に分け、二十四方位で判断する方法。 ②東西南北の四方位を各30度、東北、東南、西南、西北の四偶方位を各60度に分ける流派。 ③不統一だが、「各30／60度説」が大半を占める。
五、地運の判断	①三元九運（後天洛書運）は大元540年、一元180年、大運60年、小運20年、年運1年の周期の衰旺を判断する（山水・ビル、河川との位置関係及び建物の向きによる吉凶）。 ②先天河図運は大運60年、小運12年の周期の衰旺を判断する（屋形・階数・間数の吉凶）。	①九星の運行する九年の周期における衰旺を判断する。 ②十二支の運行する十二年の周期における衰旺を判断する。 ③何十年先、何百年先の地運の循環の吉凶は判定できない。
六、暦の上での干支と九星の起点	①原則として干支は立春（毎年1月4日、5日）からかわる。 ②原則として九星は小寒（毎年1月5日、6日）からかわる。 ③総じて干支・九星は前年の冬至～立春までの間にかわる（太陰太陽暦との関係性を重視）。	①干支、九星も、その起点はともに立春（毎年4日、5日）に固定し、毎年かわらない。
七、生年の九星について	①陰陽の違いから男女別にする。 ②あくまで方位の吉方・凶方が一致するか異なるかの相性を論じるだけである。 ③毎年・毎月・毎日の運勢を判断しない。 ④方位を本命卦により四吉方、四凶方に分類し、意味するところも明確である。 ⑤宅卦と本命卦との融和を重視。	①男女同一にする。 ②男と男、女と女、男と女を問わず、相性をみて吉凶を決定する。 ③毎年・毎月・毎日の運勢を判断する。

	八、判断の特徴
中国風水学	①全体観に立って部分の吉凶をみる。 ②各部位の融和を重視する。たとえば玄関・ガスレンジ・寝室の三カ所との融和を大切にする。 ③室内の調整の方途が明確。 ④土地開発、新築、増改築、補修、移転などの動・静両面にわたる判断が精密である。
日本の気学・家相学	①部分観の寄せ集めから全体の吉凶を論じる。 ②各部位の融和を判断できない。たとえばトイレ・台所は東北・西南は大凶とし、玄関の位置の関係は無視する。 ③気学による移転の吉方取りを勧めることが多く、室内の配置の定義が曖昧である。

やリフォームするかにある。

たとえば一九四四〜一九六三年の第六運では東北・西南に向く建物でも六種あるうちの四種が最大吉で、残る二種が最大凶であったのである。だから鬼門・裏鬼門に向いているからといって簡単に凶と断言できないわけであった。

それが二〇〇四〜二〇二三年の第八運においては、鬼門・裏鬼門に向く住居・オフィスは六種あるうちの四種が最悪の宅運となるのである。これは二十四方位別の宅運からの結論である。

百八十年間を通して最も良好な坐向は「壬山丙向」「子山午向」「発山丁向」の坐北向南の建物、また「丙山壬向」「午山子向」「丁山癸向」の坐南向北の建物の六種になる。

これらの建物は二十年に一度、増改築することにより財産、健康、子供、喜び楽しみに大いに恵まれ、家運や社運が断絶することがない。わけても「子山午向」が最高で「午山子向」が僅差でこれに次ぐ。中国の皇帝、日本の天皇の墳墓の向きは子山午向が圧倒的に多いのも頷けるというものである。

六、暦の上での干支・九星の起点について

この点はあとで解説を加えよう。

七、生年の九星について

生まれ年の九星（中国では本命卦）は男女別であるというのが大前提である。この点が噛み合わない限り、家相と風水

は対立を続けることになるだろう。詳しくは後述したい。

八、判断の特徴について

簡潔に言うなら中国風水学は全体観に立って部分の吉凶を決めるのに対し、日本流家相は部分的制約が先にあり、全体的な吉凶が明確ではないということになるだろう。

また、家相研究家は移転による吉方取りを勧めることが多いが、室内の配置に関してはほとんど見るべき提案がない。だから、いながらにして吉巡を招き寄せることは難しいと言える。

◆鬼門は忌むべき方位ではない

東北の鬼門方位をやたらに避けようとするのは、日本特有の習慣である。そのような見方は、中国風水学にはない。したがって、「鬼門は避けなければいけない」と書かれている本は、風水ではなく、日本流の家相学と思ってよい。

前にも述べたが、鬼門とはいったい何か。ここで念のため、もう一度、論及しておこう。

中国の文献『山海経』によると、鬼門とは大地の果てにあって、万鬼の出入りする門とされている。ここには、神荼（しんだ）・鬱塁（うつるい）という神が見張っているが、その隙をねらって鬼が進入してくる、とある。

いっぽう、中国三大奇書として名高い『封神演義』によると、東海の度朔山（どさくさん）に巨大な桃の木があり、三千里にも及ぶ枝が東北に伸びている。その枝が伸びきった果てに、神荼・鬱塁という二神がいて、東北の門を守護している、とある。

これらの文献を読んでもわかるように、東北は避けるべき方位とみなしているわけではない。

日本の場合、大阪の東北地城が鬼門だからという理由で、開発が遅れたという話もあるが、中国では、東北地域の洛陽が、第四の大都市として栄えている。

もちろん、住居についても、鬼門は誰もが忌むべきだと考えている中国人はいない。

では、なぜ日本では、鬼門が恐れられるようになったのだろうか。そこには、二つの歴史的な原因があったと思われる。

その第一は、平安京遷都である。

桓武天皇は、延暦三年（七八四）、奈良の平城京から長岡京に遷都したが、それからわずか十年で平安京に都を移した。原因は、蝦夷征伐の失敗、皇后と皇太后の相次ぐ死、皇太子の病気などである。

天皇は、起死回生の意味をもつ東北方へ都を移すことによ

り、事態の打開をはかった。平安京は、長岡京から見て、東北にあたっていたのである。

さらに、桓武天皇は、平安京の東北の比叡山に延暦寺を建立し、鬼門避けとした。その後、延暦寺の開祖・最澄を支援したのも、次第に落ち着いてきた国家の、さらなる安定をねらう意図があったと思われる。

中国風水学において、東北方位は、陰きわまり陽に転ずるの意がある。吉星がめぐったときに、この方位の改修・移転を行なうと、事態を好転させることも可能である。

ただし、この方位には、変化・変動の意味もあるため、移ってから三〜五年のうちに改築したり、吉方に建て増しする必要がある。つまり、桓武天皇が、延暦寺を建立して手厚く保護したのは、中国風水学の考え方にのっとって、東北方位のもつ変動・変化の作用を恐れたため、と推察できる。

もうひとつ、日本人の鬼門信仰の原因として知られるのが、江戸城にまつわるエピソードである。

プロローグでも触れたが、寛永元年（一六一四）に、江戸城から見て東北にあたる上野山に東叡山寛永寺（東叡山は、東の比叡山の意）を建て、京都と同様に鬼門避けとしたのが、天海大僧正である。彼は、この寺を建立するにあたって、「江戸城の艮（東北）を守るため」と言ったと伝えられている。

彼が東北鬼門方位にこだわったのは、風水的に見て、いくつかの理由が考えられる。

◇江戸城の風水を変えるために海を埋め立てた

まず、江戸の地形がほぼ現在の姿になったのは、寛永一六年。もともと江戸は低湿地で、埋め立てが進められるまでは、江戸城の前は日比谷入り江と呼ばれ、海が迫っていた。

かくのごとく、南方に海を望み、東北方に上野山が位置する江戸城の風水は、「坎宅格局・艮宅山」という配合になる。この場合、上野山のある鬼門・東北方は、凶方となる。

しかも、この配合は、末子、小児によって災難がもたらされる、という暗示があり、小児が関節・腰・足の疾患、ケガに見舞われる恐れもある。あるいは、その城の主が社会情勢の移り変わりに対応できなかったり、自己の生き方に固執したりするあまり、内憂外患を招くことになる。

ところが、日比谷入り江や江戸湊を埋め立て、陸地を扇状に広げると、江戸城の風水も変わってくる。つまり、江戸城から見て、海が東南方に位置するようになれば、「乾宅格局・艮宅山」という配合になり、鬼門の上野山が守護神となる。これは、末子や相続人にとって最適な風水と考えてよい。

そこに住む人間は、三歩進んでは二歩退く慎重さが養われ、仕事の効率も上がる。家運は末広がりの発展を約束され、蓄財も可能になる。これは、まさしく徳川家康の生き方と符合するかのようである。

ただ、江戸城の風水が改善されても、天海の東北方に対する扱いは、あくまでも慎重であった。

徳川家康の本命卦は、乾（六白金星）で、東北方は殺気方に当たる。家康にとっては、この方位が、つねに城の出入り口になっていると、火災、盗難にあいやすくなり、子どもの健康を損ねる。

もちろん、天下をねらう敵に、この方位から攻められるのは、なにがなんでも避けなければならない。

さらに、易の考え方では、東北は、節目、継ぎ目を表わす。これを一家のことに置き換えると、「世継ぎ」を意味する。

天海は、徳川家の安泰をはかって、将軍は、水戸、紀州、尾張の御三家のうち、紀州か尾張から迎えるべし、と定めた。水戸は江戸から見て東北に当たるため、不動の副将軍の地位に甘んじさせたのである。これによって。東北は「山のごとく静止した状態」を保つことになった。

ちなみに、紀州、尾張は西方にあたり、風水では喜悦、親愛、和順を意味する。こちらの方位から将軍を迎えても、せいぜい女難があるくらいで。幕府の安泰そのものを揺るがすことはない。

なお、天海は、水戸から世継ぎを迎えるとき、徳川幕府は終焉すると予言したという。たしかに、水戸の徳川慶喜が第十五代将軍になると、まもなく徳川家は権力の座から滑り落ち、大政奉還、明治維新を迎えることになった。

天海が指摘したとおり、徳川家にとって、鬼門・東北方は、取り扱いの難しい方位だったわけだ。ただ、一般庶民には、風水に対する正しい知識がなかったため、鬼門は恐ろしいという通説だけが広まってしまった。その誤解が、根拠のないままに、現代に引き継がれているのだ。

◆東北方が吉方になる場合もある

いまでも日本で信じられている家相では、鬼門（東北）と裏鬼門（西南）の四五度の範囲には、水気、火気、不浄なものを絶対に配置すべきではない、と説いている。

さらに東北・西南の中心線を鬼門線と呼び、その線上に門、玄関、台所の流し台、ガスレンジ、風呂場、風呂釜、トイレ、浄化槽を置くのは大凶相だという。鬼門・裏鬼門にあってもよいのは、居間、応接間、寝室、勉強部屋、収納室なのだぞ

うだ。

　東北方位は日当たりがよくないから、日本人に好まれないのも、わからないではない。

　中国風水学でも、東北・西北・東南・西南からの風に長いあいだ吹きさらされると、風沙殺（風疾の病）に冒されるといわれている。

　そうはいっても、家の向きに関係なく、鬼門・裏鬼門を恐れるのは、あまりにもおおざっぱな考え方である。

　中国風水学の立場から見ると、東北方位が凶方に当たる建物は乾宅（坐西北向東南）、震宅（坐東向西）、巽宅（坐東南向西北）、坤宅（坐西南向東北）の四タイプである（ただし、いずれも西南方位は凶方ではない）。

　このうち、常に東北方に注意する必要があるのは、乾宅と震宅だけだ。

　巽宅は、地運のめぐりによって、東北方が大吉になる。坤宅は、東北から河流や道路が走ってくるような地形であれば、金銭に恵まれる。あるいは、この方位に尖った建物があると、金銭、健康の面で良好な宅相となる。

　したがって、どんな家でも。東北と西南を一律に不吉とする根拠は、どこにもない。

◆鬼門の検証

　鬼門であればどんな構造・向きの家やオフィスでも凶であるとするのは、あまりに杓子定規（しゃくしじょうぎ）的な見方である。たとえば九宮飛泊法の判断を例にして八宅別（八種類に分類した判断法）にみてみよう。
○乾宅（東南方四五度に道路・河流がある建物）は鬼門が大凶方になり、この方位に入り口があると火災・盗難にあったり、子供がケガをしたり病（血の病）に冒される。またガスレンジ、樹木があると健康に難があり、子孫を得にくい、山・高い建物・河流があると子年に不利だが、井戸・池があるのは吉。が、長期間居住すれば健康と財運を損ねる。
○兌宅（東方四五度に道路・河流がある建物）では、鬼門にガスレンジがあるとか神社仏閣との道続きは凶だが、入り口・トイレ・池・神棚仏壇が鬼門にあるのは可である。
○離宅（北方四五度に道路・河流がある建物）は鬼門が大吉方になり、この方位に入り口があるなら利あり。池・井戸があれば才能発揮の源泉になり、樹木やオーディオがあれば大いなる財源となる、また高山・神社仏閣があるなら利あり、ガスレンジがあれば財と健康に恵まれる。トイレや電化製品があっても支障はない。
○震宅（西方四五度に道路・河流がある建物）は鬼門が大凶方になり、この方位に入り口・ガスレンジがあると女性は経絡が不調となる。神社仏閣があれば火災に遭い、高い建物・樹木・池・電化製品があるのもよくない。
○巽宅（西北方四五度に道路・河流がある建物）は鬼門が大凶方になり、火運（一九三六～一九四七、一九九六～二〇〇七）は健康と財運ともに苦しむが、土運（一九四八～一九五九、二〇〇八～二〇一九）は財運も健康も旺盛であり、水運（一九七二～一九八三）は健康のほか子孫に恵まれる。
○坎宅（南方四五度に道路・河流がある建物）は鬼門が文昌房（部屋）になり、この方位にトイレがあると試験運が悪く才能を発揮できない。ガスレンジは寅方なら可、入り口は寅方・艮方なら可、池があると文筆の才を発揮する、井戸も可となる。
○艮宅（西南方四五度に道路・河流がある建物）は鬼門が大吉方になり、樹木があるのはよくないが、入り口は寅方なら可、ガスレンジがあると大吉となる。
○坤宅（東北方四五度に道路・河流がある建物）は鬼門が五黄関殺方になるが、この方位に道路や川が走り来たるか、水があれば大いに財運に富む。また、尖った建物・山があれば健康と財運に大いに恵まれる。ただしその他には不適となす。

このような判断になるが、東北鬼門が決定的なウィークポイントになるのは乾宅・巽宅・震宅の三種ぐらいである。しかし厳密には、巽宅は宅運に乗ずれば吉に作用することもあるから、まったくの凶とは言えない。しかし、一九九六年から二〇〇七年までは衰運に転ずるのでいちおうは凶方ということになる。

日本で鬼門を大凶としたのも、巽宅は一九三六年から一九四七年までは火運だったから、凶方になっていたのもわかる。しかし、日本の気学では宅運という法則を設けていないから不可解である。となれば、鬼門に注意すべきは乾宅・震宅・巽宅の三種であるという結論になるかと思われる。

◇日本の家相学で行なわれている間違った方位区分

日本の家相について詳しい人なら、建物を八方位に分けるにあたって、一部の流派が「三〇度／六〇度併用説」を採用していることはご存じだろう。

これは、四正方位（東・西・南・北）を三〇度ずつ、東北・東南・西南・西北の四隅方位を六〇度ずつに分けるというものである。

ところが、中国風水学では、一般的に方位現象を見る場合には、八方位を均等に四五度ずつ分ける。もっと厳密に見るときには、一五度ずつ区分する二十四方位法を採用している。

どうして日本では、四正方位と四隅方位の度数を分けるような珍説が生まれたのか、理解に苦しむ。風水学の原典をたどっても、三〇度／六〇度併用説の根拠となる記述は見あたらない。

この珍説をそのまま採用すると、六〇度の四隅方位における吉凶判断は、はなはだ不正確なものになる。百歩譲って、この方位区分が使えるとすれば、かなりの遠方に移転するときだけであろう。

少なくとも、住まいやオフィスの風水を見るときに、この曖昧な方位区分を使っている限り、正確な判断はできない。

くりかえし述べているように、中国では、建物の風水を見る場合はもちろんのこと、移転の吉凶方位を判断するときにも、四五度ずつに分ける八方位法を基本としている。

それから、一部の日本の家相学者のなかで、「方位の基本となる北を求めるには、磁北ではなく、真北とすべきだ」と主張する人がいるが、これも誤りである。

かなり長距離におよぶ転居、転勤、旅行、留学、入院など、「動」の方位を測るならいざしらず、住居やオフィスの吉凶を見るときは、磁石や羅経盤が示す北の方位、つまり磁北を求めればよい。

参考までに、真北とは、建築図面や地図に記されている北の方位のことである。磁石で実測した方位とは、数度ズレているのが普通で、その誤差を磁偏角という。

真北にこだわる家相学者は、磁石で北の方位を測ったあと、時計回りに数度、調整すべきだと説いている（調整する角度は、その土地によって異なる）。

だが厳密に陽宅の風水を見るには、わざわざ調整したことがかえってアダになる。なにしろ、基準になる北の方位が微妙にズレてしまうと、八方位の区分までが曖昧になってしまうからだ。

少なくとも、住宅やオフィスのような狭いスペースで、八方位が磁偏角によって苦しい誤差を生じることはないのである。

気学の研究家のなかでも、真北を求める間違いに気づいている人もいる。たとえば、『気学入門』（虹有社）を著わした小林章恭氏はこう明言している。

「四五度で分界されている方位盤は、実は静止、固定の家相方位盤であり、不動のものである不動産の判断の専門盤なのです。それは、地球・大地、土地に固定・安定されて、建造、建築される建築造物は不動であるゆえに、いつも周囲（四方・八方）より、同位のエネルギー作用を受けている状態であるからです」

くどいようだが、磁偏角は、あくまでも地球上の離れた地点を検討するとき、各地の偏差を示すものである。室内の風水を見るときには、磁北を基準にしなければならない。

◇気学の九星では風水判断はできない

中国陽宅風水学では、生年月日に基づいて、男女別々に「八種の本命卦」を求める。本命卦とは、人間がそれぞれ持っている、個別の先天的な磁性感応性と言いかえることもできる。

本命卦が、坎、坤、震、巽、乾、兌、艮、離のどれであるかによって、住まいやオフィスの吉方位、凶方位が明らかになる。

まずは、P87に掲げた「男女別本命卦表」をもとに、ご自分の本命卦を求めていただきたい。

一見、日本の気学で用いられている「九星」とよく似ているように思われるかもしれないが本質的にはまったく異なるものである。

【本命卦と気学九星の違い】

①風水の本命卦は、同じ年に生まれでも、性別によって異なる。日本の気学では、男女とも同じ九星になる。

②風水の本命卦には五黄土星がないが、気学にはある。

③風水の本命卦は、年の起点がやや不規則である。気学は、すべて立春を起点としている。

④風水の本命卦では、人の運命を見ない。気学は、しばしば人の運勢や相性を見る。

以上の四点の違いについて、できるだけわかりやすく比較検証してみよう。

第一に、中国風水学においては、同じ年に生まれても、男女の本命卦が異なる。

風水理論のベースとなっている『易経』によると、この世はすべて陰陽のバランスのもとに成り立っている。男女もその例外ではなく、男性が陽、女性が陰を意味する。したがって、大地の磁性を感じとる力が、男女では反対の運行を示すと見るのである。

なお、日本式気学の九星を、中国風水学の本命卦に当てはめると、次頁の下の図のようになる。

第二に、日本の気学が九星であるのに対し、中国風水学の本命卦が八種なのは、五黄の取り扱いが違うためである。

下に挙げた「男女別の九星・八卦の対照表」を注意深く見てみると、男性の五黄と二黒は「坤」、女性の五黄と八白は「艮」になっていることがわかる。

というのも、風水学における五黄は、家の太極・中宮を意味し、それ自体は方位の傾向を明確に表わすものではない。本命卦は先天的な磁性感応性を示すものだから、五黄は本命卦としては数えないのである。

そのかわり、五黄土星と同じ五行である二黒や八白の土星によって、方位の傾向をもたらすことがわかっている。

つまり、五黄にあたる年に生まれた人の本命卦は、男性は坤（二黒土星）、女性は艮（八白土星）となる。この場合も、男性と女性の本命卦は、同じにはならない。

それで思い出したが、五黄の寅年生まれの女は、男の運を食うというのも、日本特有の迷信である。同様に、丙午の女性は気性が荒く、亭主を食い殺して不幸な一生を送るというのも、日本以外では聞いたことがない。

四谷怪談のお岩さん、八百屋お七、番町皿屋敷のお菊、家康の孫の千姫などは、みんな丙午年生まれだったというが、真偽のほどはどうだろう。

昭和四十一年（一九六六）の丙午年には、日本では、新生児の数が例年に比べて四〇万人も少なかったそうだ。しかし、

◇男女別の九星・八卦の対照表◇

	【男性】	【女性】
気学	一白 二黒 三碧 四緑 五黄 六白 七赤 八白 九紫	一白 二黒 三碧 四緑 五黄 六白 七赤 八白 九紫
中国風水学	一白＝坎 二黒＝坤 三碧＝震 四緑＝巽 五黄＝坤 六白＝乾 七赤＝兌 八白＝艮 九紫＝離	五黄＝艮 四緑＝巽 三碧＝震 二黒＝坤 一白＝坎 九紫＝離 八白―艮 七赤＝兌 六白＝乾

［あなたの本命卦早見表①］

生年月日（／）と生まれた時刻	男	女
1926年（昭和元年）1/6　10:55以降	坤	巽
1927年（昭和2年）1/1　23:34以降	坎	艮
1928年（昭和3年）1/6　22:32以降	離	乾
1929年（昭和4年）1/6　4:23以降	艮	兌
1930年（昭和5年）1/6　10:03以降	兌	艮
1931年（昭和6年）1/6　15:56以降	乾	離
＊1931年（昭和6年）12/28　4:30以降	坤	坎
1933年（昭和8年）1/6　3:24以降	巽	坤
1934年（昭和9年）1/6　9:17以降	震	震
1934年（昭和9年）12/22　21:50以降	坤	巽
1936年（昭和11年）1/6　20:47以降	坎	艮
1937年（昭和12年）1/6　2:44以降	離	乾
1938年（昭和13年）1/6　8:32以降	艮	兌
1939年（昭和14年）1/6　14:48以降	兌	艮
1940年（昭和15年）1/7　3:06以降	乾	離
1941年（昭和16年）1/6　2:04以降	坤	坎
1942年（昭和17年）1/6　8:03以降	巽	坤
＊1942年（昭和17年）12/22　20:40以降	震	震
1944年（昭和19年）1/6　19:40以降	坤	巽
1945年（昭和20年）1/6　1:35以降	坎	艮
1946年（昭和21年）1/1　14:04以降	離	乾
1947年（昭和22年）1/6　13:11以降	艮	兌
1948年（昭和23年）1/6　19:01以降	兌	艮
1949年（昭和24年　1/6　0:42以降	乾	離
1950年（昭和25年）1/6　6:39以降	坤	坎
＊1950年（昭和25年）12/27　19:14以降	巽	坤
1952年（昭和27年）1/6　18:10以降	震	震
1953年（昭和28年）1/6　0:03以降	坤	巽
1953年（昭和28年）12/27　12:32以降	坎	艮
1955年（昭和30年）1/6　11:36以降	離	乾
1956年（昭和31年）1/6　17:31以降	艮	兌
1957年（昭和32年）1/5　23:11以降	兌	艮
1958年（昭和33年）1/6　4:05以降	乾	離
1959年（昭和34年）1/6　10:59以降	坤	坎
1960年（昭和35年）1/6　16:43以降	巽	坤

＊本命卦の読み方…坤＝こん、巽＝そん、坎＝かん、艮＝ごん、離＝り、乾＝けん、兌＝だ、震＝しん、東四命↓離、震、巽、坎、西四命↓乾、兌、艮、坤

☞生まれた時刻は、その時刻以降が同年の生まれになり、時刻前は前年の生年になります。＊は同年のこの時刻から、後年の生年になるという意味です。

［あなたの本命卦早見表②］

生年月日（／）と時刻	男	女
1961年（昭和36年）1/5　22:43以降	震	震
＊1961年（昭和36年）12/27　11:20以降	坤	巽
1963年（昭和38年）1/6　10:27以降	坎	艮
1964年（昭和39年）1/6　16:22以降	離	乾
1965年（昭和40年）1/5　20:02以降	艮	兌
1966年（昭和41年）1/6　3:55以降	兌	艮
1967年（昭和42年）1/6　9:48以降	乾	離
1968年（昭和43年）1/6　15:26以降	坤	坎
1969年（昭和44年）1/5　21:17以降	巽	坤
1970年（昭和45年）1/1　9:44以降	震	震
1971年（昭和46年）1/6　8:45以降	坤	巽
1972年（昭和47年）1/6　14:43以降	坎	艮
1973年（昭和48年）1/1　3:13以降	離	乾
1974年（昭和49年）1/6　2:20以降	艮	兌
1975年（昭和50年）1/6　8:18以降	兌	艮
1976年（昭和51年）1/6　13:59以降	乾	離
1977年（昭和52年）1/6　19:51以降	坤	坎
1978年（昭和53年）1/6　1:44以降	巽	坤
1979年（昭和54年）1/6　7:32以降	震	震
1980年（昭和55年）1/6　13:29以降	坤	巽
＊1980年（昭和55年）12/22　1:56以降	坎	艮
1982年（昭和57年）1/6　1:03以降	離	乾
1983年（昭和58年）1/6　6:59以降	艮	兌
1984年（昭和59年）1/6　12:42以降	兌	艮
1985年（昭和60年）1/5　18:36以降	乾	離
1986年（昭和61年）1/6　0:21以降	坤	坎
1987年（昭和62年）1/6　6:09以降	巽	坤
1988年（昭和63年）1/6　11:56以降	震	震
1989年（平成元年）1/1　0:22以降	坤	巽
1990年（平成2年）1/5　23:33以降	坎	艮
1991年（平成3年）1/6　5:22以降	離	乾
＊1991年（平成3年）12/27　7:52以降	艮	兌
1993年（平成5年）1/5　17:01以降	兌	艮
1994年（平成6年）1/5　24:42以降	乾	離
1995年（平成7年）1/6　4:42以降	坤	坎

＊本命卦の読み方…坤＝こん、巽＝そん、坎＝かん、艮＝ごん、離＝り、乾＝けん、兌＝だ、震＝しん、東四命→離、震、巽、坎、西四命→乾、兌、艮、坤

☞生まれた時刻は、その時刻以降が同年の生まれになり、時刻前は前年の生年になります。＊は同年のこの時刻から、後年の生年になるという意味です。

［あなたの本命卦早見表③］

生年月日（／）と時刻			男	女
1996年（平成8年）	1/6	10:33以降	巽	坤
1997年（平成9年）	1/5	16:22以降	震	震
1998年（平成10年）	1/5	22:11以降	坤	巽
1999年（平成11年）	1/6	4:00以降	坎	艮
＊1999年（平成11年）	12/22	16:27以降	離	乾
2001年（平成13年）	1/5	15:38以降	艮	兌
2002年（平成14年）	1/5	21:26以降	兌	艮
2003年（平成15年）	1/6	3:15以降	乾	離
2004年（平成16年）	1/6	8:04以降	坤	坎
2005年（平成17年）	1/5	14:52以降	巽	坤
2006年（平成18年）	1/5	10:43以降	震	震
2007年（平成19年）	1/6	2:32以降	坤	巽
2008年（平成20年）	1/1	15:02以降	坎	艮
2009年（平成21年）	1/5	14:10以降	離	乾
2010年（平成22年）	1/5	20:00以降	艮	兌
2011年（平成23年）	1/6	1:54以降	兌	艮
2012年（平成24年）	1/6	7:43以降	乾	離
2013年（平成25年）	1/5	13:33以降	坤	坎
2014年（平成26年）	1/5	19:23以降	巽	坤
2015年（平成27年）	1/6	1:20以降	震	震
2016年（平成28年）	1/6	7:08以降	坤	巽
2017年（平成29年）	1/5	12:55以降	坎	艮
2018年（平成30年）	1/5	18:48以降	離	乾
2019年（平成31年）	1/6	0:37以降	艮	兌
2020年（平成32年）	1/6	6:30以降	兌	艮

＊本命卦の読み方…坤＝こん、巽＝そん、坎＝かん、艮＝ごん、離＝り、乾＝けん、兌＝だ、震＝しん、東四命→離、震、巽、坎、西四命→乾、兌、艮、坤

☞生まれた時刻は、その時刻以降が同年の生まれになり、時刻前は前年の生年になります。＊は同年のこの時刻から、後年の生年になるという意味です。

中国、台湾、香港では、丙午を理由に子どもが減ったという例は見あたらない。

◇風水学と気学は年の起点が異なる

さて、話をもとに戻そう。

風水学と気学における、第三の相違点は、年の起点である。気学は立春を「年のはじめ」としているが、風水を見るときには、それほど単純ではない。

厳密に言うと、風水学のほかに命理学（紫微斗数、先天八字など、生年月日時から一生の運勢を占う学問）を駆使するときには、正確に「年のはじめ」を割り出さなければならない。とくに、九星がかわるタイミングと、干支がかわるタイミングが異なるときは、注意が必要となる。

年のはじめを見極めるには、次の四つのパターンがある。

①陽暦十二月二十二日、二十三日の冬至点で、九星（命卦）と干支が両方ともかわる。

②冬至点の五日後に九星（命卦）がかわり、翌年一月五、六日の小寒点で、干支がかわる。

③冬至点の十日後に九星（命卦）がかわり、翌年一月二十、二十一日の大寒点で、干支がかわる。

④陽暦一月五、六日の小寒点に九星（命卦）がかわり、二月四、五日の立春点で干支がかわる。

ある年が、どのパターンに当てはまるのかは、きわめて専門的な知識が必要である。もっとも、第四番目のパターンが八〇パーセントを占めているので、一般の読者諸氏が神経質になることはないかもしれない。

参考までに例を挙げると、一九九八年は、一月五日の小寒、午後十時十三分（ほぼ明石標準時）に、年の九星が三碧から二黒にかわり、二月四日の立春、午前五時五十三分から、年の干支が戊寅にかわっている。

このように、九星と干支がかわるタイミングがズレているときは、小寒から立春までの間は、旅行、転居、増改築をするのに要注意とみなす。

これまで気学や九星学に親しんできた人には、かなり抵抗があるだろうが、このきめ細かさが、中国風水学のなかでも、きわめつけの秘伝なのである。

◇風水では人の運命は占わない

最後に、第四の相違点として挙げなければならないのが、中国風水学では、人の運命を見ない、という点である。

日本式気学は、九星をもとに、人の運勢、性格、相性、家相を占う。ところが、風水では、毎年毎月の運勢を見たり、男女の相性を占ったりすることはない。

いや、厳密に言うと、相性判断をする場合もあるが、それはあくまで「方位における相性」である。つまり、同じ家に住んだり、同じオフィスを使ったりする際の方位の適・不適を判定するのに、本命卦を用いることもある。

しかし、その場合でも、性格が合う、合わないという判断を下すことはない。

私の考えでは、日本の気学、家相学は。中国の易、干支、八卦、九宮などのさまざまな原理をもとに、独自に編み出された「オリジナル占い」といえる。

いろいろな部品をつなぎ合わせ、矛盾点を無理にこじつけたせいで、中国風水学の原典からは、遠くかけ離れてしまっている。

なお、台湾でも、日本式気学、家相学の翻訳書がいくつか出版されているが、いずれも廉価版にすぎない。風水学者から研究書として認められているものは、皆無である。

断わっておくが、筆者としては、日本式の気学を全面的に否定するつもりはない。ただ、家やオフィスの吉凶を判断するときに、気学を用いるのは不合理だ、と言っているだけである。

気学の真骨頂は、家相判断ではなく「四段掛けの法」にある。この方法は、年月日時の九宮盤をかけあわせて、ある事柄がどんな経緯をたどり、どういう結果になるかを占う。中国流に言うと「占卜」に属するものである。同じような占術としては、中国では易占、六壬がある。西洋では、タロット、トランプを用いた占卜法が知られている。

詳しくは、そちらの専門書をご覧いただくとよいだろう。

［第四章］

避けるべき「形煞」と対応法

◇避けるべき「形煞」とはこれだ

全面ガラス張りで七〇階の超高層ビルである中国銀行香港支店が「形煞（けいさつ）」という恐るべき形で風水学上、有形無形の大凶相になることは、前述した通りである。

ここで改めて形煞と理気煞とはどんなものなのか、具体的に掲げてみることにしたい。

▼「形煞」……「形状の殺気」という意味であり、有形の威嚇する作用を指す。尖った、角張った建物であるとか、射す、刺す、突くような鋭利な避雷針や電柱などに視覚効果上、嚇され脅かされているかに感じられる地形を言う。

▼「理気煞」……「理（ことわり）の殺気」という意味で、無形の威嚇作用を及ぼす。ある住宅や建物に風水学上で構造に欠陥があるとか、または年運、月運から激しく犯されるとか、いずれも視覚でとらえられない凶作用を言う。

ここでは有形の凶作用を表す「形煞」が比較的わかりやすいので、代表的なものをいくつか紹介したい。あまり、日本で知られていないもの、そして日本でもよく見かける形のものを選び出してみた。

「形煞」は別の表現で「尖角衝射（せんかくしょうしゃ）」と言う。つまり、見るからに物騒な形をした建物、鉄条網、鉄柵、電波塔などが、周辺の住民に心理的圧迫というか悪影響を及ぼすことになるという風水学的感覚による表現である。

どんな形態が凶相なのかというポイントは、あくまで視覚に訴えるものかどうかである。だから見る人の感性によっては、感じるものはまちまちである。たとえば、芸術的感性の鋭敏な人には形煞に当たるものでも造形的に美しいと感じられることもあるだろう。

東京・浅草にあるアサヒビールのビルが群を抜いてユニークなデザインで、孫悟空の乗騎觔斗雲（きんとうん）、あるいは人魂（ひとだま）を連想させる形をしているが、あの尖った尾の先が、ある建物の方を指していたら、どうであろうか？

その建物の窓から外を眺めて、ちょうど尖った先がこちらを向いていたら、さぞかし気味の悪い思いをしないだろうか？　その建物の窓の高さが尖った先端の高さと同じ場合は、やはり風水では形煞に相当するとみなすのである。まるで巨大な鏃（やじり）が飛んで来るように想像できるからである（幸い、アサヒビールのビルの尾の先には建物はない）。

だからと言って、形煞に犯された建物に住む人や働く人が、必ずハンで押したように災禍に見舞われるとは限らない。そう思って納得し、「だから中国風水術なんてあてにならない、ファジー（曖昧な）なものだ」と一笑に付すのはまだ早い。

形煞に理気煞が加わると、ほぼ確実に災禍が及ぶことになるという原理がある。つまり、形煞に当たっているというだけならば、まだ警告を受けている状態である。これを中国語で有驚無険（ようしんうーしぇん）（驚キアッテ険（けわ）シキ無シ）と言う。

だから、形煞を受けた建物は有形の凶作用を外部から及ぼされていると考えられる。今度はそこに無形の凶作用（理気煞）を内部から及ぼされた時がいよいよ危ないわけである。まさしく内憂外患と言ってよい。

では、その場合の理気煞とは一体何を意味するのか？ 具体的に挙げてみることにする。

①形煞を受けている建物、または建物の一部のスペースの磁格（階数・玄関の向きなど）に欠陥がある場合。

②形煞を受ける建物、または建物の一部のスペースの間取り（凶方位に電化製品がある、吉方位に浴室、トイレ、厨房があるなど）に問題がある場合。

③形煞を受ける建物が増改築や内装の手直しなどをするのに適さない時期にした場合。

④形煞を受ける建物に住む人、働く人が凶方から転居、転職して来た場合。

⑤形煞を受ける建物から見て凶方に当たる場所に建物が建ったり、道路補修工事や水道管工事、ガス管・電話線工事がされた場合。

⑥形煞を受ける建物の向きが、その年の年回りから見て危険な方角に入っている場合。

⑦形煞を受ける建物に住む人、働く人の中に運気の悪い人（生年月日時をもとにした先天運気、及び後天運気の不調和な時期に入っている人）がいる場合。

ほぼ、ここに挙げた条件のどれかを満たしている場合は深刻な災難に苛まれることになるだろう。条件が数多く重なるほど危険だ。

こういうことにほとんどの人は気付かない。そして災難に遭って初めて、どこかに相談に行く。たとえ相談に行っても、正しい判定を示されるとは限らないし、真の原因がどこにあるかを教えてもらえなかったりすることもあるだろう。酷い場合は何かの祟りだとか、先祖からの因縁（確かにそうである場合もあるが）のせいだと言われ、高価な壷や仏像を売りつけられて、「泣きっ面に蜂」となるケースも少なくないように聞いている。

もう運気が尽きようとしている人には、応急処置を施したところで効果はないけれども、そうでない場合はそれ相応の対策があるというのが中国易学、占術の奥深いところである

が、どうしてもそこで災難に遭遇して苦しむ宿業（カルマ）を背負わされている人は、良きアドバイスに耳を傾けようとせず、誤った考えを受け入れてしまうことになる。そういうケースを何度か垣間見せられた筆者は、つくづく「運命とは何と厳粛なのか！」と痛感するのである。

では、次にこの「形煞」と各々の対応策について紹介していこう。

◇避けるべき「形煞」とその対応の仕方

「街道反弓」…弧の一辺に電柱は凶相

いわゆる道路が弓なりに彎曲し、その円弧の外縁が建物の入口に面している地形である。またの名を「路弓」と言い、単に「道に反（背）かれている」とも言う。（左頁の図を参照）。『陽宅十書』にはこういう家に住むと淫乱、孤独、難病、失火、傷害などに陥り、苦悩の絶えることがないと説く。さらに弧の一辺に電柱、大樹があると「一箭穿心（一箭デ心ヲ穿ツ）」と言う凶相を形成するので避けるに越したことはない。

つまり、悪い条件が加われば凶意をさらに増長せしめてしまう複合的凶相の典型である。

一箭穿心となれば、一家の主が意外な災禍に遭い、時には一命を落としかねない。また、情緒不安定となり、金銭の損失や口論、対立、訴訟に苛まれる。家族の中の女性にとっても悩乱に陥ることになる危険性が高い。

台湾では、かつて東南アジアを牛耳っていた富豪の住居がこれに当たっていて、巨額の金融事件を引き起こし社会を轟動させたことがあった。

「丁字路口」…この住宅・商店は大凶

丁字路口にある住宅や商店で、入口の真正面に道路が直射している地形は別名を「路冲」と言い、一般に風水学上「形煞」の代表的なものとみなし、避けるべきだとされている（左頁の図を参照）。

そして、玄関・入口を直射している道路が一方通行で、入口に向かってクルマやオートバイが急速で走って来るなら、凶意を増すことになる。ただし、それにも限度がある。つまり制限速度が三〇キロか六〇キロかでかなり違う。

当然ながら、走行するクルマの速度は速ければ速いだけ凶となる。この形煞に合致した場にいると性急になり、焦り躁ぎたてて失敗しやすい。破財や怪我、病気に悩まされやすい。

路冲に遭っている建物が十階建てだとする。その建物に直射する道路の両脇の建物が五階建てならば、路冲の凶作用は

◆街道反弓◆

湾曲している道路の外側に位置するのは凶

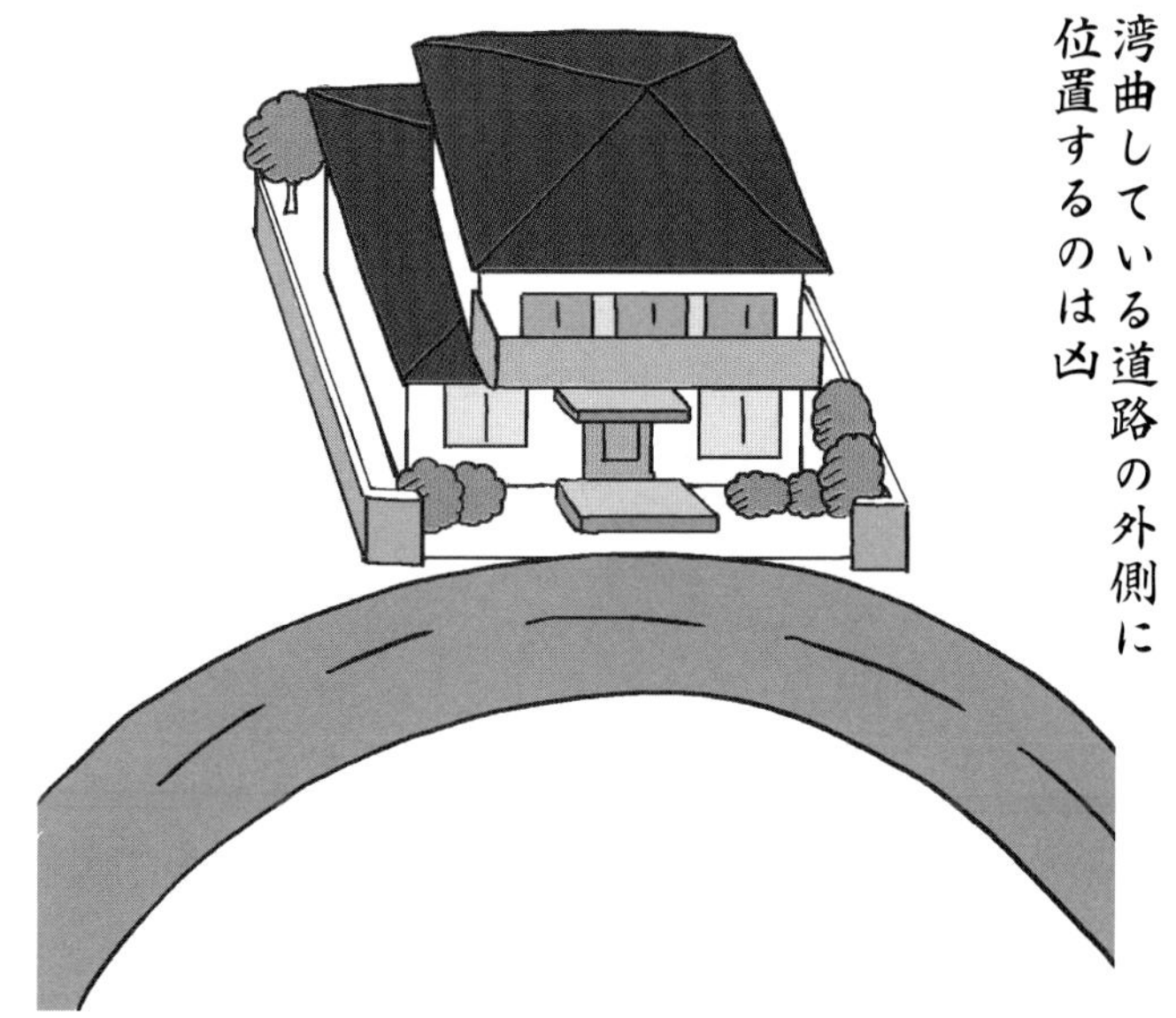

◆丁字路口◆

丁字路の突き当りに位置するのは凶

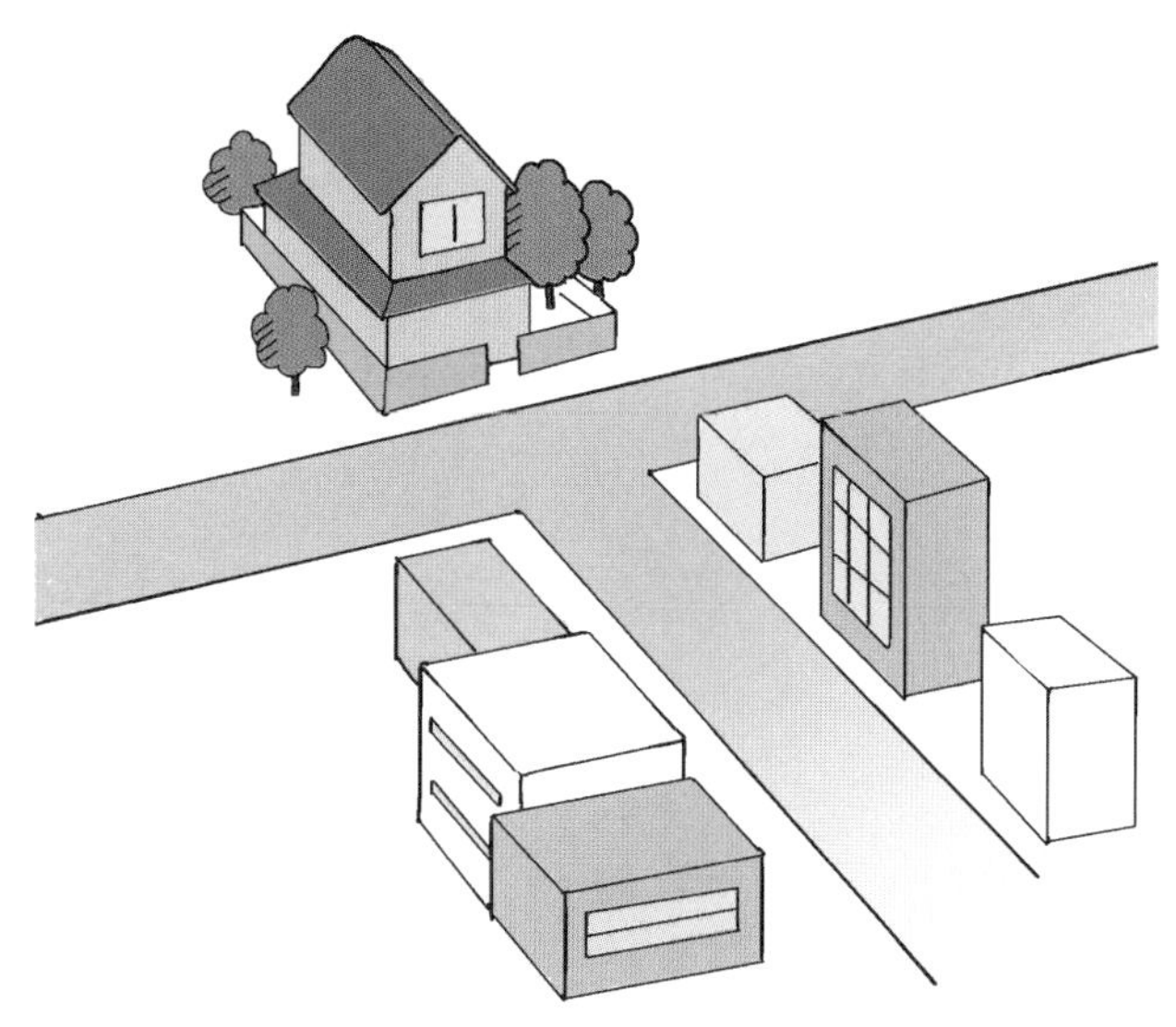

一階から五階までで六階より上階には及ばないとする。しかし、凶意は一階が最凶で上階に行くにつれ、弱まると考えてよい。

路冲に遭う建物に向かって走り来るクルマが、入口の手前で右折したり左折したりすることでもって地気が散じる。それだけ突風が吹いて来るし、無形の威嚇を受けると見る。

路冲の地形はそれでも必ずしも凶と断言できないと言う説もある。住宅より商店、それも飲食業を営んで繁昌した例がある。その場合の条件は主人の運気良好な時機であるのと、店舗内部の風水の調整、そして吉方・吉日を選んで開店する等々の努力がやはり必要である。

住宅には避けるに越したことはないだろう。また、路冲の地形で入口が南方四五度に向いているほうが北方四五度に向いているよりも比較的良いと言う説もある。

【実例】猛虎開口に犯され、主人が肝臓病を患う

場所は台湾省南部の高雄市の中正四路の一角。四車線から六車線ある幅の広い通り（中正四路）から細い路を入った所に友人の李君の実家があった。

李君の実家の正面には台湾某都市銀行の六階建ての高いビルがどっかりと腰をおろして、その正面入口が何とも不気味な造りで、まるで猛虎が口を開けて吠えているかに見えた。

李君のお父さんは、この銀行のビルが建てられてから半年ほどして肝臓を患い、長期療養のため入院するよう勧められた。だが、会社役員だったお父さんは長期休暇がとれず、やむなくこの家で寝起きして通勤を続けてみたが、再度倒れ、結局、風水先生に相談することになった。

風水先生が言うには、「銀行の入口の造りは猛虎開口と言い、熱気が李家を冲射しているのでお父さんがやられた。あの形煞を化煞すれば、病気は徐々に回復に向かうだろう」と。

この時の化煞の法は、銀行の入口に真正面に向いた李家の玄関の扉に大きな八角形の八卦鏡（左下写真）を掛けることだった。中心に埋めこまれた凹面鏡で、猛虎開口の熱気を散らせ反射させせようという狙いである。結果、風水先生の言った通りになった。

李君のお父さんが倒れたと聞いて、銀行の支店長がお見舞いに来た時に、何故あのような入口を造らせたのかという事情を話してくれた。それによると銀行のビルを建てる時に風水先生に言われたそうだ。

「この風水は真向かいの路地

◆八卦鏡◆

から吹いて来る風で壊されてしまうだろう。銀行の入口は大通りに面していないと駄目だから凶風に負けない威勢を示すことだ」

つまり、銀行側にすれば天斬煞に近い凶相の地をうまく生かして建てざるを得なかったのである。しかし、そのために李家は被害に遭ったのだ。世の中なかなかうまくいかないものだが、風水の知恵で一件落着した。

「天斬煞」…すき間の正面は大凶

ビルとビルのすき間の正面に当たる所に建つ住宅や商店も大凶とみなす。こういう地形は、鋭利な刃物で真っ二つに斬られるような殺気が漂っているとし、天斬煞と呼ぶ。

二棟のビルの間が狭いほど凶意は強まり、その間に面した建物の高さと二棟のビルとビルの高さとの隔差が大きいほど、悪いと考えてよい。

なぜなら、間隔が狭いほど、強風や突風がこちらに向かって吹き刺さるからである。つまり「風煞」になるから風湿の病（神経痛、リューマチ、風邪）に注意すべきだろう。

向かいの二棟のピルが仰角三〇度以上高いと「逼凶」と言い、無言のうちの圧力に耐えかねるように凶あって吉なしとする。両側に高いビルがあって、はさまれていても同様である。

天斬煞は競争に敗れ、事業の発展は阻害されるため、若い人は勿論、会社、団体の役員、議員などにとっては頭角を現すことのできない凶相の地である。

「鎌刀煞」…高速の円弧の外縁は不吉

高遠道路が大きく彎曲して、弧を描いている所に面している建物が被る形煞を鎌刀煞と言う。つまり、鎌で切られるような殺気を及ぼされるので、避けるに越したことはないと風水学では注意している。

カーブした高速道路に包まれ囲まれている場所にある建物は、逆に吉相になるケースがあるが、円弧の外縁に面している建物は不吉な風水にあると言ってよい。こうした地形に建つビル、マンションを使用する人にとって、普通に考えても悪い条件が揃っている。

高速走行するクルマの震動、激しい空気の移動、騒音とどれを取っても不健全であり、自然に反している。仮に覚醒剤常習者などが高速で突っ走るクルマに乗って、万一ハンドル操作を誤れば、物理的に円弧の外縁に面した建物の部分に勢い余って突撃することになる。そうなると大惨事を引き起こすことは子供でもわかる。

◆天斬煞◆

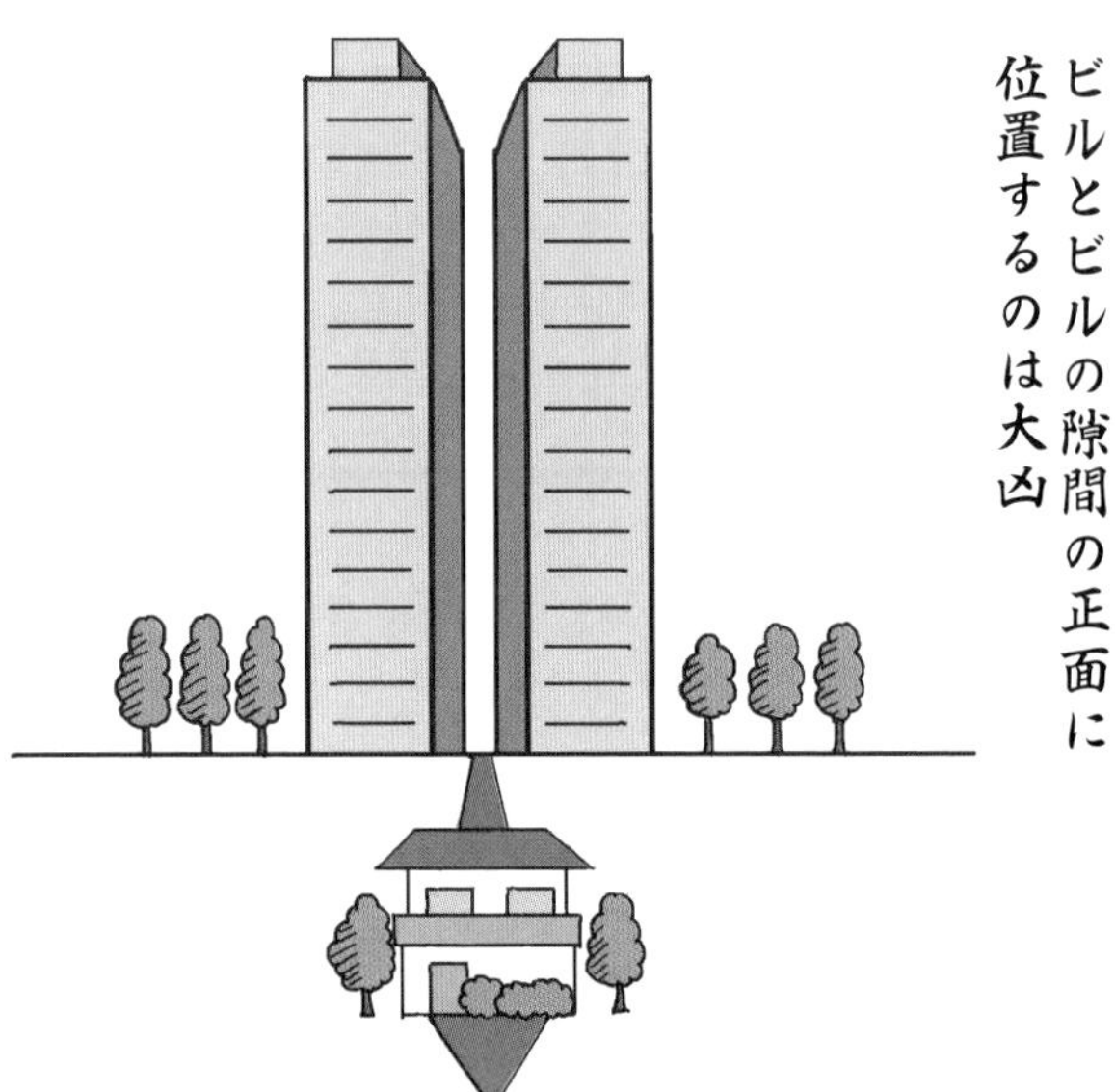

ビルとビルの隙間の正面に
位置するのは大凶

◆鎌刀煞◆

湾曲している高速道路の外
側に位置するのは凶

そこまでいかなくても毎日、高速で走り来て去って行く道路のカーブの外縁は精神衛生上も良いとは言えないだろう。ただし、高速道路の高さより高い階にあれば凶作用を受けることは少なく、同じ階数。高さにある部屋を使う場合が、一番宜しくない。神経衰弱、不眠症、イライラ、落ち着かない、不意の怪我、失敗。妨害に悩まされやすい。

「隔角煞」…尖角衝射の典型で最も忌む

ある建物の角が、もう一つの建物の一面にまるで食い込むかのように位置しているのを隔角煞と言い、「尖角衝射」の典型である（P102の図を参照）。

食い込まれる建物の入口に向かい側の建物の角が狙いを定めた状態であると最も忌む。そうでなくて、角が入口を直撃していない場合はそれはどの強い凶作用はないと考えてよい。

隔角煞を生じるには道路が直角に交差する十字路ではない場所に限られるので、そう頻繁に見かけるわけではない。

筆者は台北のＩＢＭビルを初めて見た時に驚いた。何と四五度ぐらいの鋭角の造りをしているのである。五叉路に面した三角形の地に建てられたためにこんな形になったと思うが、まるで楔である。接近して見上げると、何とも言えぬ不安な気持ちにさせられる。

道路が鋭角に交差する場所、三角地帯に生じる隔角煞は距離が近ければ近いほど、凶作用は強くなると考えられる。また建物がこれにやられていなくても、こんな地形の交差点では交通事故も発生しやすい。鋭角の交差点でクルマが右左折する時は必要以上に注意しないといけないからである。

それから、建物の入口に角が射しているのでなく、窓に角が射している場合も同様に宜しくない。オフィスの窓がこれに犯されていて、その窓際に机が置かれていると、そこに座る人の精神状態に不利となる。会社の役員であれ事務員であれ、何らかの邪魔に遭って計画したことが頓挫する恐れがあるとされている。

「四害煞」…四面楚歌の地形

ビルやマンションの密集した所、またはかつては住宅地だったのに、等価交換方式でマンションが四方に建ってしまったような土地に見られる。我が家は四方に林立するビルに囲まれて、まさに敵軍に包囲され四面楚歌の状態を連想させるものがある（P102の図を参照）。

これではいかなる猛将とて、二進も三進もいかない。自然と気持ちは塞ぎ、何をするにも「どうせ、やっても無駄だろ

◆隔角煞◆

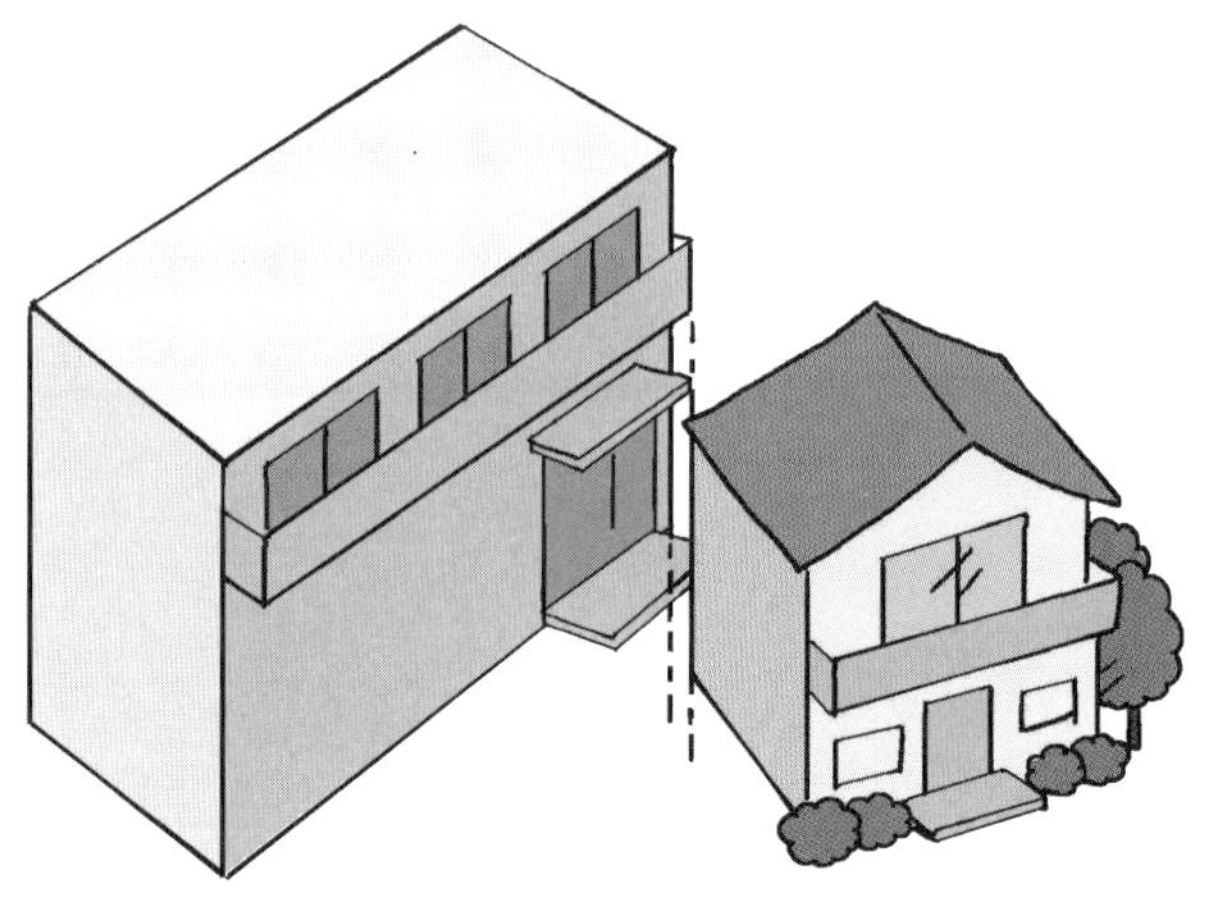

建物の角部分が別の建物に食い込むように位置しているのは凶

◆四害煞◆

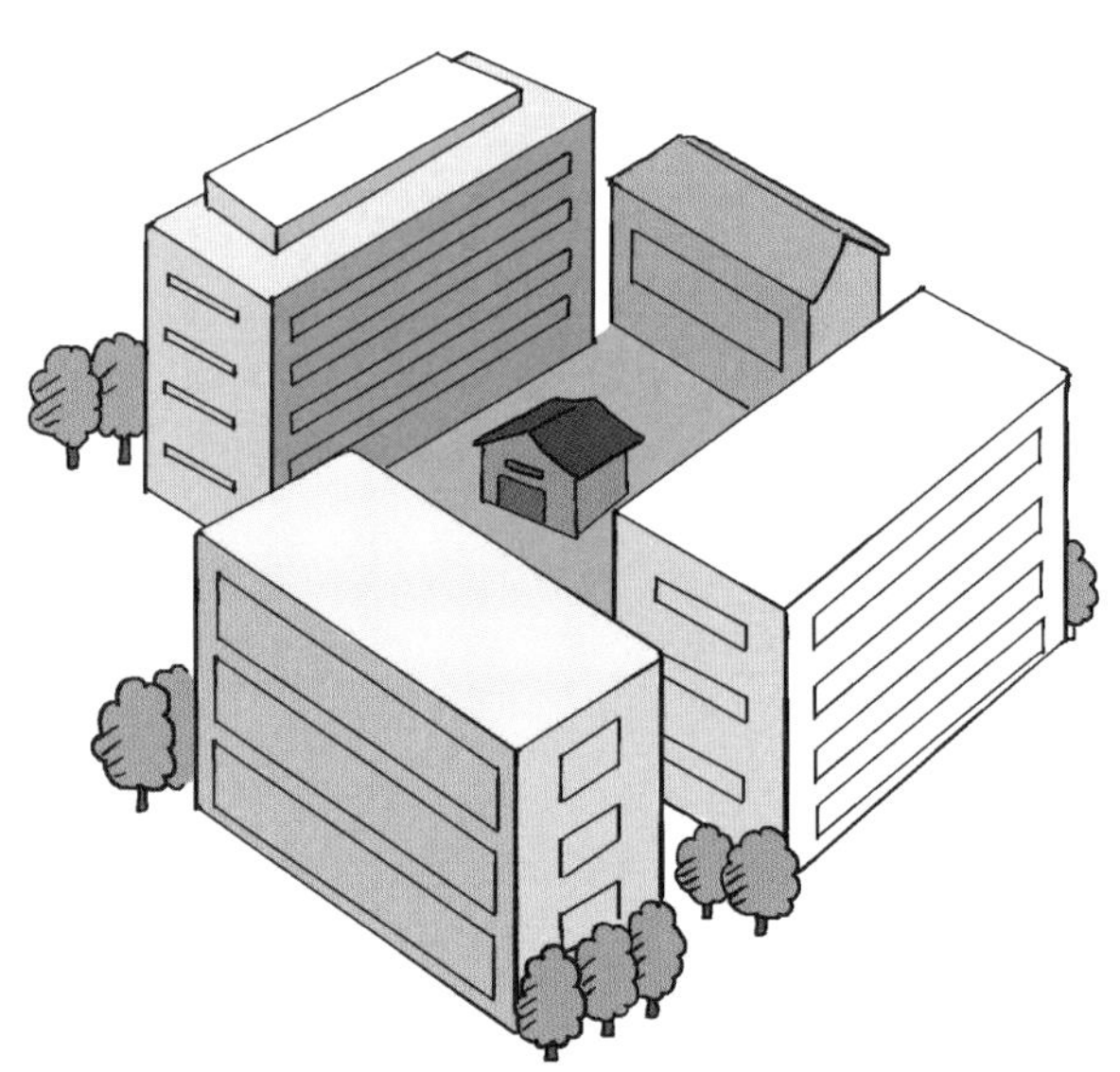

高い建物に四方を囲まれるのは凶

う……」と消極的になるとされている。

これは物理的に考えても頷けよう。まず採光が遮断されるから、晴々としない状態になる。

通気が妨害されるので、心がすっきりせず、物事に拘泥する状態を生む。それに知能の発展を妨げ、疾病に苛まれることになると説く。原因は採光と通気の妨害にあると考えてよいだろう。

別名を「牢獄煞（ろうごくさつ）」と言うが、その意味するところはおわかりだろう。

「露足煞（ろそくさつ）」…東奔西走の立地

住宅地に一棟だけ高いビルが建ち、周囲は低い一戸建てがあるだけといった地勢である。商店街の一角に七~八階建てのマンションが建っていて、それがよく目立つというようなケースがこの露足煞になる（P104の図を参照）。

四方の低い家屋がまるで四匹の亀のようにゆっくりと歩み寄る様を連想させるところからそう呼ばれる。こういう地相に住むと発展性がないわけではないが、時間がかかる。協力者が現れず、自力でコツコツ頑張るしかない。それだけではない。「足を露（あらわ）にする」ことを余儀なくされる。つまり、あくせく東奔西走の日々を送らざるを得ないのである。

それでいて、「稼（かせ）ぐに追い付く貧乏なし」のような生活になる。大胆なことや思い切った投資など思いつかないのである。ただし、貿易業や旅行業、社交業、販売業などの動くことが仕事の職業の人には向いていると説く。

「露風煞（ろふうさつ）」…孤立無援の地相

一棟だけ高いビルの周囲にそれよりも低い建物が隣接して位置し、これを囲む形である。この高い中心一棟のビルが露風煞になる（P104の図を参照）。

この場合、一棟だけ周囲より高く突っ立っているのが大きな欠陥となる。高くなっただけ、モロに風にあおられてしまうことになる。

人間関係で孤立しやすく、人との円満な交際は望めない。どうしても、まわりと協調することが難しくなってしまうようである。それもこれもこの地相に起因するところ大なのである。

人を見下さず、人の立場をよく理解してあげないと、日に日に家運は没落の一途をたどることになろう。それに早く気がつけば、打開することもできようが、「自分はまわりの人たちと同じではない」という自尊心はなくならない。結局、自見栄を張って浪費がかさみ、財を貯めるのは困難となる。

◆露足煞◆

周りが住宅地で一棟だけ高いビルが建っているのは凶

◆露風煞◆

低い住宅に隣接して一棟だけ高いビルが建っているのは凶

分が困ってから、まわりに声をかけても遅いのである。

【実例】彎弓直箭に加え、祠堂と直冲の大凶相…数人の尊い命を奪う

場所は台北市郊外の石牌という住宅地の一角にあるマンションヨン。ここに住む林夫人から友人を介して相談を受けた。もう一五年前のことだ。林夫人は台湾男性に嫁いだ日本女性だったが、マンションで奇怪な事件がたて続けに起き、非常に不安でどうしたらよいかわからないと頭を抱える。

とりあえず林夫妻の八字（生年月日時により一生の運気を占う命理学）を並べてみると、御主人は勤勉なサラリーマンで平穏な人生を送り、危険に遭遇しない命である。夫人は生まれ故郷に無縁で、外国に住む運命であり、北方は凶だが、南方の国なら夫と子に囲まれて平和な家庭を築き、これまた危地に身を置くことのない命である。

私は近いうちに林家に不幸が訪れることはないと強調したが、夫人は深刻な顔で言う。

「結婚して今のマンションに引っ越しましたが、今年の二月に一階に住む人が肝臓癌で亡くなり、五月には二階の方が農薬を飲んで自殺し、八月に三階の夫婦がガス爆発で即死しました。このままでは四階に住む私たちに何かが起きるだろうと思うと夜も眠れません」

夫人の住むマンションの風水を見て驚いた。何と「彎弓直箭」の大凶相ではないか！　これなら、住む人が次々と災禍に見舞われたのもわかる。単に隣接する道の円弧の外縁に面する形の「路弓」なら、情緒不安、口論、対立、破財の程度の災難で済むのだ。が、路弓に直角に交差する路が入口を衝射すると路弓に矢（直冲）を番えた地形となり、住む人の健康を損ないかねない形煞の典型となる（路弓に直冲を加えたのが彎弓直箭）。

加うるに直冲を犯す路の延長線上には小さな祠堂が位置しているのだ。これでは陰気、殺気がマンションに直通してしまうではないか！　さすがに筆者は愕然とした。

風水学では、寺廟や祠堂の正面に対面して入口を構えることは、間違ってもしてはならぬと固く戒めている。鬼神の居所に住居から通路を設けるようなものだからである。筆者は沈思黙考すること暫し、夫人に三枚の銅銭を振ってもらい、卜卦した後に「それでも林家には災難は降りかからないでしょう」と占った（P109の図「玄関から直冲の実例」を参照）。果然、ひと月の後に若い娘が林家のマンションの屋上から投身自殺をして凶事は収まった。

近所に住む娘は、最期の瞬間何やら一声を発したそうだが、何を言ったのだろうか。

◆彎弓直箭◆

「路弓」に「直沖」を加えた彎弓直箭は大凶

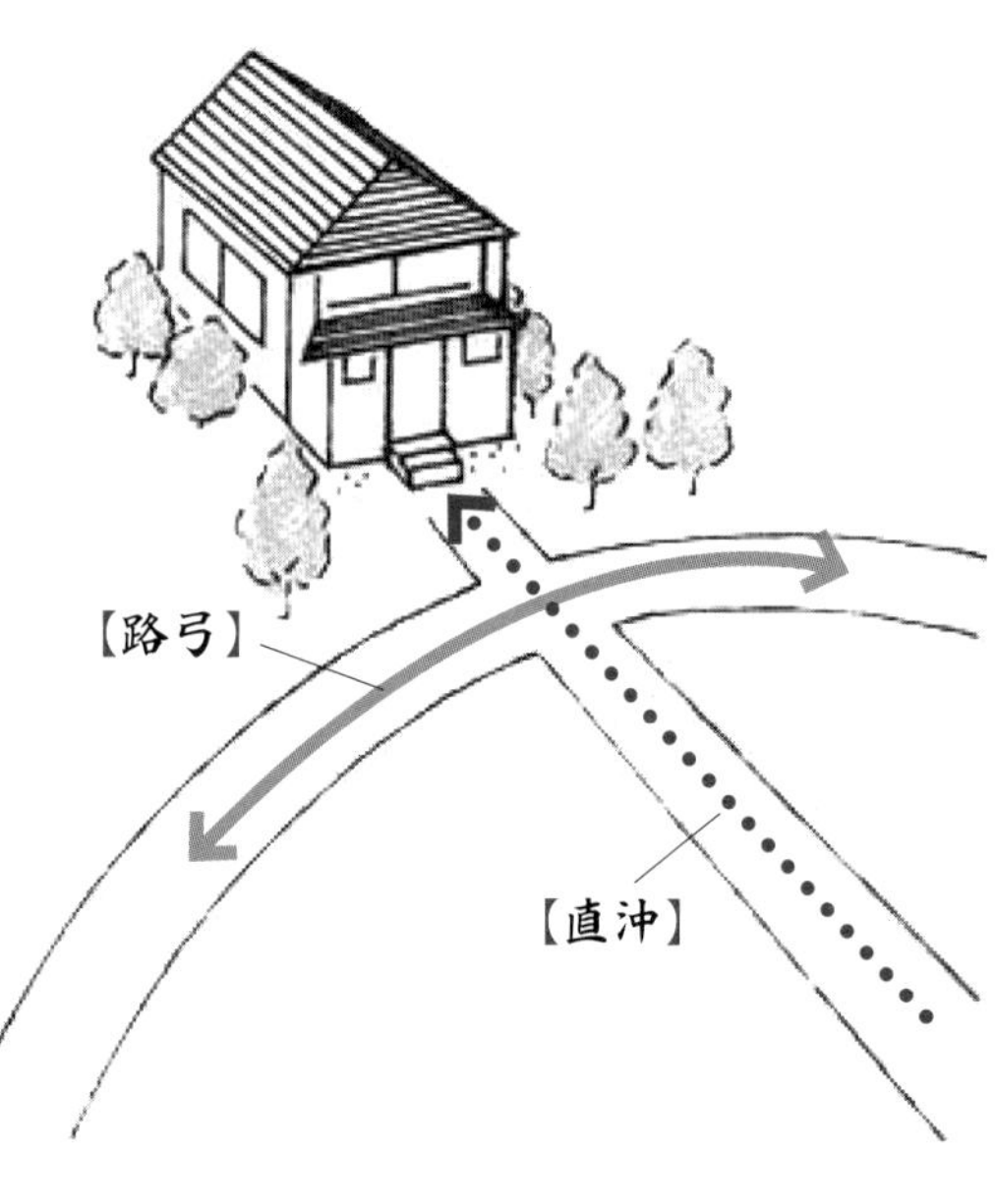

◆「形煞」を転化させる「化煞」の法

いろいろな風水学上の形煞が、どんなものであるのかを知っていただいたと思う。かなりの災禍を及ぼすものもあれば、注意していればそれほど心配する必要もないのもあるが、ここでは形煞の対策について、中国古来からの伝統的なものや現代風水学の方法を織りまぜて述べてみたい。

形煞━これは言い換えるなら「不自然な地形・造形」である。そして、どのように「不自然」なのかと言うと「尖角衝射」という特徴の不吉な形を指す。

「尖角」とは「鋭角」を表し、直角九〇度未満の角のことである。ここでちょっと思い起こしてほしい。中国の伝統的建築物で三角形のものがあるだろうか？　まず、ほとんど見かけることはないはずである。

それだけ中国人は三角形を忌み嫌う。その意味では、香港の中国銀行ビルは異常なくらい伝統建築のワクを打ち破るだけのインパクトをもっている。ただ斬新さを売り物にした建物でなく、恐怖の威嚇作用を秘めた殺伐たるビルであることは前に述べた。

もともと中国人は、円形と方形（正方、長方）を好む。円形は円満を、方形は四平八穏（四方ハ平カニ八方ハ穏カ）を表すわけである。

また「円」は天、「方」は地を意味し、それを人が使うのが「天人地」というきわめて自然なあり方だという価値観を、中国人は遺伝子の中に有していると思う。

三角形はその三つの角が必ず鋭角（九〇度以下）になるから、そうした形の土地や建築物は三方向に尖角衝射の凶作用を及ぼすことになり、争いや緊張、分裂をもたらすのだ。

人にたとえれば、不良みたいなもので、常識や道徳、理念でこれを改心させることは難しいだけでなく、悲哀と失望にうちひしがれた後に徒労の痛みを味わうのが関の山であろう。

こういう場合はどうしたら良いのか？　端的に言うなら観音様の如き大慈悲、大慈愛に富んだ接し方をするのが最良の策ではなかろうか。だが実際には、それは容易ではなく、かなりの覚悟がいるだろう。それよりもむしろ「柳に風」と受け流すことだろう。相手にしないのではなく、さり気なく、あなただけにかまっていられるほど、暇ではないですよと半ば突き離すぐらいが良い。

およそ、形煞の対策もそのような考え方で行う。「煞宜化、不宜闘」（煞ハ化スニ宜シク、闘ウニ宜シカラズ）と言うのであるが、確かにこれは賢い知恵だと思われるものもあれば、荒唐無稽と思われるものもあるので、まずはひと通り、紹介してみよう。

一、八卦鏡、八卦牌

最も伝統的な化煞法であり、種類も多い。先天八卦（河図）を刻んだ木板だけのものが八卦牌で、中心に凹面鏡か凸面鏡が埋めこまれたものが八卦鏡である（P98参照）。玄関・入口が形煞に遭っている時にこれを掛けて使う。

二、凹面鏡、凸面鏡

特に凹面鏡は対象物を上下左右、転倒させて反射する作用があり、これを「照煞」と呼んでいる。尖角衝射を転化する効果としてはこの凹面鏡が最良だと専門家筋では言う。筆者もほぼ同意見であるが、厳密には八卦凹面鏡を支持したい。これも掛けて使う。

三、獣頭牌

獅子や白虎をデザインした木板。八卦が刻まれていることもある。日本では鬼瓦みたいなものだろう。沖縄のシーザー（陶磁器製の獅子）をこれに属する。これも掛けて使う。

四、石敢當（せきかんとう）

沖縄や台湾澎湖群島に多く見られる。「石敢當」の三文字または「泰山石敢當」の五文字が彫られた玄武岩やみかけ石でできた石板である。八卦が彫られたものもある。これはコンクリートで固めて、形煞を受ける場所に立てて使い、線香を供えたりする。風煞を化煞する効果も認められている。『魯班經』にその効能がはっきりと記されている。形煞を転化するための伝統的風習として、台湾、香港、沖縄に今でも残っている（左頁写真参照）。

五、屏風、衝立

「屏」は遮る（さえぎる）、蔽う（おおう）の意であり、風を遮るための家具である。「衝立（ついたて）」は「衝」、つまり尖角衝射に当たる場所に立てて使うのであるから、こう名付けられたとすると、日本でも早くから風水学で忌む形煞に対する処置がなされていたことが窺えよう。屏風も衝立も本来は化煞の方法として使われていたのである。

次頁の左上図のように玄関と部屋の入口が一直線上にある造りを「玄関直冲」と言って忌み嫌う。この場合、部屋の中で寝ている人にとって健康、財運ともに損ねることになるから、避けねばならない。ワンルームマンションや狭いアパートに見られる造りだ。

そこで、屏風や衝立を使うのである。次頁の左下図のように玄関と部屋の入口の中間に屏風を置く。こうすれば、外気の直冲を防ぎ、形煞を転化できる。なお、ローチェストや水槽を置いても良い。

ただここで一言つけ加えておくと、水槽の場合は玄関の前に設置するには一に玄関の向きが吉方か凶方か旺方、衰方かによって、その効果が違うので注意しなければいけない。

さて、もしも屏風、衝立、ローチェストなどを置くスペースがない場合の対策としては「珠簾（たまずだれ）」を玄関に掛けることである。効果はそれほどでないが、何もしないよりはましである。

左頁の下右図を見ると、玄関と部屋の端にある窓が一直線で射抜かれて、窓の外に及んでいる。こうなると玄関から旺気や財気を吸収しても、結局は窓外に漏れてしまうから「漏財宅」と言って忌み嫌う。

この場合の対策としては珠簾、屏風、衝立、ローチェストに加え観葉植物などを配して玄関から窓までの一直線を曲折させること。加えて、左頁の下左図のように窓にはブラインドやカーテンなどを取り付けるようにすれば良い。これで漏

◇玄関直冲◇

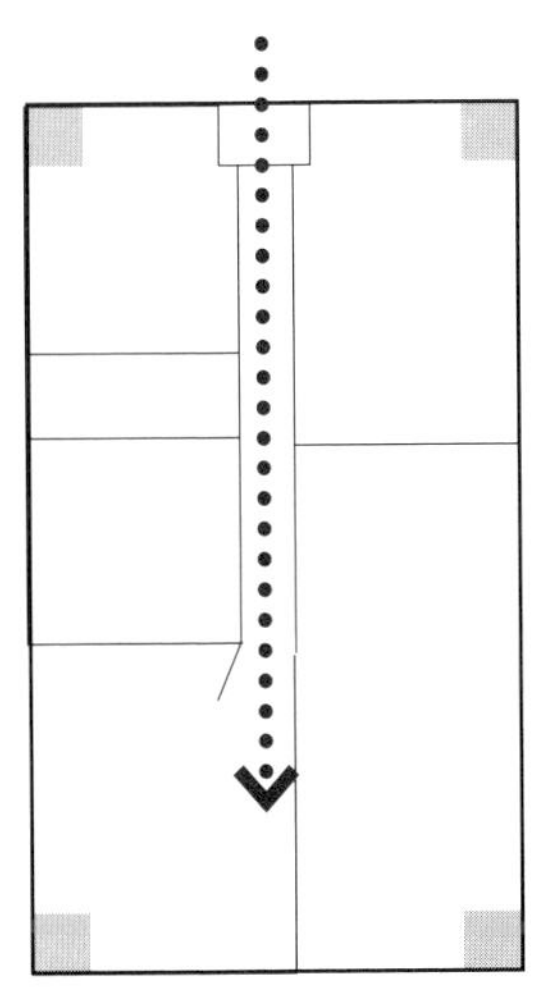

玄関と部屋の入口が一直線上にある造りを「玄関直冲」と言って忌み嫌う。

◇石敢當◇

玄武岩などでできた石板をコンクリートで固めて、形煞を受ける場所に立てる。

◇「漏財宅」の対処法◇

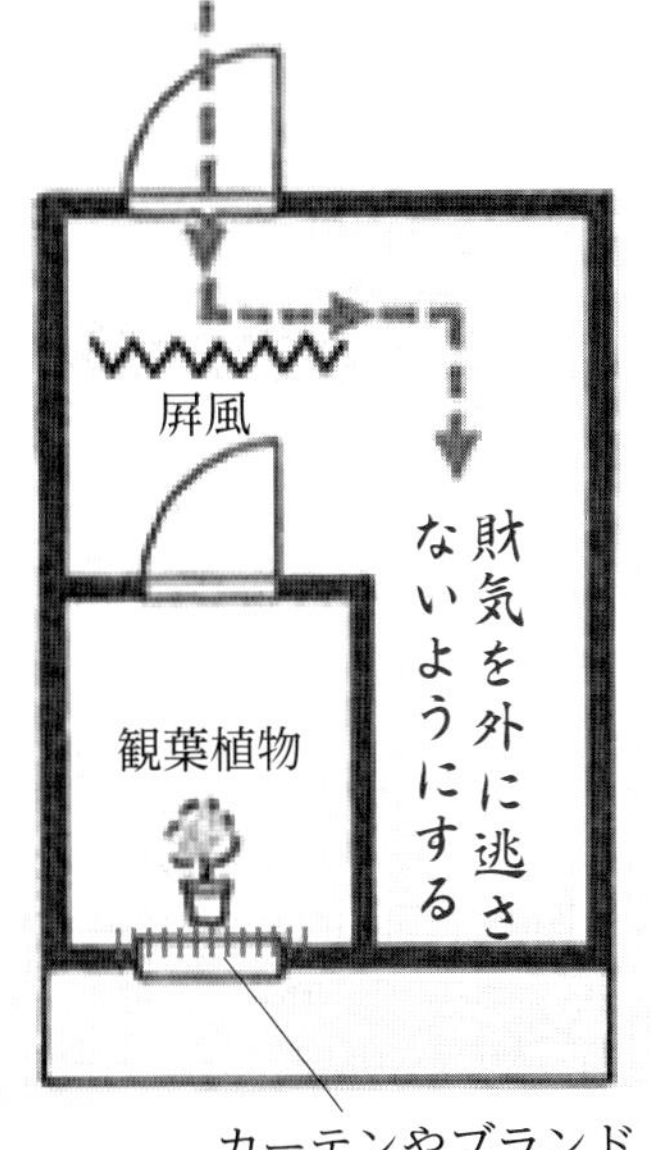

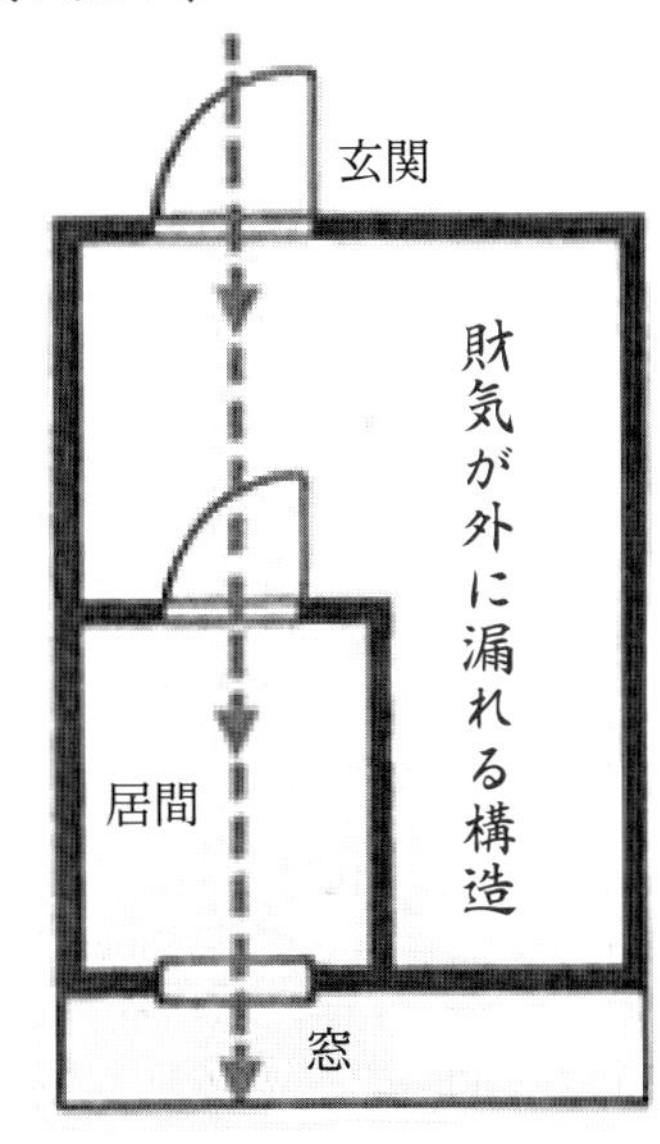

財を軽減できる。

話が前後するが、屛風や衝立は屋内の形煞だけでなく、屋外の形煞に対しても有効である。

左頁の上図を見ると、近隣の家屋からの尖角衝射が玄関を直撃している。

この場合の対策としては、一に玄関の外に塀か垣根を設けて尖角を防ぐこと。二に玄関より内を間仕切る（アルミのパーテーション）か、屛風や衝立を置いて防ぐことである。ただし、その際に使用する屛風や衝立は重厚で頑丈な造りの物が望ましい。

それともう一例。左頁の下図ように屋内に尖角状の壁端がある場合は、どう対処したらよいだろう。事務所用の物件などでたまに見かける造りであるが、屛風や衝立、ローチェストを置くにしては無駄な空間が生じたり、どうもすっきりしない。この場合は図のように作り付けの棚などを設けて鋭角をなくす工夫をすることにより。かなり心理的に楽になるだろう。そして角の場所にやや背の高い観葉植物を置いて角を目立だなくさせればなお良い。

では次にちょっと特殊なケースを挙げよう。道路に反かれている「街道反弓」（P96参照）のような地形の場合はどういう対策を講じたら良いのだろうか。

一に石敢當を玄関先の土に立てる（P112右）。二に「山海鎮」の木板や金属板を掛ける（同頁中）。三に八卦凹鏡を玄関に掛ける（P98参照）。四に「土地公様」を祀る（P112左）。

山海鎮の板は「我家如山海、他作我無方」の一句が書かれたもの。『山海經』に由来するとされ、『魯班經』にその使用法が記されている。「我家ハ山海ノ如シ、ソレハ我ヲ無方トナス」、つまり、我が家は山海と同じで大自然のように大きいから、方位も方角も働かないのだという意味の一種の呪文である。

また、土地公様というのは台湾の民間信仰で、最多数の信徒の尊敬を受ける社稷（土地、五穀を司る神）の神であり、土地公神像は白髪、白鬚の微笑をたたえた老人の容姿である。筆者は数年前、縁あって宋代の土地公神像を得てより、幾度か土地、家屋にまつわる不思議な体験をさせてもらった。従ってその霊験がいかにあらたかであるかはよく身に沁みている。

以上の四つの対処法はみな中国的な風習として根付いており、その効用も無視できないが、日本においてはまた事情は異なるようである。

日本では神社の方災除けのお札や各地の辻に祀られるお地蔵様が同様の役割をなしていると、浅学の筆者には思えてな

◇「尖角衝射」の対処法◇

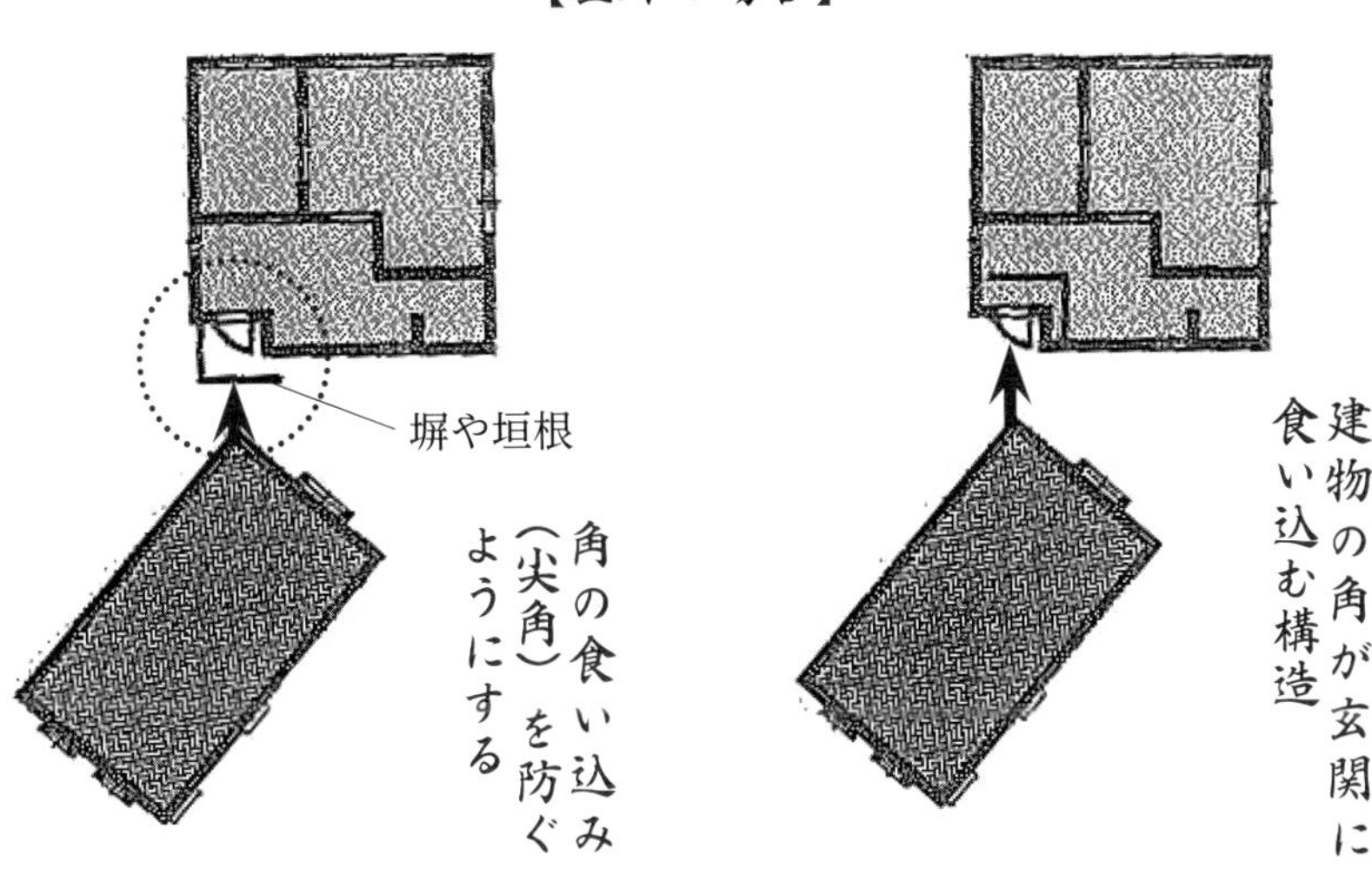

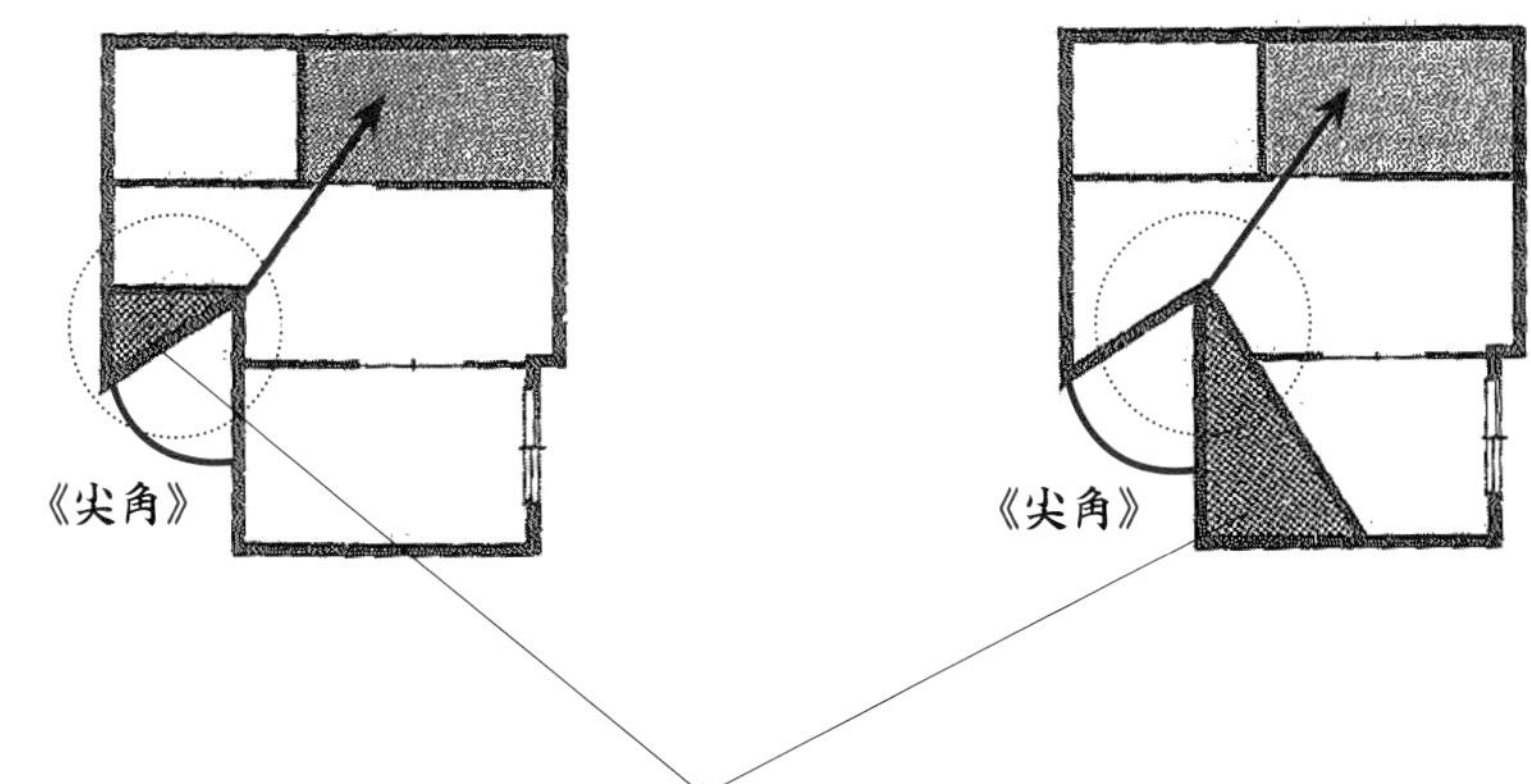

作り棚などを設置して尖角をなくすようにする

◆化煞に使われる道具◆

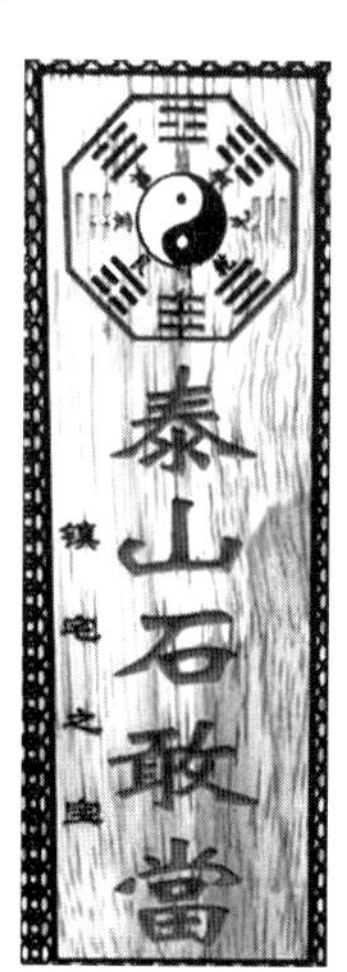

石敢當（右）や山海鎮（中）の木板や金属板、土地公様（左）の木像など

らない。

化煞に使われる道具としては、この他に風鈴（ガラス製でなく金属製）、瓢箪、石獅子、龍、麒麟、亀の像、護符などが用いられる。石獅子は、沖縄ではシーザーとして魔除けに使われて久しい。動物の像は一対で配置されている。

香港の金融界で利権争いをくりひろげている中国銀行と香港上海銀行の正面玄関にも、獅子、ライオン像が設置されているくらいだから、これはこれで効果があるという証拠になるだろう。

ちなみに、中国銀行香港支店ビルの形煞をまともに受けた香港総督府では、中国銀行側に木を植えたりして必死に化煞を試みているらしいが。樹木も形煞を転化する働きがあると言われている。

〔第五章〕「宅山法」によるオフィス・住宅の吉凶

◇住宅・商店・オフィスの五種の磁格

一戸建て住宅であれ、マンション、商店、オフィスビルであれ、風水学という視点でその吉凶禍福を明らかにすることができる。

それには五つの条件があって、それに照らして判断するのだが、本邦ではあまり知られていない内容なので、戸惑う読者もあるだろう。だが、わかりやすい条件だから、ゆっくり読み進んでいけば、混乱することはないと思う。

風水学における五つの条件（五種の磁格）とは、①「山」、②「局」、③「格」、④「位」、⑤「向」である。では、それぞれの意味するところを次に述べよう。

①「山」または「宅山」

住宅・商店・オフィスから見て近辺にある山地・岡・丘陵・ビルなどがどの方位に位置しているかによって求められる。たとえば、住宅から見て高層ビルが西北方四五度以内に位置していれば、その住宅は「乾山」であることになる（P117頁図参照）。

②「局」または「宅局」

住宅・商店・オフィスが近辺の渓流や河流から見てどの方位に位置しているかによって求められる。たとえば、河流から見て商店が東方四五度以内に位置していれば、その商店は「震局」であることがわかる。

③「格」または「宅格」

住宅・商店・オフィスが近接した道路から見て、どの方位に位置しているかによって求められる。たとえば、道路から見て住宅が西方四五度以内に位置していれば、その住宅は「兌格」であることがわかる。

④「位」または「宅位」

住宅・商店・オフィスの階数、端から何戸目にあるかによって求められる。階数の吉凶については広い道路から見て、建物がどの方位に位置しているかによって異なる。たとえば、ビルの正面玄関に向かって左端を一位とし、左端から何戸目にあるかを見る。また、マンションに隣接した広い道路から見て正面玄関がどの方位にあるかによって、一階と六階が大吉であるとかがわかる。この宅位は主に二階以上の住居やオフィスに適用される。

⑤「向」または「宅向」

住宅・商店・オフィスの玄関・入口がどの方角に向いているかによって求められる。詳しくはマンションやオフィスビルの共用玄関もあわせて考慮に入れるが、本書では各戸の「玄関」に絞って解説することにする。

◇「宅山法」による住居の吉凶

ここでは主に、山地や高台、岡、丘陵あるいは高層ビルに近接した「住宅」の判断を明かす。ほとんどが一戸建て住宅になると思うが、中には商店もあるだろう。

たとえば、山の上、中腹、尾根に建てられた住宅は、山地の影響力を最も強く受けるので「宅山法」によって判断するのが自然である。

この場合、住宅を中心に半径三〇メートル圏内に河流や道路、線路があると、その影響力も加わることになる。

あるいはビル、マンションでも高層ビルの近辺に位置しているならば、それは山地とみなし、その影響力は無視できないが、ビル・マンションは後述する「宅格」あるいは「宅位」によって見たほうが適切である。

原則として、山地や高台、岡、丘陵、高層ビルに近接している住宅を対象に取り上げることになる。

さて、住宅から見て山地や高台、岡、丘陵、あるいはビルがどの方角にあるかによって「宅山」が決まる。各四五度の範囲で八種の「宅山」に分けることができる。それを以下に述べよう（P117参照）。

①住宅の西北方四五度内（二九二・六〜三三七・五度）に山地、高台、岡、丘陵、ビルなどがあれば「乾山」となる。

②住宅の西方四五度内（二四七・六〜二九二・五度）に山地、高台、岡、丘陵、ビルなどがあれば「兌山」となる。

③住宅の南方四五度内（一五七・六〜二〇二・五度）に山地、高台、岡、丘陵、ビルなどがあれば「離山」となる。

④住宅の東方四五度内（六七・六〜一一二・五度）に山地、高台、岡、丘陵、ビルなどがあれば「震山」となる。

⑤住宅の東南方四五度内（一一二・六〜一五七・五度）に山地、高台、岡、丘陵、ビルなどがあれば「巽山」となる。

⑥住宅の北方四五度内（三三七・六〜二二・五度）に山地、高台、岡、丘陵、ビルなどがあれば「坎山」となる。

⑦住宅の東北方四五度内（二二・六〜六七・五度）に山地、高台、岡、丘陵、ビルなどがあれば「艮山」となる。

⑧住宅の西南方四五度内（二〇二・六〜二四七・五度）に山地、

高台、岡、丘陵、ビルなどがあれば「坤山」となる。

では、次にこの八種の「宅山」について説明しよう（なお、文中の「築山」は山に見立てた庭石のこと。「築橋」も橋に見立てた庭橋のこと）。

【乾宅】（乾山がある住宅）

乾宅は陰陽で「陽」、五行では「金」を表すため、室内は明るいほうが良く、暗いのを忌む。採光にしろ家屋の色彩にしろ明るさを保つことが原則である。明るい室内は賢明、聡明、明敏、明朗などをもたらすが、室内の採光が不十分だったり、暗い色あいだったりすると暗愚、暗蒙、愚魯、昏迷などをもたらすと考えてよい。知らず知らずのうちにそうした無形の作用が住む人に及ぶことになろう。

○北方四五度以内に樹木があると子供に不利である。

○東北方四五度以内に樹木があっても可。池、水流、プールなどがあるのは不可。育児及び仕事に関する不安要因が惹起する恐れあり。

○東方四五度以内に貯水タンク、浄化槽などの水道設備があるのはやや利あり。

○東南方に尖形の築山があるのは不可。あれば失火、火災が起きる恐れあり。水道設備があるのも不可。

○南方に水流があっても可。樹木があるのは不可。あれば元手を失う恐れあり。

○西南方に池、プール、噴水、浄水場があっても可。

○西方に樹木があると平安をつかさどる。整然とした築山があるのは大吉。水流が流れ来るのは財運を暗示して大吉。

○西北方に大樹があるのは不可。失火、火災を引き起こす暗導力が働くことに。整然とした築山があれば、住居に吉。水流が流れ来るのも利あり。

【兌宅】（兌山がある住宅）

兌宅は陰陽で「陰」、五行で「金」を表すため、室内はやや明るいぐらいが良く、明る過ぎるのを忌む。採光にしろ家屋の色彩にしろ少し明るい状態を保つことが原則である。やや明るい室内であれば、男女を問わず柔和で魅力あり、頭角を現すが、明る過ぎると妻や娘に実権を握られ、男性にとっては耳障りな思いをさせられ、口論の絶えることのない家庭となると考えてよい。知らず知らずのうちに、そうした無形の作用が、住む人に及ぶことになろう。

○北方に樹木があっても可。尖形の築山や電柱などがあるのは不利。貯水槽や浄化槽などの水道設備があれば、やや東北方に寄っているのが良い。

◇「宅山法」による住居の吉凶◇

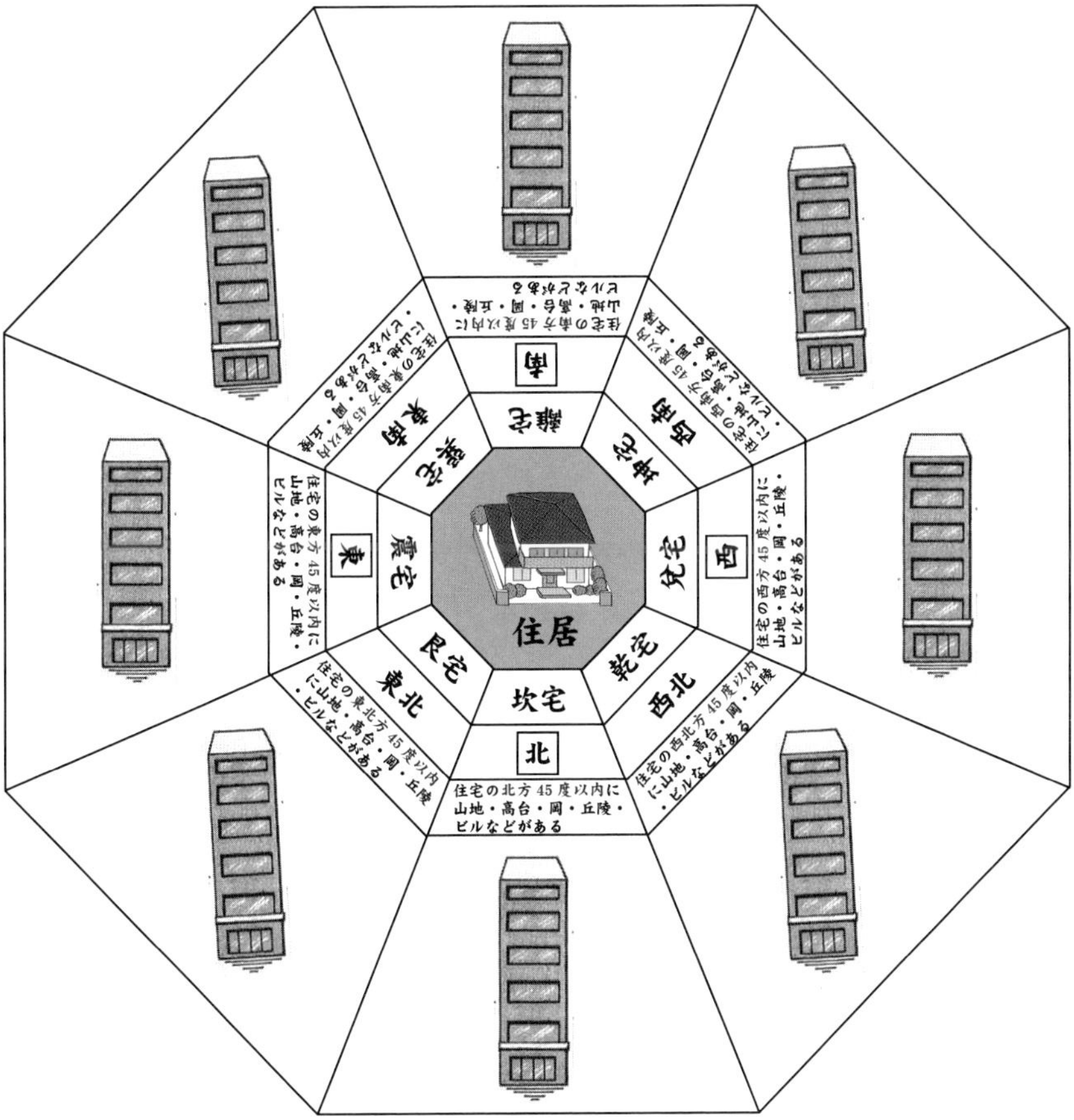

住居

南
離宅
住宅の南方45度以内に山地・高台・岡・丘陵・ビルなどがある

西南
坤宅
住宅の西南方45度以内に山地・高台・岡・丘陵・ビルなどがある

西
兌宅
住宅の西方45度以内に山地・高台・岡・丘陵・ビルなどがある

西北
乾宅
住宅の西北方45度以内に山地・高台・岡・丘陵・ビルなどがある

北
坎宅
住宅の北方45度以内に山地・高台・岡・丘陵・ビルなどがある

東北
艮宅
住宅の東北方45度以内に山地・高台・岡・丘陵・ビルなどがある

東
震宅
住宅の東方45度以内に山地・高台・岡・丘陵・ビルなどがある

東南
巽宅
住宅の東南方45度以内に山地・高台・岡・丘陵・ビルなどがある

＊山地や高台、岡、丘陵、高層ビルに近接している住宅を対象にして、住宅から見て山地や高台、岡、丘陵、あるいはビルがどの方角にあるかによって「宅山」が決まり、住居や住人に大いなる影響を与える。

○東北方に水道設備があるのは大吉。小径があると不利。
○東方に樹木があるのは不可。尖形の築山があるのは大吉であるが、吉作用は長期には及ばない。
○東南方に水道設備があるのは不可。樹木もまた不可。
○南方に水道設備があるのは大吉。
○西南方に水道設備があるのは健康面に有益で吉。
○西方から来る小径は不可。大樹があるのは凶。失火、火災の災禍の恐れあり。貯水槽、浄化槽などの水道設備があるのも不可。子供に不利となる。築山があるのも不可。健康にも財運にも宜しくない。
○西北方に高い築山があれば大吉。精神、物質ともに長期間恵まれる。樹木があるのは可。小径、水道設備があってもかまわない。

【離宅】（離山がある住宅）

離宅は陰陽で「陽」、五行では「火」を表すため、室内は充実しているほうが良く、空虚なのを忌む。室内に家具が少ないより多いほうが良く、鮮やかな色彩を使うことが原則である。室内に家具が多く、華やかな色調であれば、文才や実行力をもたらすが、家具が少なく小型だとか、冷たく淡い色調だと性急で疑い深い傾向を帯びると考えてよい。知らず知らずのうちに、そうした無形の作用が住む人に及ぶことになろう。

○北方に樹木があるのは良くない。
○東北方に家屋の傍らに水道設備があると、聡明な子供をさずかる。樹木が家屋の傍らにあれば財運に恵まれる。築山があるのも、健康、財運ともに大いに利あり。
○東方に浄化槽、貯水槽があるのは不可。
○東南方に樹木、水道設備、橋があるのは不可。
○南方に樹木があると大吉。
○西南方に水道設備があるのは不可。
○西方に水道設備があるのは不可。樹木があれば吉と化す。小径が来るのは不可。妻の健康を害す。石碑や庭石が遮っていれば、小径があっても可。
○西北方に樹木があるのは不可。

【震宅】（震山がある住宅）

震宅は陰陽で「陽」、五行では「木」を表すため、室内は拡がりがあったほうが良く、奥行きがあるのを忌む。室内が南北に伸びて間口が広いのが原則である。その条件を満たしていると活発、発奮の気性を育て健康と財運に恵まれ、発展性をもたらすが、室内に奥行きがあって、鰻の寝床のようだと健康に問題が生じ、家運は衰微しやすいと考えてよい。知らず知らずのうちに、そうした無形の作用が住む人に及ぶことになろう。
○北方に樹木や築山があるのは不可。健康と財運ともに不利。
○東北方に樹木、浄化槽、貯水槽、高い堆積物、広告塔があるのは不可。
○東方に波浪の形をした築山。樹木、塀などがあるのは大吉。居住者に大いに利をもたらす。
○東南方に高い建物があれば金銭に恵まれるが、健康に不利である。
○南方に水道設備があるのは不可。子供にとって不利。
○西南方に水道設備があるのも不可。
○西方に樹木や水道設備があるのは不可。健康に難あり、不測の災害に遭う。
○西北方に高い築山があれば大吉。学習、試験、資格取得に有利である。

【巽宅(そんたく)】(巽山がある住宅)

巽宅は陰陽で「陰」、五行では「木」を表すため、室内は奥行きがあったほうが良く、間口が広いのを忌む。室内が東南と西北に長いのが原則である。その条件を満たしていると、来客は絶えず、子供は従順で賢く、家族は健康と財に恵まれるが、室内が西南と東北に長いと、軽挙妄動して金銭にこと欠き、欲張るために家業は衰退しやすいと考えてよい。知らず知らずのうちに、そうした無形の作用が住む人に及ぶことになろう。
○北方に貯水楷、浄化槽など水道設備があるのは不可。
○東北方に堆積物、塵芥置き場があるのは不可。健康、対人関係の悪化に悩まされる。
○東方に水道設備があるのは不可。築山があるのも不可。
○東南方に水道設備があるのは不可。
○南方に築山があるのは不可。小径が来るのも不可。
○西南方に樹木があるのは可。築山があれば大吉。家に大いに利をもたらす。
○西方に水道設備があるのは吉。築橋があるのは不可。
○西北方に大樹があるのは大凶。盗難、訴訟、火災などの災禍に見舞われ、悩みが尽きない。水道設備があるのも凶。女性との間の取り決めが守られず厄介なことになる。

【坎宅(かんたく)】(坎山がある住宅)

坎宅は陰陽で「陰」、五行では「水」を表すため、家屋は奥まった所、窪地にあるのが良く、目立った場所や高台にあ

るのを忌む。家屋が奥まった場所や低地にあれば、忍耐強く物事に精通し、大いなる財源をもたらすが、家屋が高台や丘陵上にあると、困難や妨害に遭遇し、疾病に悩まされると考えてよい。知らず知らずのうちに、そうした無形の作用が住む人に及ぶことになろう。

○北方に樹木があるのは不可。男女を問わず多病多災の厄に遭う。築山があれば、マネービルしに利あり。ただし築山が低過ぎると却って宜しからず。

○東北方に貯水槽、浄化槽などの水道設備があるのは吉。資格取得者や学術研究家を輩出する。

○東方に樹木があるのは不可。河流が流れ来るのも不可。

○東南方に大樹があるのは大凶。訴訟の災いに苛まれる。盛り土、築山があるのは不可。妻が未亡人となるか、娘が意外な災難に遭う。

○南方に水道設備があるのは不可。

○西北方に大樹があるのは不可。外来の禍いが降りかかる。水道設備があると、妻の病気、盗難に注意。子供にも不利。

○西方に大樹があるのは不可。元手を失う破目になる。高い築山があるのも不可。破財と疾病に悩まされる。動物の彫刻や装飾品があるのは凶。訴訟ごとに遭う。水流が流れ来るのも凶。居住者の健康に支障がある。

○西南方に水流が流れ来るのは大吉。財富と名誉を得る。大樹があるのは不可。低く平らな築山があれば大いに利あり。尖形の築山があるのは宜しからず。火災に注意が必要。

【艮宅（ごんたく）】（艮山がある住宅）

艮宅は陰陽で「陰」、五行では「土」を表すため、家屋は奥深い場所にあって、東北と西南に長いのが良く、間口が広く東南と西北に長いのを忌む。家屋が鰻の寝床状に玄関から奥まで長ければ、篤実で高尚な気風が養われ、子供は実直で正義感をもち、家族に健康と蓄財をもたらすが、家屋が東南と西北に長く、玄関から奥まで短いと、頑固で障害に遭いやすく運気は渋滞、福分と寿命に難があると考えてよい。知らず知らずのうちに、そうした無形の作用が住む人に及ぶことになろう。

○北方に貯水槽、浄化槽など水道設備があるのは可。

○東北方に樹木があるのは不可。

○東方に築山（中央が高く両側が低い形の）があるのは不可。

○東南方に小径が通るのは可もなく不可もなし。

○南方に水道設備があってもかまわない。

○西南方に樹木があるのは不可。住居それ自体に宜しからず。池や水流があるのも不可。築山（中高く両端が低い形の）があれば、家は大いに発展する。
○西方に小径が来るのは不可。
○西北方に樹木があるのは不可。

【坤宅】（坤山かおる住宅）

坤宅は陰陽で「陽」、五行では「土」を表すため、家屋は広がりがあって、重厚。東南と西北に長いのが良く、間口が狭く部屋が小さく区切られているのを忌む。広い居間、ゆったりと寛げる空間であれば、温厚で質素倹約に努め、勤労を厭わぬので家族に健康と財産をもたらすが、狭くて雑多な家財道具が多いと、吝嗇に傾き、怠惰で利欲に迷い、子供も凡庸で成績も芳しからず、家運は衰微の一途をたどると考えてよい。知らず知らずのうちに、そうした無形の作用が住む人に及ぶことになろう。

○北方に草地があるのは可。有形の設備があるのは不可。貯水槽、浄化槽などの水道設備があるのは竜頭蛇尾も甚だしい。時間がたつほど、宜しからず。
○東北方に水流が流れ来るのは財運を招き、大吉。尖形の築山があるのは健康と財運ともに利あり、大吉。
○東方に築山、橋、小径があるのは大吉。樹木があるのも良好。水道設備があるのは凶。
○東南方に樹木、小径、水道設備があるのは不可。
○南方に有形の物あるのは不可。北方と同じ。
○西南方に水道設備があるのは凶。老母の病気に暗に悪影響を及ぼす。樹木があるのは凶。家族が健康を損ねる。
○西方に有形の設備があれば、西北方に近寄せてはならない。
○西北方に水道設備があるのは不可。

［第六章］

建物の階数と部屋の位置による吉凶

◇建物の階数と位置による吉凶

現代のマンションや高層ビルの林立するさまを見ると、『旧約聖書』の創世記にある「バベルの塔」を彷彿させるものがある。傲り昂った人間が、天にも届くような巨大な塔を建てようとしたので、それを怒ったヤハウェ（唯一絶対の神）が、その企みを挫折させ、それまで一つだった言語を多くして混乱させたという。バベルはヘブライ語で「混乱」を意味する。

中国風水学の観点でも、高層ビルをあまり肯定的にとらえていない。

まず、高層ビルが建つことによって「風向」が変わってしまうことだ。それが自然界の生態系を乱すことになる恐れがある。その意味で、最近は風洞と言って、ビルの中央部分に空洞を造り、風を通してやる設計のビルが現れるようになった。NEC本社ビルなどがそういう造りである。

それから、地磁気との関係も無視できない。鉄筋、鉄骨でできた巨大な箱だから、高層に行けばそれだけ地磁気は骨組みのほうに吸収されて弱まることになる。従ってビルの階数によって風水の見方は異なるのである。

一階は最も地磁気の影響を受けるため、その吉凶作用は比較的、明らかに現れる。この場合は宅山（隣接するビルの建つ方角から見た家の方位）、宅局（付近の河流、道路から見た家の方位）によって決まる。

清代の『陽宅大全』に一階平屋を「静宅」と言い、五階までを「動宅」、一〇階までを「変宅」と言って建て分け、それぞれの判断法が記載してある。現代建築にも充分に適用するので、古代建築的なとらえ方だけで物を言っていないということをお断りしておきたい。

次に、二階以上の居住空間をどう扱うかであるが、これについてはいろいろな観点から判断することができる。

①マンション・ビルが広い道路から見て八方位（各四五度）のどの方向に位置するかによって階数の吉凶グレードがわかる。その上で、そこに居住する人の本命卦（P87「あなたの本命卦早見表」参照）との適不適を見る。これを建物の「格」と言う。

②マンション・ビルの正面玄関の向き（二十四山方位）によって建物内の部屋の位置の表す五行が決まる。その上で居住する人の本命卦との適不適を見る。これを建物の「位」と言う。

◆隣接する道路からどの位置かで吉凶を知る

それではまず、あなたの住むマンション、またはオフィスビルが、これに隣接する最も広い道路から見て、どの方向に位置するかを磁石で測っていただきたい。つまり、建物の外で測る。

この場合、紛らわしい地形ならば建物の正面玄関の前の道路から見た方向を測ってもよい。

この場合は磁石が指す北（磁北）より西北へ七・五度ずらした度数（地球の子午線が基準）を真北としてみるので注意されたい。なお、次に掲出する「八種の格」の図解については、P127を参照していただき、居住する人の本命卦の求め方については、第三章（P87を参照していただきたい。

【坎格】…座北向南のマンション・ビル

○広い道路の北側四五度内（331～15度）に位置する建物。五行では水に属すため「水格」ともいう。

（大吉）　一階、六階
（中吉）　四階、九階
（小吉）　二階、七階

○本命卦が東四命（坎、震、巽、離命）の人が居住するのに適し、西四命（乾、兌、艮、坤命）の人には不適で特に屋内の調整が必要となる。

【艮格】…座東北向西南のマンション・ビル

○広い道路の東北側四五度内（16～60度）に位置する建物。五行では土に属すため「土格」ともいう。

（大吉）　五階、一〇階
（中吉）　二階、七階
（小吉）　一階、六階

○本命卦が西四命（乾、兌、艮、坤命）の人が居住するのに適し、東四命（坎、震、巽、離命）の人には不適で特に屋内の調整が必要となる。

【震格】…座東向西のマンション・ビル

○広い道路の東側四五度内（61～105度）に位置する建物。五行では木に属すため「木格」ともいう。

（大吉）　三階、八階
（中吉）　一階、六階
（小吉）　五階、一〇階

○本命卦が東四命（坎、震、巽、離命）の人が居住するのに

適し、西四命（乾、兌、艮、坤命）の人には不適で特に屋内の調整が必要となる。

【巽格】…座東南向西北のマンション・ビル

○広い道路の東南側四五度内（106〜150度）に位置する建物。五行では木に属すため「木格」とも言う。

（大吉）三階、八階

（中吉）一階、六階

（小古）五階、一〇階

○本命卦が東四命（坎、震、巽、離命）の人が居住するのに適し、西四命（乾、兌、艮、坤命）の人には不適で特に屋内の調整が必要となる。

【離格】…座南向北のマンション・ビル

○広い道路の南側四五度内（151〜195度）に位置する建物。五行では「火」に属すので火格ともいう。

（大吉）二階、七階

（中吉）三階、八階

（小吉）四階、九階

○本命卦が東四命（坎、震、巽、離命）の人が居住するのに適し、西四命（乾、兌、艮、坤命）の人には不適で特に屋内の調整が必要となる。

【坤格】…座西南向東北のマンション・ビル

○広い道路の西南側四五度内（196〜240度）に位置する建物。五行では「土」に属すので土格とも言う。

（大吉）五階、一〇階

（中古）二階、七階

（小吉）一階、六階

○本命卦が西四命（乾、兌、艮、坤命）の人が居住するのに適し、東四命（坎、震、巽、離命）の人には不適で特に屋内の調整が必要となる。

【兌格】…座西向東のマンション・ビル

○広い道路の西側四五度内（241〜285度）に位置する建物。五行では「金」に属すので金格ともいう。

（大吉）四階。九階

（中吉）五階、一〇階

（小古）三階、八階

○本命卦が西四命（乾、兌、艮、坤命）の人が居住するのに適し、東四命（坎、震、巽、離命）の人には不適で特に屋内の調整が必要となる。

◇「宅格法」による住居の吉凶◇

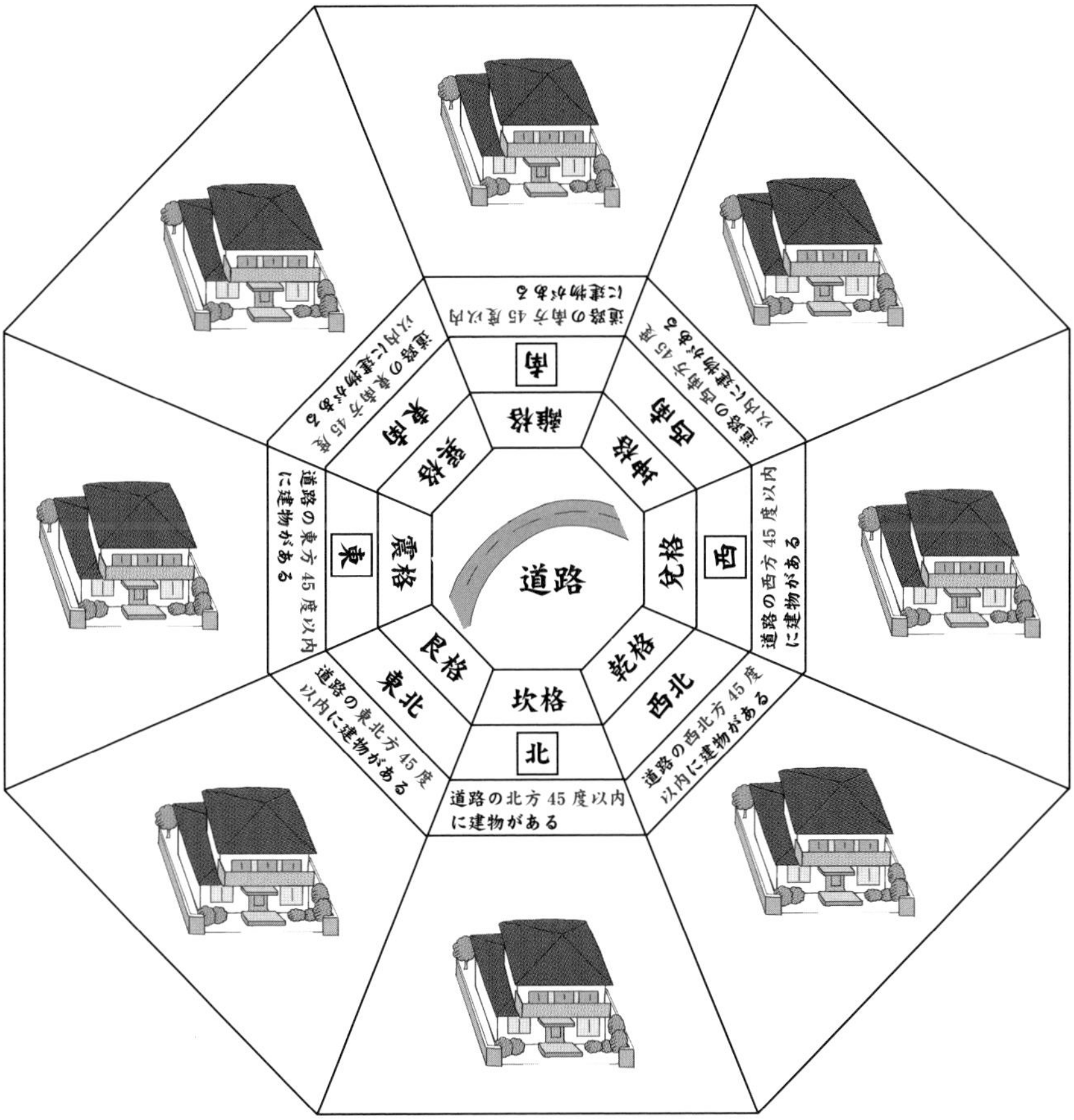

道路

坎格
北
道路の北方 45 度以内に建物がある

艮格
東北
道路の東北方 45 度以内に建物がある

震格
東
道路の東方 45 度以内に建物がある

巽格
東南
道路の東南方 45 度以内に建物がある

離格
南
道路の南方 45 度以内に建物がある

坤格
西南
道路の西南方 45 度以内に建物がある

兌格
西
道路の西方 45 度以内に建物がある

乾格
西北
道路の西北方 45 度以内に建物がある

＊マンション・ビルが広い道路から見て八方位（各四五度）のどの方向に位置するかによって階数の吉凶グレードがわかる。

【乾格】（けんかく）…座西北向東南のマンション・ビル

○広い道路の西北側四五度内（286～330度）に位置する建物。五行では「金」に属すので金格ともいう。

（大吉）四階、九階

（中吉）五階、一〇階

（小吉）三階、八階

○本命卦が西四命（乾、兌、艮、坤命）の人が居住するのに適し、東四命（坎、震。巽、離命）の人は不適で特に屋内の調整が必要となる。

【宅格による各階数の吉凶早見表】

格局	大吉	中吉	小吉
【坎格】	一階、六階	四階、九階	二階、七階
【艮格】	五階、一〇階	二階、七階	一階、六階
【震格】	三階、八階	一階、六階	五階、一〇階
【巽格】	三階、八階	一階、六階	五階、一〇階
【離格】	二階、七階	三階、八階	四階、九階
【坤格】	五階、一〇階	二階、七階	一階、六階
【兌格】	四階。九階	五階、一〇階	三階、八階
【乾格】	四階、九階	五階、一〇階	三階、八階

《注意事項》

▼一八種類のマンション・ビルのそれぞれの階数のグレードは各三タイプあるが、それに該当しない階数の場合は吉凶作用が比較的はっきり現れないと考えてほしい。しかし、三タイプ以外の階数はつまるところ原則に照らせば、古でなく凶に属すと考えることができる。

▼一〇階以上の場合は一の位が示す階数となる。

▼階数の吉凶については諸説あるので、一概にこれしかないと断定できるものではない。また、その条件、たとえば入口の向きとか、間取り、あるいは周辺の建物との関係など、時と場合に応じた判断が大切であろう。

◇端から何戸目にあるかの位置で吉凶を知る

次に、マンションやビルの中であなたの住居またはオフィスが端から何戸目にあるかという「建物内の位置」について見てみよう。

ここで次頁の上図を見てほしい。この図は北、東北、東、

◇「二十四山方位」による陽向と陰向の分類図◇

東南、南、西南、西、西北の八方位を各一五度ずつに分けた「二十四山方位」が書かれてある。この方位盤は二等分してあるが、マンションやビルの正面玄関の向きによって決めるわけである。方位盤には寅方～坤方までが「陽向」、中方～艮方までが「陰向」となっている。

▼正面玄関が「陽向」に入っていれば、正面玄関に向かって一階の右端から一白、二黒、三碧、四緑と順に九星が配置される。

▼正面玄関が「陰向」に入っていれば、正面玄関に向かって一階の左端から一白、二黒、三碧、四緑と順に九星が配置される。

▼測る際に注意することは建物の外、正面玄関から一メートルほど離れた場所で玄関より外に向いて立ち、測ること。

▼磁石の46度～210度までが「陽向」、211度～45度までが「陰向」になる。

▼P131の上図を見てほしい。「陰向」に属する建物で九階建て、各階九戸の場合は九星の配置がこうなる。すなわち、正面玄関に向かって一階の左端が「一」である。そのまま右に二、三、四、五と順に配するのである。そして、上の階も二、三、四、五と順に配すればよい。

▼「陰向」の建物であれば、階数や戸数に限らず、正面玄関

に向かって一階の左端が「一」になると覚えておけば、あとは九星を順に配していけばよいのである。

▼P132の上図を見てほしい。今度は「陽向」に属する建物で九階建て、各階九戸の九星基本配置図である。すなわち、正面玄関に向かって一階の右端が「一」になる。あとは左にも上にも二、三、四、五と順に配すればよい。

▼「陽向」の建物であれば、変形の建物でも一階の右端が「一」になるので、そこを起点にすればよい。

▼なお、「建物内の位置での本命卦による吉凶判断」はP133の図の通りである。

▼さらに、陽向、陰向の建物の立体図（P134図参照）を掲げよう。

「宅位」の判定法に関しては諸説あり、今の段階ではそのいずれが正しいかを単純に断定しかねる。今後の研究に委ねたいと思うが、現代社会ではこれだけマンションやビルが軒を連ねているというのに、これまで日本では一冊もこのことに触れた解説書が出ていない。

中国風水学の原理と柔軟なる判断法を駆使することにより、種々の現代建築の造りと、その空間に生息する人間との関わりを究明することが可能であると思う。どうか住居や事務所選びの参考としていただきたい。

◇宅格と宅位との配合による吉凶

最後に、宅格（道路から見た建物の位置）と宅位（マンションやビルの何戸目の記号）との関係から吉凶を求める。

対象となるのは、マンション、アパート、オフィスビルなどの多層建築物である。そして、半径三〇メートル以内に河流がない場合に、最もその吉凶作用が現れると知ってほしい。もし、半径三〇メートル以内に近接して流れる河流があれば、その河流の影響も考慮に入れなければならないが、紙面数の関係でそこまでは触れることができないので御諒承を乞う。

宅格と宅位とを比べれば、宅格のほうが重要である。つまり、道路との関わりのほうが建物内の家の位置よりも影響力が強いわけである。

ただし、それは一階においてのことであって、二階より上にあるマンション、オフィスビルでは宅位の影響も無視できない。上層に行けば行くほど地磁気との関連は減少すると考えられるからである。

P135上の図は「宅格と宅位の配合吉凶表」であるが、ここでは吉凶をわかりやすくするために、マイナス5からプラス

【「陰向」の建物の九星配置図】

九	一	二	三	四	五	六	七	八	9階
八	九	一	二	三	四	五	六	七	
七	八	九	一	二	三	四	五	六	
六	七	八	九	一	二	三	四	五	
五	六	七	八	九	一	二	三	四	
四	五	六	七	八	九	一	二	三	
三	四	五	六	七	八	九	一	二	
二	三	四	五	六	七	八	九	一	
一	二	三	四	五	六	七	八	九	1階

正面玄関の向き

五	六	七	八
四	五	六	七
三	四	五	六
二	三	四	五
一	二	三	四

正面玄関の向き

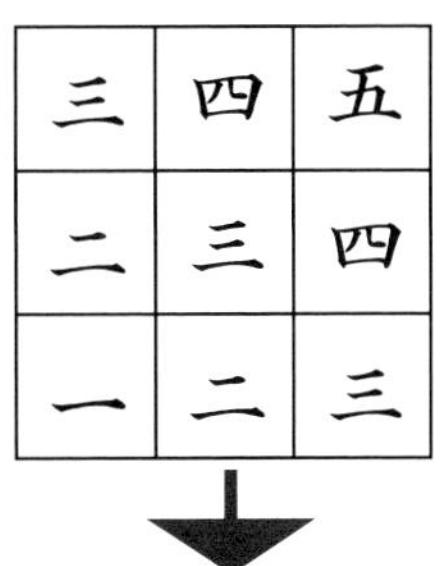

三	四	五
二	三	四
一	二	三

正面玄関の向き

【「陽向」の建物の九星配置図】

八	七	六	五	四	三	二	一	九	9階
七	六	五	四	三	二	一	九	八	
六	五	四	三	二	一	九	八	七	
五	四	三	二	一	九	八	七	六	
四	三	二	一	九	八	七	六	五	
三	二	一	九	八	七	六	五	四	
二	一	九	八	七	六	五	四	三	
一	九	八	七	六	五	四	三	二	
九	八	七	六	五	四	三	二	一	1階

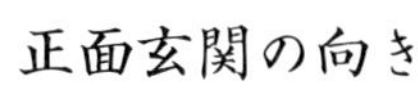

正面玄関の向き

			六
		六	五
	六	五	四
六	五	四	三
五	四	三	二
四	三	二	一

正面玄関の向き

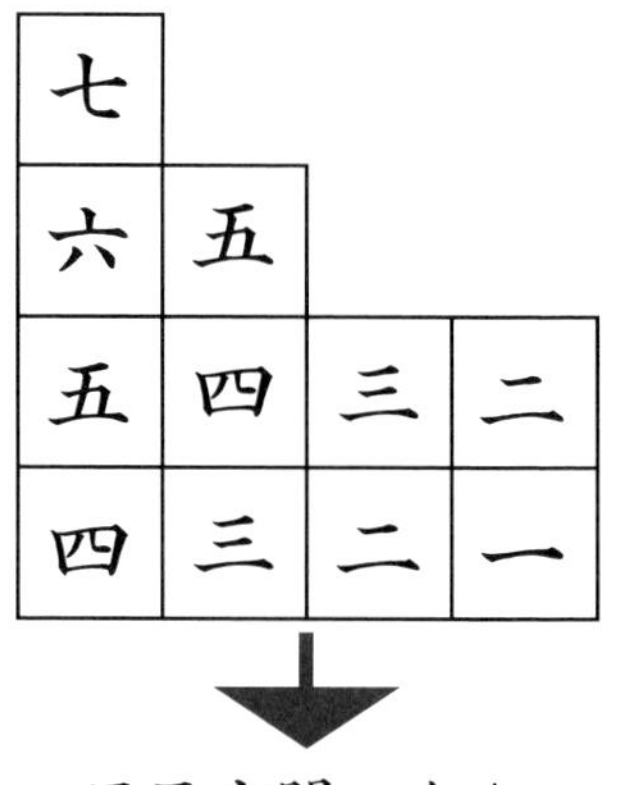

七			
六	五		
五	四	三	二
四	三	二	一

正面玄関の向き

◇建物内の位置による本命卦吉凶判断表◇

吉凶＼本命卦	乾	兌	離	震	巽	坎	艮	坤
大吉	二、五、八	八、五、二	四、三	一	一	六、七	九	九
中吉	七、六	六、七	九	四、三	三、四	一	二、五、八	八、五、二
吉	一	一	二、五、八	九	九	四、三	六、七	七、六
凶	三、四	四、三	六、七	二、五、八	八、五、二	九	一	一
大凶	九	九	一	六、七	七、六	二、五、八	三、四	四、三

◇宅位の立体図（陰向の建物）◇

九	一	二	三	四	五	六	七	八
八	九	一	二	三	四	五	六	七
七	八	九	一	二	三	四	五	六
六	七	八	九	一	二	三	四	五
五	六	七	八	九	一	二	三	四
四	五	六	七	八	九	一	二	三
三	四	五	六	七	八	九	一	二
二	三	四	五	六	七	八	九	一
一	二	三	四	五	六	七	八	九

三	二	一	九
二	一	九	八
一	九	八	七
九	八	七	六
八	七	六	五
七	六	五	四
六	五	四	三
五	四	三	二
四	三	二	一

正面玄関の向き

◇宅位の立体図（陽向の建物）◇

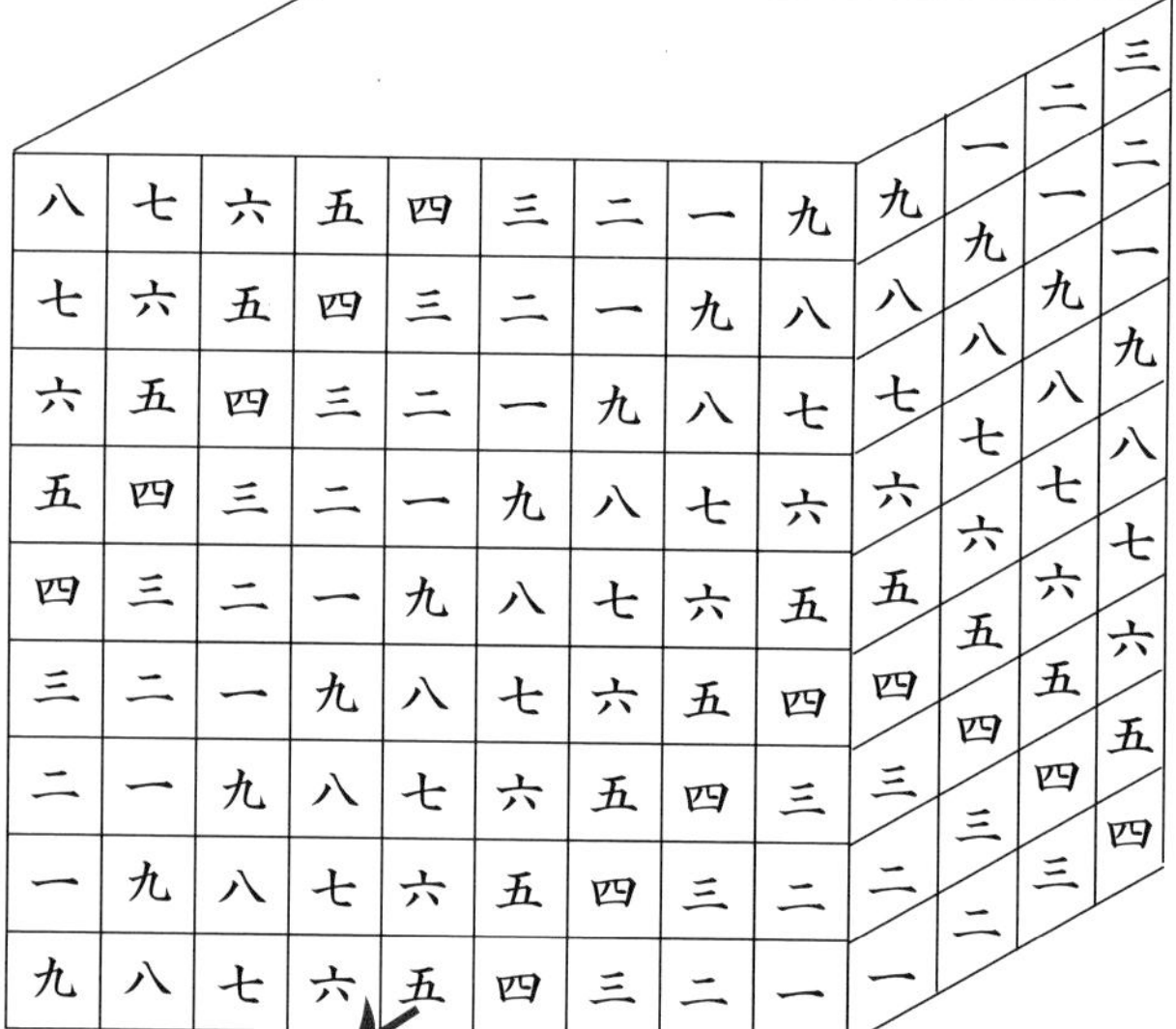

◇宅格と宅位の配合吉凶表◇

坤	艮	坎	巽	震	離	兌	乾	宅格／宅位
-2	-3	3	5	4	-4	1	-1	一
2	3	-4	-3	-2	-1	4	5	二
-4	-5	-1	2	3	5	-2	-3	三
-5	-4	1	3	2	4	-3	-2	四
3	3	-4	-2	-2	1	4	4	五
1	-1	4	-4	-5	-2	2	3	六
-1	1	5	-5	-4	-3	3	2	七
2	3	-5	-2	-3	1	5	4	八
4	5	-2	-3	1	3	-5	-4	九

5までの数値で表わしておいた。

たとえば、宅格が「乾」、宅位が「二」であれば、吉凶数値は「5」を示し、最高の配合となることがわかる。

あとは、本書の元になった鮑黎明著の既刊書をご参照いただき、「本命卦」による電化製品の配置や寝室の位置なども参考にしながら、より良き居住空間を目指して欲しいと思う。

第二部◆実践編

［第壱章］

吉凶方位盤の使い方と風水用語の解説

［第壱章］吉凶方位盤と風水暦の使い方

◆吉凶方位の作用の期間と強弱の程度

風水の吉凶方位盤やカレンダー、日程表の使い方は主に二つあります。

・物事を始める際に、その日の吉凶を調べる
・移動や旅行、引っ越しなどの際に、吉凶方位を調べる

ということです。

引っ越しや移転、旅行などの吉方位を求めるには、まず年と月の吉方位を調べます。

そして、さらにカレンダーで日ごとの吉方位も見て、より良い方向と日時を選びます。

各年・月・日の吉凶方位を活用した場合、その方位の作用期間と強弱は次の通りです。

①年の吉凶方位を活用すると六十年に及ぶとされますが、実際にははじめの十年間がもっとも顕著で、それ以降は徐々に弱まります。

②月の吉凶方位を活用すると六十ヵ月に及ぶとされますが、実際にははじめの十ヵ月がもっとも顕著で、それ以降は徐々に弱まります。

③日の吉凶方位を活用すると六十日間に及ぶとされますが、実際にははじめの十日間がもっとも顕著で、それ以降は徐々に弱まります。

◆年月の吉凶作用は大、日時のは遅く弱い

年の吉凶は十年目にひとつの現象が起きます。移転した方位がよかったかどうかを、十年目の出来事から判断できるので重要です。月の吉方位は十ヵ月目に現象をみる性質から、一週間から二週間程度の旅行などに適しています。

とはいっても年の吉方位と重ねて使わなければ、時間が経つほど作用は弱まるので、長期居住の場合は年の吉方位と併用することが大切です。やはり吉方位に移転、赴任、留学、入院するのなら、年月の吉方位をとるべきでしょう。

日時の方位作用は弱いとはいえ、無視すべきではありません。年月の吉方位をとっても、すぐには作用が発現されない

ので、ささいなことでも成果を上げようとすると、日々の吉方位を活用する姿勢が大事です。

その積み重ねがあれば、やがて年月の吉作用が発現され、あなたを支援してくれます。

◆引っ越しや転居をする場合の注意点

転居の方位を論じるとき、忘れてならないのは「四十九日定住説」です。これは新居にて四十九日間（七週間）続けて泊まることによって、初めて方位の根を張ったことになるという説です。

人が死しても魂魄は「四十九日」の間、この世に留まるとされていることを彷彿させるものがあります。

ですから、吉方位に移転しても四十九日間続けて寝泊りしなければ、吉作用が発現されないということになります。反対に、凶方位へ移転する場合は、とりあえず四十九日間は連泊しないようにして、四十九日が近付いたら、転居方位以外のどこかに一泊します。

そして、旧居と新居の方位関係が吉方位になるまでは、四十九日間連泊しないようにするのです。

吉方位になったら、良き日を選んで四十九日間、改めて連泊すればよいのです。

ただし、四十九日間連泊するまでは、旧居の風水作用を引き続き受けることになるので、いろいろな面で注意を怠らないようにしてください。

◆方位盤について

①方位盤の見方…方位盤を見る上で、まず「○○月」というのは、新暦とずれがあります。それは、小寒や立春など、二十四節気の区切りを用いているので、間違えないようにしましょう。

②毎日の暦で日ごとの吉凶をみる…まず、前述したように年と月の吉方位を調べます。それから、風水日程表（P216～P239参照）の毎日の暦の「吉凶」欄を見て、旅遊（旅行と遊覧）、結婚など、自分の目的にあったイベントがある日を探します。まったく該当日がない時は、吉星、凶星の欄を見てください。自分の目的に不適な凶星がいなければ、「ラッキーではないが、悪くもない」と判断できます。

次に、選んだ日の二十八宿、十二直（風水日程表の用語解説P199参照）を見てみましょう。目的を妨げる要因がないことを確認します。特に悪い要素がなければ、その日を選んで

問題ありません。

さらに外出・財運に良い財神、喜神、貴神がめぐれば言うことなしです。

❖年の吉神・凶神とは？

中国では方位に関して、開山・立向・修方の三つに分けて、それぞれに適する方位・時期を明らかにしています。開山は土地購入・土地開発・動土・建築など、立向は埋葬・墳墓の造作など、修方は補修・増築・改築・リフォームなどを意味するものです。

◆開山・立向・修方すべてに吉の方位

どこに土地を購入しようか、またはどこに移転しようか、それともどこをリフォームするのかなどについては、特に年・月の吉方位（第二部第弐章・吉凶方位盤参照）を選ぶことが大切です。実際には日の吉方位もあわせて選ぶことが望ましいです。ただ年の吉方位だけに基づいて建築や旅行、増改築をするのでは効果が出ません。その目的に応じた方位を取ることが大切です。よく、年の吉方位だけで相談に乗っている研究家がいますが、あまりに大雑把で感心しません。中華の原典をもっとよく研究すべきです。

・**歳徳**（さいとく）…「歳中の徳神」の意味で、その年中の最大吉方位にあたります。日本では恵方、あきの方とも言われ、尊ばれています。いかなる目的にも適し、凶意を抑え凶作用を解く働きがあり、さらに月毎の吉神と重なれば、最も効果が大とされます。十年周期でめぐりますが、中国では日本とめぐり方が若干異なり十干を基準としています。

・**歳徳合**（さいとくごう）…家屋の門、玄関、ガスレンジ、厨房、浴室、トイレ、通路・廊下、庭など敷地の内部を増改築するのに適した方位にあたります。凶方位と重なっても、その凶作用を解く働きがあります。

・**歳枝徳**（さいしとく）…危うきを救い、弱きを済（すく）う作用があります。移転、旅行、転勤、入学、入院、嫁入りなどに吉です。

・**陽貴人**（ようきじん）・**陰貴人**（いんきじん）…いわゆる天乙貴人（てんおつきじん）のことで、凶厄を解き、吉なる慶びをもたらす作用があります。これには陰陽の別があり、冬至から夏至までの陽遁期間は陽貴人が、夏至から冬至までの陰遁期間は陰貴人が働きを及ぼすとされています。

・**歳禄**（さいろく）…その年の盛んなる方位であり、精神的、物質的な慶びごとや吉運をもたらします。禄元とも十干禄ともいい、凶方位と重なっても凶意を抑え凶作用を解く働きがあります。

・**歳馬**…月の吉方位・凶方位で紹介する「飛天馬」と同じ働きをします。『通書』に「馬ガ三頭二至レバ人ハ富貴トナル」とあり、商売や交易、または働くことに利益をもたらす吉方位です。陽貴人、陰貴人、飛天禄などの月の吉方位と重なれば効果は倍増します。また凶方位の禍を解く働きがあります。

・**奏書**…年の貴神であり、水神です。奏記を司り、治める所の血を伺察することを意味します。祭祀、求福、造営、普請、補修、装飾に適した方位にあたります。

・**博士**…歳の善神であり、火神です。天子が誡司の綱領を司ることを意味します。常に奏書と真反対に位置し、造営、増改築、補修に適した方位にあたります。

・**太陽**・**太陰**・**龍徳**・**福徳**…この四つは四利三元ともいわれ、転居・旅行・改修のいずれにも吉だとされています。

しかし、辰戌丑未の年の太陽は三殺の劫殺に会い、寅申巳亥の年の福徳もまた劫殺に会い、太陰は天官符に会い、子午卯酉の年の龍徳は歳殺に会うため、手放しでは喜べません。

もっともこれら四利三元の吉作用は強く、さらに歳禄・陽貴人・陰貴人などの吉星に会えば、凶星を恐れることはありません。

◆開山・立向・修方すべてに凶の方位

ここに挙げる年の凶方位は、開山・立向・修方すべてに適さない方位です。つまり、原則として、その年内における要注意な方位です。

最も恐るべき方位は歳破・年三殺・坐殺・向殺です。これらは吉方位が重なっても、凶作用は解かれません。わけても年三殺と坐殺は、同一方向にあわせて七十五度という広い範囲に及ぶだけでなく、さらにその反対方向の十五度ずつ二か所に向殺が臨むというもので、合計百五度が大凶になるわけです。その場合、家を新築したり、増改築、移転をすると、災禍はたちどころに至ることになります。屋外での工事、電話線・水道管・道路工事などが行われる場合も同様に注意が必要です。

・**太歳**…歳星すなわち木星の運行に基づくもので、諸神を率いて、方位を統制し、時序を斡旋し、歳功を統率する作用があります。太歳の方向に向かって移転、転勤、赴任、旅行、造営、土地開発、土地購入、増改築、補修することは戒められています。日本の民間暦には建築、普請、移転、商取引、婚姻、従業員の雇用、植え付けには吉であるとして、中国暦

とは逆のことが書かれていて、大いに疑問です。風水では太歳の働きを活用する方法はありますが、専門的になり、一般には危険を伴うため勧められません。なお、辰戌丑未の年は黄幡として表されます。太歳は、その年の十二支の示す方向に回座します。

・**歳破**（さいは）…その年の虚耗の神とされ、七殺ともいいます。太歳の真反対の方向になります。歳破の方向に向かって、土地開発・土地購入・建築・造作・動土・増改築・補修・旅行・転勤・赴任・嫁入りをすることは、大いに戒められています。これを侵せば金銭を損失し、主人が病気やけが、またはなんらかの不利な状態に陥ります。ただし、戦伐のみは吉とされています。ですから、決着を付けるための行動に用いることはできます。辰戌丑未の年は豹尾（ひょうび）として表されます。

・**年三殺**（ねんさんさつ）…その年の最凶の方位とされ、いかなる目的にも使えず、吉方位と重なっても凶作用は軽減されぬと説かれています。この方向に向かって移転、赴任、建築、動土、増改築をすれば、災禍はたちどころに現れます。日本の民間暦ではまったく扱われていませんが、むしろ歳破より怖い方位なのです。三殺とは劫殺（ごうさつ）・災殺（さいさつ）・歳殺（さいせつ）をいい、微妙に意味合いは異なります。劫殺は盗難・傷害・殺傷を、災殺は病気・災難を、歳殺は子どもや家畜・ペットなどを傷めることを意味します。

なお、月三殺の方位にもありますので注意してください。

・**坐殺**（ざさつ）・**向殺**（こうさつ）…年三殺とかかわりのある凶方位で、いかなる目的にも使えず、吉方位と重なっても凶作用は軽減しません。

・**五黄**（ごおう）…五黄がめぐれば、たとえ吉方位でも金銭を損失し、凶方位なら災禍はさらに深刻になると説かれています。門や玄関、部屋、坐山方、宅向にめぐっても災厄の火種になるため、五黄の方位は土地開発、新築、造築、増改築、補修、旅行、移転、赴任、留学などいかなる目的にも適しません。

・**浮天空亡**（ふてんくうぼう）…精神・物質の両面に不健全な働きをもたらす破軍の方位です。これを侵せば憂鬱（ゆううつ）、煩悶（はんもん）、失望を招き寄せるとされています。

◆開山のみ凶の方位

新たに家屋や墳墓を建てたり、動土・普請には適しませんが、増改築はその限りにあらずという方位です。

・**年剋山家**（ねんこくさんか）…建物の坐している方位（玄関の向きとは逆の方位）にめぐるのを忌みます。月毎にめぐるものもあります。

・**陰府太歳**（いんぷたいさい）…本年の坐山を剋す化氣をいい、土地開発、動土、新築には適しませんが、増改築、補修は忌みません。

・**六害**…土地開発、動土、新築に適しません。この方位を侵せば、身内とのいさかいごとが起こるとされています。

・**死符**…別名を旧歳破といい、この方位に出入りしたり、販売、経営、普請、造作をすれば金銭・物質を消耗し、驚きごとに遭うとされています。

・**炙退**…太歳の不足を補う氣を表す方位で、六害・獨火と同工異曲です。

◆立向のみ凶の方位

埋葬、墳墓の造作に適さぬ方向になります。

・**巡山羅喉**…太歳の前一位に位置し、太歳に近いため、埋葬、墳墓の造作に適さぬとされています。

・**病符**…別名を旧太歳といい、前年の十二支の方位にあたり、新年の氣が旺じれば前年の氣は衰えるという道理から、この方位を侵せば疾病に罹るとされています。

◆修方のみ凶の方位

修繕、補修、増築、改築に適さない方位です。

・**天官符・地官符**…この方位を侵せば、訴訟、法的トラブルに遭うとされるほか、牧畜、酪農にも不利とされます。

・**大殺**…歳中の刺史（中国の地方官）で、刑傷・闘殺を司ります。

・**大将軍**…不義なるものを征伐するのに効果がありますが、この方位に旅行、移転をすれば、けがや事故に遭うとされています。三年間は同じ方位に留まるのが特徴です。

・**力士**…歳の悪神で、刑威殺戮を司ります。この方位を侵せば疾病に悩まされるとされています。

・**蚕室**…歳の凶神で、動土修造を忌むとされます。これを侵せば、蚕が取れなくなるとされています。

・**歳刑**…かつて城攻めの際にこの方位を侵すことを忌み、動土ならびに造営すれば争いごとを招くので回避されたのです。

・**黄幡・豹尾**…黄幡の方位は動土・開門に適しません。豹尾は嫁を迎え、嫁入りをするのは可です。天徳、月徳が同方向にめぐるなら、妨げないとされます。ただし、この二星が厄介なのは、子午卯酉の年には黄幡は官符に、豹尾は吊客に、寅申巳亥の年には黄幡は白虎に、豹尾は喪門に、辰戌丑未の年には黄幡は太歳に、豹尾は歳破に、それぞれ身を変えるためです。特に注意すべきは辰戌丑未の年であり、豹尾よりも

黄幡のほうが強くなります。黄幡・豹尾は日食や月食をもたらす羅喉星・計都星とされ、天文学的には太陽の軌道「黄道」と月の軌道「白道」との交差点です。

・**飛廉**…殷の紂王の佞臣（主君に諂う臣下）に由来する名です。天に逆らい、力を恃み、徳に悖る凶方位です。ときには大殺、ときには白虎、ときには喪門と名を変えます。この方位を侵せば、口論、対立、職業上の災いに遭うとされます。

・**喪門**…悲哀、慟哭、葬儀を司ります。この方位を侵せば盗難、身内の不幸による哀しみにさいなまれるといわれています。白虎と真反対に位置します。

・**弔客**…疾病、哀泣を司ります。増改築に不利であるのみならず、病気見舞い、診察を受けたり、葬儀に参列することを忌みます。

・**白虎**…歳中の凶神で、この方位を侵せば死葬の災いに遭うとされ、親族に不幸が訪れ、喪服を着る羽目になるとされています。

・**金神**…別名を遊天暗曜といい、補修、増改築の他、動土に適しません。これを侵せば目の疾患、肝臓機能の障害に罹ります。埋葬をするには忌みません。肝臓・胆嚢は五行で木気に属し、金神は金氣です。金氣は木氣を剋す（金剋木）という五行相剋の相関関係によるものです。

・**獨火**…別名を六害とも飛禍ともいい、補修、増改築の他、動土に適しません。

・**五鬼**…この方位を侵せば、いたずらに金銭、時間、労力を消耗するとされています。

・**破敗五鬼**…この方位を侵せば、何事においても徒労に終わるとされていますが、吉星がひとつでも同位すれば、凶作用は解かれます。

月の吉神・凶神とは？

年の吉方位・凶方位と同じく、開山・立向・修方に関する吉凶方位は、月にもめぐってきます。それぞれの月の吉凶方位盤（Ｐ168～Ｐ191参照）と照らし合わせ、いつ、どの方位にめぐってくるか確認してください。

◆開山・立向・修方すべてに吉の方位

土地の購入、開発、新築、増改築、補修、旅行、赴任、転勤、留学、移転などのいかなる目的にも適した方位です。凶方位と重なっても、凶作用を転化し、軽減させる働きがあります。年の吉方位と重なれば、さらに効果は大となります。

・**天道・天徳**…天の運行にしたがい、天の福徳に浴せる方位です。天地自然の働きはあらゆるものに恵みを与え、育成し、調和させるように、この方位は「禍を転じて福となす」ものとされています。吉方位の氣を扶助し、凶方位の氣を転化する妙用があります。天道は四十五度、天徳は十五度の範囲に吉作用を及ぼします。天道は広い範囲なだけに作用は穏やかで、天徳は狭い範囲なだけに作用は強いでしょう。

・**天徳合**…天徳と合する方位で、新居を構え、垣根を修め、恩を施し、罪を赦し、山川に祈祷し、神仏に起請するのに宜しいとされています。十二ヵ月中に八ヵ月めぐってきます。

・**月徳**…月徳はもと月陰で、無徳なので陽の徳をもって徳となすため、すべて陽干につくという性質があります。動土、造営、上司の接待に宜しいとされ、天徳に比べて穏やかな吉作用を及ぼします。

・**月徳合**…五行の精が会合するもので衆悪みな消え、百福並び集まる徳があり、神仏を祀り、家屋を建てるのに宜しいとされています。

・**月空**…またの名を天空といい、月徳と相対する方位で仇敵とします。策略や計略をめぐらしたり、諫言をするのに有利とされています。

・**陽貴人・陰貴人**…凶作用を解き、吉なる慶びをもたらす方位です。この方位は年の方位もありますから混同しないでください。

・**飛天禄**…健康や子どもに恵まれる吉方位です。年の吉方位と重なれば吉作用は倍加します。凶作用を解く働きがあるとされています。

・**飛天馬**…商売や交易に有利な吉方位です。飛天禄と同様に年の吉方位と重なるのを慶びます。凶作用を解く働きがあるとされています。

・**月紫白**…一白・六白・八白・九紫の四星は奇門遁甲の休門・生門・開門・景門と同義であり、紫白九星といわれる由縁です。基本的な吉方位として、誰でも使用できます。

・三奇…乙・丙・丁を天上三奇といい、よく凶作用を抑え、移転、入居、補修、増改築、嫁入りなどに適した方位です。

◆開山のみ凶の方位

土地開発、動土、新築、普請などに適さない方位です。

・**月建**…すなわち、干支暦のその月を表す十二支の示す方位です。立春を過ぎ、寅月に入れば寅方、啓蟄を過ぎ、卯月に

入れば卯方が月建になります。戦闘、攻伐、動土、造営、親族との親睦に用いるべからずとされています。

・**月破**…月建の真反対の十二支に位置します。衝動、破断、決裂、対立、離別などを司り、物事が成立しない、ご破算になるという結果を招きます。

・**月剋山家**…月建が納音を剋すという方位で、年間を通して毎月めぐってくるというわけではありません。新築、造営には不適ですが、動土、補修、増改築は忌みません。

・**陰府太歳**…本来の坐山を剋す化気をいい、必ず毎月二つの方向にめぐります。土地開発、動土、新築には適しませんが、増改築、補修は忌みません。

◆修方のみ凶の方位

増築、改築、補修に適さない方位です。

・**天官符・地官符**…太歳の三合五行方の旺氣にあたる方位で、増築や補修をするべからずと説かれ、これを侵すと訴訟、不和、対立などの争いに巻き込まれるといわれています。

・**小月建**…俗に小児殺という。年の戊己都天殺（五黄殺に次ぐ凶方位）でもあり、これを侵せばその家の子どもに災いが及ぶとされています。補修、増改築に適しません。

・**大月建**…月の土氣殺であり、これを侵せば家の主人に災いが及ぶとされています。動土、補修、増改築に適しません。注意すべきは、大月建と小月建が重なるか、五黄が中宮に入る時です。

・**飛大殺**…またの名を打頭火といい、その年の三合の旺方にあたり、補修、増改築に適しません。太歳と重なるのをもっとも忌みます。

・**丙丁獨火**…火星の凶作用をもたらす方位で、丙丁の火気より発する所にあたり、増改築、補修に適しません。ただし、年の獨火・飛大殺と重なると凶意を増します。

・**月遊火**…年の獨火や飛大殺・丙丁獨火と重なると災いを発しますが、凶方位と重ならなければ妨げはないとされます。

・**月三殺**…年の三殺と同義で、増改築、補修に適さず、これを侵せば災禍はたちどころに及ぶとされています。年の三殺と重なると凶意は甚大となります。劫殺・災殺・月殺があります。

・**月刑**…年の歳刑と同義です。

・**月害**…自然な和合の妨害を司り、かつて攻城、野戦、放牧、縁談、治療、使用人の雇用を忌むとされました。

・**月厭**…遠方への旅、移転、補修、改築、嫁入りに適さず、この方位にて災いを祓い、福を祈り、疾患を除くに宜しいとされています。

日の吉神・凶神とは？

中国の擇日法では、吉神と凶神の働き、それぞれの力関係によって、日の吉凶、あるいは向き不向きの行事を判断します。以下は、暦に載せた代表的なものです（風水日程表P216～P239参照）。

◆日の吉神

・**顯星**…顯星またの名を玉皇、煞貢とも呼び、年と月にもめぐる吉星であり、建築（動土、修造）、移転、赴任、橋の建設、埋葬には吉で、三年の内に地位の高い者はさらに昇進し、田畑が豊作になり財も増えて、聡明な子を授かり多くの幸運を得られます。玉皇顯星またの名を青龍天徳符、玉皇鑾駕とも呼びます。

・**曲星**…曲星またの名を天皇、傳星とも呼び、年と月にもめぐる吉星であり、赴任、結婚、店舗の新規開店、修造、埋葬には吉で三年以内に喜び事があり、昇格し富と名誉を得て、すべてに幸運が訪れて財産も増えます。ただし金神七煞日は凶となります。

・**傳星**…傳星またの名を紫微、人専とも呼び、年と月にもめぐる吉星であり、赴任、結婚、店舗の新規開店、修造、埋葬には吉で三年以内に喜び事があり、昇格し富と名誉を得て、すべてに幸運が訪れて財産も増えます。ただし金神七煞日は凶となります。玉皇顯星またの名を青龍天徳符、玉皇鑾駕とも呼びます。天皇曲星またの名を金匱符、天皇鑾駕とも呼びます。紫微傳星またの名を太陰金符、紫微鑾駕とも呼びます。この三星は凶星の作用を解き、百事に大吉とされます。

・**歳徳**…年の歳徳と意味は同じだが、歳徳の日は
甲年＝甲の日、乙年＝庚の日、丙年＝丙の日
丁年＝壬の日、戊年＝戊の日、己年＝甲の日
庚年＝庚の日、辛年＝丙の日、壬年＝壬の日
癸年＝戊の日にめぐる。

今年は庚の日に庚の方位にめぐります。

・**歳徳合**…年の歳徳合と意味は同じだが、歳徳合の日は
甲年＝己の日、乙年＝乙の日、丙年＝辛の日
丁年＝丁の日、戊年＝癸の日、己年＝己の日
庚年＝乙の日、辛年＝辛の日、壬年＝丁の日
癸年＝癸の日にめぐる。

今年は乙の日に乙の方位にめぐります。

・**天徳**…天の運行に従い、天の福徳を浴びせる吉日。災いを転じて福と為す働きがあり、凶日や厄日と重なれば凶作用を解く。新築、増改築、補修などのほか、いかなる目的にも適するとされています。

・**月徳**…月の徳神を意味する吉日。すべて陽干にあたるため、陽徳の働きを及ぼします。臣下が帝の徳を求めるがごとき吉作用があり、優しき人より助けを受ける。凶日や厄日と重なれば凶作用を解き、動土、造営に適し、また上司や目上の人を接待するほか、いかなる目的にも適した日とされています。

・**天徳合**…天徳と合する吉日。凶日や厄日と重なれば凶作用を解きます。恩を施し、罪を赦し、山川に祈禱し、神仏に祈請するほか、いかなる目的にも宜しいとされています。

・**月徳合**…五行の精と会合する吉日。凶日や厄日と重なれば凶作用を解きます。百福並び集まる徳があり、神仏を祀り、新築、増改築のほか、いかなる目的にも宜しいとされています。

・**福徳**…福徳とはその月の生旺の氣のことで、陰陽の凶厄を解くとされており嫁を娶る、結婚、新居の住み始め、葬儀などに吉とされています。

・**月空**…月中の陽支にあたる吉日で策略、計略、諫言をするのに宜しいとされています。

・**天恩**…徳を施し、下に寛容とする意味がある。恩賞を施し、孤独な人を慰め、歓談したり、宴会を開くのに宜しいとされています。甲子日より戊辰日、己卯日より癸未日、己酉日より癸丑日の計15日を天恩大吉日とします。

・**天赦**…過ちを赦し、罪をなだめる意味があります。刑罰を軽くし、無実の罪を晴らし、恩恵を施すのに宜しいとされています。もし吉神と会合すれば、新築、造営に最適とするが春の戊寅日、夏の甲午日、秋の戊申日、冬の甲子日と年間4日～6日しかめぐってきません。

・**天願**…月中の良き日にして、縁談、嫁取り、婿取り、金品財物の受領、親族との親睦を深めるのに宜しいとされています。

・**母倉**…月建の五行を生じ、盛んにする意味があります。家畜やペットを養育し、栽培、種蒔きするには宜しいとされています。

・**月恩**…月建の五行より生じられる天干にあたります。「母壮んならば子は健やか」の原理で、母に子が育てられる意味があります。移転、造営、祭祀、婚姻、転勤、金品財物の受領などに宜しいとされています。

・**四相**…季節の五行より生じられる天干にあたります。建築着工、補修、増改築、移転、旅行、養育、栽培、種蒔きに宜しいとされています。

・**時徳**（じとく）…春は午、夏は辰、秋は子、冬は寅にあたります。子寅辰午申戌を六陽辰となし、陽は徳にして時徳の陽辰を取る由縁です。宴会、表彰、祝い事、役職を拝任するのに宜しいとされています。

・**三合**（さんごう）…立春以降は午戌、啓蟄以降は亥未、清明以降は子申、立夏以降は癸酉、芒種以降は寅戌、小暑以降は亥卯、立秋以降は子辰、白露以降は巳丑、寒露以降は寅午、立冬以降は卯未、大雪以降は辰申、小寒以降は巳酉にめぐります。縁談、親族との親睦、人との和合、交易、取引、土木工事に宜しいとされています。

・**鳴吠**（めいべい）…庚午日、壬申日、癸酉日、壬午日、甲申日、乙酉日、庚寅日、丙申日、丁酉日、壬寅日、丙午日、己酉日、庚申日、辛酉日の十四日をいいます。この日に埋葬し、葬儀を挙行すれば、亡靈は安穏にして、子孫は富み栄えるとされています。

・**鳴吠対**（めいべいたい）…丙寅日、丁卯日、丙子日、辛卯日、甲子日、庚子日、癸卯日、壬子日、甲寅日、乙卯日の10日をいいます。この日は動土、基礎工事、草刈りに宜しいとされています。

・**金匱**（きんき）…事業を興し、成功したり、昇給したり、政治家なら選挙に当選し、学生なら試験に合格します。

・**玉堂**（ぎょくどう）…お金に恵まれ楽しい日々を送ることができます。良き人と知り合います。

・**解神**（かいしん）…凶神の力を抑え、凶作用を解く働きがあり表彰され、沐浴、整体、通院、手術などに宜しいとされています。

・**驛馬**（えきば）…動くことを吉とします。旅行、出張、移転などを意味します。そうすることで社会的には吉を呼ぶが、家を留守にすることが多く、家庭内で揉め事を引き起こしやすい。

・**青龍**（せいりゅう）…祈福、嫁娶、増改築、葬儀など百事に宜しいとされています。

・**明堂**（めいどう）…面接、昇給や昇格を祝う、子作り、ベッドの移動、婚姻届けの提出、台所の工事、リフォーム、増改築、新居の住み始めなどに宜しいとされています。

・**司命**（しめい）…リフォーム、ガスコンロの修理、設置をすれば吉の兆しが訪れるとされています。

・**五富**（ごふ）…開店祝い、オープンセレモニー、取引の開始、リフォーム、増改築、新居の住み始め、ガスコンロの設置、葬儀は吉とされています。

・**五合**（ごごう）…個人的な願掛け、神社仏閣での正式な儀式、開光（神仏像や風水アイテムの御靈入れ）、開店祝い、オープンセレモニー、取引の開始、船を造るのに宜しいとされています。

・**六合**（ろくごう）…個人的な願掛け、嫁を娶る、結婚、開店祝い、オー

プンセレモニー、取引の開始、新居の住み始め、葬儀に宜しいとされています。

・**天倉**（てんそう）…結婚、嫁を娶る、牛馬に農具を付ける、家畜やペットの購入、倉庫の修理、金融機関への入金などには大吉とされています。

・**不将**（ふしょう）…嫁を娶る、結婚、婿を迎えるなどに宜しいとされています。

・**除神**（じょしん）…厄除けの儀式や祈り、沐浴、整体、通院、手術などに宜しいとされています。

・**寶光**（ほうみつ）…個人的な願掛け、嫁を娶る、結婚、新居の住み始め、葬式などに宜しいとされています。

・**要安**（ようあん）…嫁を娶る、結婚、金運財運の上昇、リフォーム、葬儀などに宜しいとされています。

・**玉宇**（ぎょくう）…修繕、増改築、移転、新居の住み始めなどに宜しいとされています。

・**金堂**（きんどう）…リフォーム、増改築、移転、新居の住み始めなどに宜しいとされています。

・**敬安**（けいあん）…神佛を祀る、仏壇、神棚の設置に宜しいとされています。

・**普護**（ふご）…個人的な願掛け、神社仏閣での正式な儀式、出張、移転、嫁を娶ることに宜しいとされています。

・**福生**（ふっさ）…個人的な願掛け、神社仏閣での正式な儀式、新居の住み始め、金運財運の上昇など百事に宜しいとされています。

・**聖心**（せいしん）…個人的な願掛け、神社仏閣での正式な儀式、嫁を娶ることに大吉だとされています。

・**益後**（えきご）…個人的な願掛け、神社仏閣での正式な儀式、子孫繁栄のための願掛け、結婚、リフォーム、葬儀、嫁を娶ることなど百事に吉とされています。

・**続世**（ぞくせ）…個人的な願掛け、神社仏閣での正式な儀式、子孫繁栄のための願掛け、結婚、リフォーム、葬儀、嫁を娶ることなど百事に吉とされています。

・**天後**（てんこう）…医者にかかる、治療、鍼灸に宜しいとされています。

・**臨日**…面接、昇給や昇格を祝います。

・**天喜**（てんき）…開店祝い、オープンセレモニー、取引の開始、個人的な願掛け、結婚、嫁を娶る、新居の住み始め、増改築などに宜しいとされています。

・**吉期**…面接、昇給昇格を祝う、新居の住み始めなどに宜しいとされています。

・**天巫**（てんふ）…個人的な願掛け、神社仏閣での正式な儀式などに宜しいとされています。

・**その他の吉日**…王日、官日、守日、相日、民日

◆日の凶神

・**八専**…天干と地支が同じ五行である日、言い換えるなら五行の氣が偏った日です。この日は婚期、縁談に関することや、出張、交渉ごとに適さないとされています。丁未日、癸丑日、甲寅日、己未日、庚申日の五日をいいます。

・**月破**…別名を大耗といい、月建の氣が破られ、絶える日で原則として何事にも宜しからずとされています。月建の氣を好まない生まれの人には有利に作用するが、個人の先天運次第であるのと、いつの月破なのかによっても違いがあり、一概に判断できません。吉神と重なれば、凶意は軽減されるが、凶神と重なれば災禍は免れません。

・**月建**…動土や造営、親戚との親睦に用いるべからずとされています。

・**月厭**…遠方への旅、移転、補修、改築、嫁入りに適さず、この方位に災いを祓い、福を祈り、疾患を除くに宜しいとされています。

・**月煞**…子供や家畜、ペットなどを傷めることを意味します。

・**劫煞**…盗難・傷害・殺傷を意味します。

・**災煞**…病気・災難に遭いやすい。

・**月害**…自然な和合の妨害をつかさどり、かつて城攻め、野戦、放牧、縁談、治療、使用人を雇うことを忌むとされます。

・**月刑**…かつて城攻めの際にこの方位を犯すことを忌み、動土ならびに造営すれば争いごとを招くので回避されます。

・**大煞**…刑傷・闘殺をつかさどります。

・**小耗**…損失や怪我など。ただし小さくてすみます。

・**大耗**…大きな損失。後々まで尾を引きます。

・**咸池**…異性からもたらされる災い。

・**白虎**…損害を意味する災いの神。手術、交通事故、刃物による怪我。病気の苦しみ。

・**玄武**…水害を意味する災いの神。盗難に遭います。

・**朱雀**…上棟式、嫁を取る、葬儀、池を造ることなどを忌む。

・**五離**…物販の開始、契約、宴会、結婚届の提出、交易などを忌む。

・**五虚**…倉庫の修繕、倉庫開き、出金などを忌む。

・**四廃**…個人的な願掛け、神社仏閣での正式な儀式、子孫繁栄のための願掛け、開店祝い、オープンセレモニー、取引の開始、婚姻届の提出、嫁を娶る、動土、交易、葬儀などあらゆることを忌む。

・**四忌**…嫁を娶る、結婚届の提出、入金、葬儀などを忌む。

・**四窮**…結婚届の提出、葬儀、倉庫の修繕、交易、入金、倉庫開きなどを忌む。

・**往亡**（おうぼう）…面接、昇給昇格の祝い、嫁を娶る、通院、手術、魚釣りなどを忌む。

・**游禍**（ゆうか）…個人的な願掛け、子孫繁栄のための願掛け、厄除けの儀式や祈り、通院、手術などを忌む。

・**重日**（じゅうび）…お墓を建てるための穴掘り、葬儀、二度葬を忌む。

・**大時**（だいじ）…個人的な願掛け、神社仏閣での正式な儀式、子孫繁栄のための願掛け、結婚、嫁取り、通院、動土、倉庫の修繕などあらゆる事に不吉とされます。

・**大敗**（たいはい）…個人的な願掛け、神社仏閣での正式な儀式、子孫繁栄のための願掛け、結婚、嫁取り、通院、動土、倉庫の修繕などあらゆる事に不吉とされます。

・**天罡**（てんこう）…嫁を娶る、個人的な願掛け、神社仏閣での正式な儀式、子孫繁栄のための願掛けなどを忌む。

・**天刑**（てんけい）…天から降り注ぐ刑罰のことで古代の宮刑になぞらえる。思いもよらぬ災害、身体への傷害あるいは破損などを意味します。

・**天賊**（てんぞく）…倉庫の修繕、倉庫開き、出金などを忌む。

・**天吏**（てんり）…個人的な願掛け、神社仏閣での正式な儀式、子孫繁栄のための願掛け、開店祝い、オープンセレモニー、取引の開始、婚姻届の提出、嫁を娶る、動土、交易などあらゆることを忌む。

・**厭對**（おんたい）…嫁を娶ることを忌む。

・**死氣**（しき）…厄除けの願掛け、祈り、通院、手術などを忌む。

・**死神**（しにがみ）…厄除けの願掛け、祈り、通院、牛馬に農具を付ける、家畜やペットの購入を忌む。

・**復日**（ふくび）…お墓を建てるための穴掘り、葬儀、二度葬などを忌む。

・**勾陳**（こうちん）…動土、増改築、嫁取り、移転、出張を忌む。

・**招瑤**（しょうよう）…魚釣り、船に乗り水をることを忌む。

・**九坎**（きゅうかん）…魚釣り、船に乗ることなどを忌む。

・**九空**（きゅうくう）…出張、倉庫の修理、交易、納財、出金、種まきなどを忌む。

・**九焦**（きゅうしょう）…魚釣り、船に乗ることなどを忌む。

・**河魁**…嫁を娶る、個人的な願掛け、神社仏閣での正式な儀式、子孫繁栄のための願掛けなどを忌む。

・**地嚢**（ちのう）…倉庫の修繕、動土、リフォーム、お墓を建てるための穴掘りなどを忌む。

・**土符**（どふ）…リフォーム、動土、倉庫の修繕、お墓を建てるための穴掘りなどを忌む。

・**致死**（ちし）…個人的な願掛け、神社仏閣での正式な儀式、子孫繁栄のための願掛け、開店祝い、オープンセレモニー、取引の開始、婚姻届の提出、嫁を娶る、動土、交易などあらゆることを忌む。

・**触水龍**（しょくすいりゅう）…魚釣り、船に乗り水をることを忌む。

［第弐章］

本年と各月の吉凶方位盤と解説

【第弐章】本年と各月の吉凶方位の解説

＊本文中の各風水用語の解説は第壱章をご参照ください。

●＝吉方位・大利方＝大吉方位

土地購入、土地開発、動土、建築、埋葬、墳墓、補修、増改築、移転、リフォーム、旅行に適している。

（吉）＝条件付き吉方位

移転、旅行、修方（補修、増改築、リフォーム）のみ月か日の吉日を選べば可能である。

●＝凶方位・大凶＝大凶方位

開山・立向・修方のいずれにも大凶である。

◆二〇二〇年（庚子年）の年盤の解説

九星は二〇二〇年一月六日六時三十分（小寒）から「七赤」に換わり、干支は二月四日十八時三分（立春）から「庚子」に換わります。

「庚子年」は「閏二月」がめぐります。つまり二月が二度続くため、その分だけ春期が長くなると考えられます。

今年は最大吉星である歳徳と九紫が会合する西の庚方位、一白と太陽、陽貴人が会合する東北の丑方位、一白と歳馬が会合する東北の寅方位、六白と博士が会合する東南の巽方位、八白と奏書が会合する西北が最大吉方位となります。

東南の巳から南の丙・午・丁に二黒がめぐり、西南の未方位までの七十五度の広範囲に年の三煞（劫煞・歳煞・歳煞）がめぐり北に三碧、向煞、大煞、太歳、向煞がめぐり大凶方位となります。

特にこの方位で動土や工事が行われる場合には注意が必要です。

2020年（庚子）の年の吉凶方位

２０２０年（庚子）
年の吉凶方位

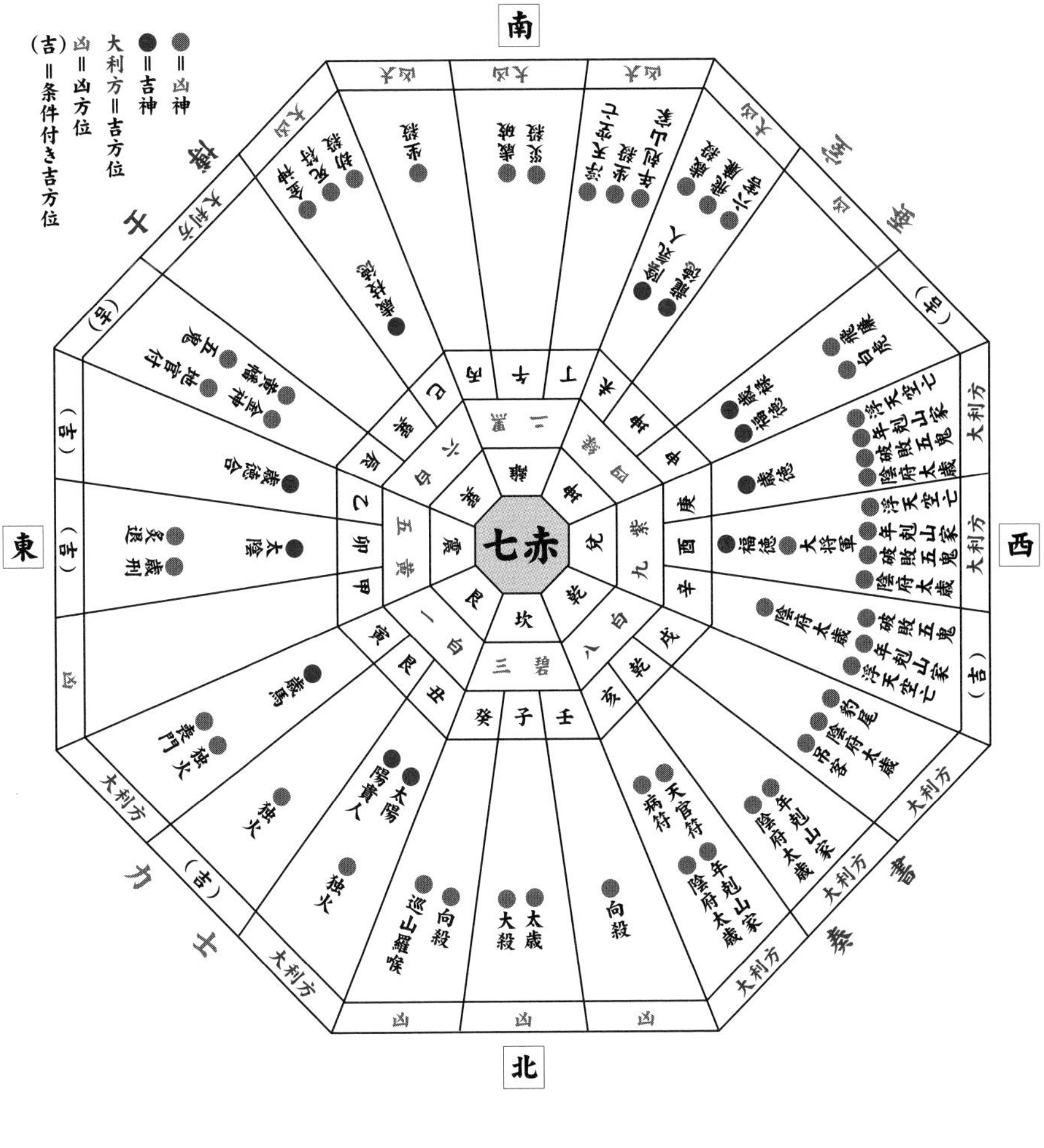

●＝凶神
●＝吉神
大利方＝吉方位
凶＝凶方位
（吉）＝条件付き吉方位

南
北
東
西

七赤
兌 九紫 乾 八白 坎 三碧 艮 一白 震 五黄 巽 六白 離 二黒 坤 四緑

子 癸 壬 丑 艮 寅 甲 卯 乙 辰 巽 巳 丙 午 丁 未 坤 申 庚 酉 辛 戌 乾 亥

太歳 大殺
向殺 巡山羅睺
向殺
太陽 陽貴人
独火
独火
喪門 独火
歳馬
太陰 歳刑 炙退
歳徳合
天官符 病符
年剋山家 陰府太歳
年剋山家 陰府太歳
豹尾 陰府太歳 吊客
陰府太歳 破敗五鬼 年剋山家 浮天空亡
福徳 大将軍 浮天空亡 年剋山家 破敗五鬼 陰府太歳
歳徳
浮天空亡 年剋山家 破敗五鬼 陰府太歳
大利方 大利方 大利方 大利方 大利方 大利方 大利方
（吉） （吉） （吉） （吉） （吉）
凶 凶 凶 凶 凶 凶 凶 凶

力士 奏書

◇二〇二〇年（庚子年）の年の吉神・凶神一覧表

●開山・立向・修方すべてに吉の方位

開山：土地の購入・土地の開発・動土・建築など

立向：埋葬・墳墓の建立など

修造：補修・増改築・リフォームなどを意味します。→P159の表参照

◇二〇二〇年（庚子）一月〜十二月の月の吉神・凶神一覧表

【開山・立向・修方すべてに吉の方位】→P162参照

開山：土地の購入、土地の開発、動土、建築など

立向：埋葬・墳墓の建立など

修方：補修・増改築・リフォームなどを意味します。

＊天徳、天道、天徳合、月徳、月徳合、月空、陽貴人、陰貴人、飛天禄、飛天馬、月紫白（一白・六白・八白・九紫）、三奇→P164の表参照

■開山のみ凶の方位

開山凶とは土地の購入、土地の開発、動土、建築は行ってはいけないという意味です。→P164の表参照

■修方のみ凶の方位

修方のみ凶とは補修・増改築・リフォームなどは不吉だという意味です。→P166の表参照

2020年（庚子年）の年の吉神・凶神一覧表

制煞法/象意	行　事	方 位	神煞	吉凶
年の最大吉方位・凶意を抑える。	開山・立向・修方すべてに吉	庚	歳徳	○吉○
凶作用を解く働きがある。	開山・立向・修方すべてに吉	乙	歳徳合	○吉○
凶作用を解く働きがある。	開山・立向・修方すべてに吉	巳	歳枝徳	○吉○
凶厄を解き吉なる慶びをもたらす。	開山・立向・修方すべてに吉	丑	陽貴人	○吉○
凶厄を解き吉なる慶びをもたらす。	開山・立向・修方すべてに吉	未	陰貴人	○吉○
凶意を抑え精神的・物質的慶びごとをもたらす。	開山・立向・修方すべてに吉	申	歳禄	○吉○
商売・交易・働くことに利害をもたらす。凶方位の禍を解く。	開山・立向・修方すべてに吉	寅	歳馬	○吉○
年の貴神で水神。祭祀・求福・造営・普請・補修・装飾に適した方位。	開山・立向・修方すべてに吉	乾	奏書	○吉○
歳の善神で火神。造営・増改築・補修に適した方位。	開山・立向・修方すべてに吉	巽	博士	○吉○
		(太陽・太陰・龍徳・福徳)	四利三元	○吉○
転居・旅行・改修のいずれにも吉の方位。	開山・立向・修方すべてに吉	丑	太陽	○吉○
転居・旅行・改修のいずれにも吉の方位。	開山・立向・修方すべてに吉	卯	太陰	○吉○
転居・旅行・改修のいずれにも吉の方位。	開山・立向・修方すべてに吉	未	龍徳	○吉○
転居・旅行・改修のいずれにも吉の方位。	開山・立向・修方すべてに吉	酉	福 徳	○吉○
制煞法/象意			神煞	吉凶
坐することを吉とし、向かうことを忌む。太陽・紫白吉星・三奇などを以って抑える。	開山・立向・修方すべてに凶	子	太 歳	●凶●

制煞法/象意	行　事	方位	神煞	吉凶
その年の虚耗の神。向かうことを忌む、戦伐のみ吉。	開山・立向・修方すべてに凶	午	歳破	●凶●
		(劫殺・災殺・歳殺)	年三殺	●凶●
盗難・傷害・殺傷を司る。太陽・太陰・貴人・三奇・三合局などを以って抑える。	開山・立向・修方すべてに凶	巳	劫殺	●凶●
病気・災難を司る。太陽・太陰・貴人・三奇・三合局などを以って抑える。	開山・立向・修方すべてに凶	午	災殺	●凶●
子供・家畜・ペットが傷つく。太陽・太陰・貴人・三奇・三合局なども以って抑える。	開山・立向・修方すべてに凶	未	歳殺	●凶●
坐殺の方が向殺よりも凶意は重く修方を忌む。	開山・立向・修方すべてに凶	丙・丁	坐殺	●凶●
向殺の方が坐殺よりも凶意は軽く修方を忌む。	開山・立向・修方すべてに凶	壬・癸	向殺	●凶●
銅製の風鈴、五帝銭、六帝銭、安忍水などを置いて抑える。	開山・立向・修方すべてに凶	東	五黄	●凶●
破軍星であり、太陽・三奇などを以って抑える。	開山・立向・修方すべてに凶	兌・丁	浮天空亡	●凶●
建物の坐している方位にめぐるのを忌む。納音五行などを以って抑える。	開山のみ凶	乾・亥・兌・丁山	年剋山家	●凶●
土地開発・動土・新築には適さない。増改築・補修は忌まない。	開山のみ凶	乾・兌	陰府太歳	●凶●
土地開発、動土、新築に適さない。太陽・三奇・紫白吉星・貴人などを以って抑える。	開山のみ凶	未	六害	●凶●
別名、旧歳破といい、販売・経営・普請・造作は凶。一白・太陽などを以って抑える。	開山のみ凶	巳	死符	●凶●
天道・天徳・月徳・貴人などを以って抑える。	開山のみ凶	卯	炙退	●凶●
一白・太陽・三奇・貴人などを以って抑える。	立向のみ凶	癸	巡山羅喉	●凶●
修方、安床を忌む。太陽・三奇・貴人などを以って抑える。	立向のみ凶	亥	病符	●凶●

制煞法/象意	行　事	方位	神煞	吉凶
造葬・修方を忌む。太陽・天赦・解神などを以って抑える。	修方のみ凶	亥	天官符	●凶●
造葬・修方を忌む。太陽・天赦・解神・貴人・納音五行などを以って抑える。	修方のみ凶	辰	地官符	●凶●
歳中の刺史で、刑傷・闘殺を司る。太陽・紫白吉星・貴人・三奇などを以って抑える。	修方のみ凶	子	大　殺	●凶●
不義なる者を征伐するのに効果あり。太陽・歳徳・紫白吉星・三奇などを以って抑える。	修方のみ凶	酉	大將軍	●凶●
年の悪神で、刑威殺戮を司る。太陽・歳徳・紫白吉星・三奇などを以って抑える。	修方のみ凶	艮	力　士	●凶●
歳の凶神で繭綿。太陽・歳徳・紫白吉星・三奇などを以って抑える。	修方のみ凶	坤	蚕　室	●凶●
城攻め、動土、造営を忌む。尊帝二星・太陽・歳徳・紫白吉星・三奇などを以って抑える。	修方のみ凶	卯	歳　刑	●凶●
動土、開門に適さず。天道などを以って抑える。	修方のみ凶	辰	黄　幡	●凶●
動土、開門に適さず。天道などを以って抑える。	修方のみ凶	戌	豹　尾	●凶●
殷の紂王の佞臣に由来する名で口論・対立・職業上の禍に遭う。太陽・歳徳・紫白吉星・三奇などを以って抑える。	修方のみ凶	申	飛　廉	●凶●
修方、安床を忌む。太陽・三奇・貴人などを以って抑える。	修方のみ凶	寅	喪　門	●凶●
動土、修方を忌む。太陽・歳徳・三奇・紫白吉星・貴人などを以って抑える。	修方のみ凶	戌	吊　客	●凶●
動土、修方を忌む。太陽・歳徳・三奇・紫白吉星・貴人・麒麟符などを以って抑える。	修方のみ凶	申	白　虎	●凶●
動土・補修・増改築に適さず。これを犯せば眼の疾患、肝臓機能の障害に罹る。九紫・貴人・尊帝二星などを以って抑える。	修方のみ凶	辰・巳	金　神	●凶●
一白などを以って抑える。	修方のみ凶	艮	獨　火	●凶●
金銭・時間・労力を消耗する方位。歳徳・月徳・太陽・三奇・紫白吉星・貴人などを以って抑える。	修方のみ凶	辰	五　鬼	●凶●
何事も徒労に終わる方位。歳徳・月徳・太陽・三奇・紫白吉星・貴人などを以って抑える。	修方のみ凶	兌	破敗五鬼	●凶●

本年一月から十二月の月の吉神・凶神一覧表

◆開山・立向・修方のすべてに吉の方位

2月（寅）	1月（丑）	新暦月
1月	12月	旧暦月
啓蟄3/5～立春2/4	立春2/4～小寒1/5	二十四節氣
南	酉	天道
丁	庚	天徳
壬	乙	天徳合
丙	庚	月徳
辛	乙	月徳合
壬	甲	月空
兌	坎	陽貴人
坎	乾	陰貴人
坤	巽	飛天禄
中宮	震	飛天馬
		月紫白
兌	乾	一白
震	坤	六白
中宮	巽	八白
乾	中宮	九紫

8月（申）	7月（未）	新暦月
7月	6月	旧暦月
白露9/8～立秋8/7	立秋8/7～小暑7/7	二十四節氣
北	東	天道
癸	甲	天徳
戊	中宮	天徳合
壬	甲	月徳
丁	中宮	月徳合
丙	庚	月空
坎	坤	陽貴人
坎	中宮	陰貴人
中宮	乾	飛天禄
中宮	乾	飛天馬
		月紫白
巽	震	一白
離	艮	六白
坤	坎	八白
震	坤	九紫

6月（午）	5月（巳）	4月（辰）	3月（卯）
5月	4月	3月	2月
小暑7/7～芒種6/6	芒種6/6～立夏5/5	立夏5/5～晴明4/5	晴明4/5～啓蟄3/
西北	西	北	西南
乾	辛	壬	坤
	丙	丁	なし
丙	庚	壬	甲
辛	乙	丁	中宮
壬	甲	丙	庚
震	巽	中宮	乾
乾	兌	艮	離
兌	艮	離	坎
兌	艮	離	坎
坤	坎	離	艮
兌	乾	中宮	巽
離	艮	兌	乾
坎	離	艮	兌

12月（子）	11月（亥）	10（戌）	9月（酉）
11月	10月	9月	8月
小寒1/5～大雪12/7	大雪12/7～立冬11/7	立冬11/7～寒露10/8	寒露10/8～白露9
東南	東	南	東北
巽	乙	丙	艮
なし	庚	辛	なし
壬	甲	丙	庚
丁	中宮	辛	乙
丙	庚	壬	甲
乾	兌	艮	離
乾	兌	艮	離
兌	艮	離	坎
坎	坤	震	巽
艮	兌	乾	中宮
巽	震	坤	坎
乾	中宮	巽	震
兌	乾	中宮	巽

◆三奇

2020年				三奇
夏至（6/22〜5/6）立夏	立夏（5/6〜3/21）春分	春分（3/20〜2/4）立春	立春（2/4〜12/22）冬至	
坤	坎	乾	離	乙
震	坤	兌	離	丙
巽	震	艮	坎	丁

◆開山のみ凶の方位

7月	6月	5月	4月	3月	2月	1月	新暦月
6月	5月	4月	3月	2月	1月	12月	旧暦月
未	午	巳	辰	卯	寅	丑	月 建
丑	子	亥	戌	酉	申	未	月 破
壬・乙	離・丙	艮	震・巳	亥・丁	乾・兌	壬・乙	月剋山家
震・坤	離・乾	坤・坎	乾・兌	巽・艮	坤・震	乾・離	陰府太歳

2021年				
立春（2/4～12/22）冬至	冬至（12/22～11/8）立冬	立冬（11/8～9/23）秋分	秋分（9/23～8/8）立秋	立秋（8/8～6/22）夏至
艮	艮	離	巽	坤
離	兌	艮	震	坎
坎	乾	兌	坤	離

制煞法/象意	12月	11月	10月	9月	8月
	11月	10月	9月	8月	7月
年の太歳と同じ	子	亥	戌	酉	申
年の歳破同じ	午	巳	辰	卯	寅
年の年剋山家と同じ	離・丙	亥・丁	乾・兌	なし	なし
土地開発・動土・新築には適さないが、増改築・補修は可能である。	乾・離	乾・離	坎・坤	兌・乾	艮・巽

3月	2月	1月	新暦月
2月	1月	12月	旧暦月
辰・巽・巳	中宮	戌・乾・亥	天官符
戌・乾・亥	庚・兌・辛	庚・兌・辛	地官符
戌・乾・亥	中宮	未・坤・申	小月建
庚・兌・辛	丑・艮・寅	丙・離・丁	大月建
中宮	戌・乾・亥	庚・兌・辛	飛大殺
震・巽	中宮・巽	中宮	丙丁獨火
離	艮	震	月游火
申	亥	寅	劫殺
酉	子	卯	災殺
戌	丑	辰	月殺
子	巳	戌	月刑
辰	巳	午	月害
酉	戌	亥	月厭

9月	8月	7月	新暦月
8月	7月	6月	旧暦月
庚・兌・辛	丑・艮・寅	丙・離・丁	天官符
甲・震・乙	辰・巽・巳	中宮	地官符
甲・震・乙	未・坤・申	壬・坎・癸	小月建
壬・坎・癸	未・坤・申	甲・震・乙	大月建
丑・艮・寅	丙・離・丁	壬・坎・癸	飛大殺
乾・兌	兌・艮	艮・離	丙丁獨火
乾	中宮	巽	月游火
寅	巳	申	劫殺
卯	午	酉	災殺
辰	未	戌	月殺
酉	寅	丑	月刑
戌	亥	子	月害
卯	辰	巳	月厭

制煞法	6月	5月	4月
	5月	4月	3月
年と同じ	壬・坎・癸	未・坤・申	甲・震・乙
年と同じ	戌・乾・亥	庚・兌・辛	中宮
太陽・九紫	丙・離・丁	丑・艮・寅	庚・兌・辛
太陽・九紫	辰・巽・巳	中宮	戌・乾・亥
一白	未・坤・申	甲・震・乙	辰・巽・巳
一白	離・坎	坎・坤	坤・震
一白	震	坤	坎
年の三煞と同じ	亥	寅	巳
年の三煞と同じ	子	卯	午
年の三煞と同じ	丑	辰	未
三奇	午	申	辰
三奇	丑	寅	卯
太陽・三奇	午	未	申

制煞法	12月	11月	10月
	11月	10月	9月
年と同じ	庚・兌・辛	中宮	戌・乾・亥
年と同じ	丙・離・丁	壬・坎・癸	未・坤・申
太陽・九紫	戌・乾・亥	中宮	辰・巽・巳
太陽・九紫	庚・兌・辛	丑・艮・寅	丙・離・丁
一白	中宮	戌・乾・亥	庚・兌・辛
一白	巽・中	中宮	乾・中宮
一白	離	艮	兌
年の三煞と同じ	巳	申	亥
年の三煞と同じ	午	酉	子
年の三煞と同じ	未	戌	丑
三奇	卯	亥	未
三奇	未	申	酉
太陽・三奇	子	丑	寅

2020年1月（丁丑）の吉凶方位

２０２０年１月（丁丑）

月の吉凶方位

●＝凶神
●＝吉神
大利方＝吉方位
凶＝凶方位
（吉）＝条件付き吉方位

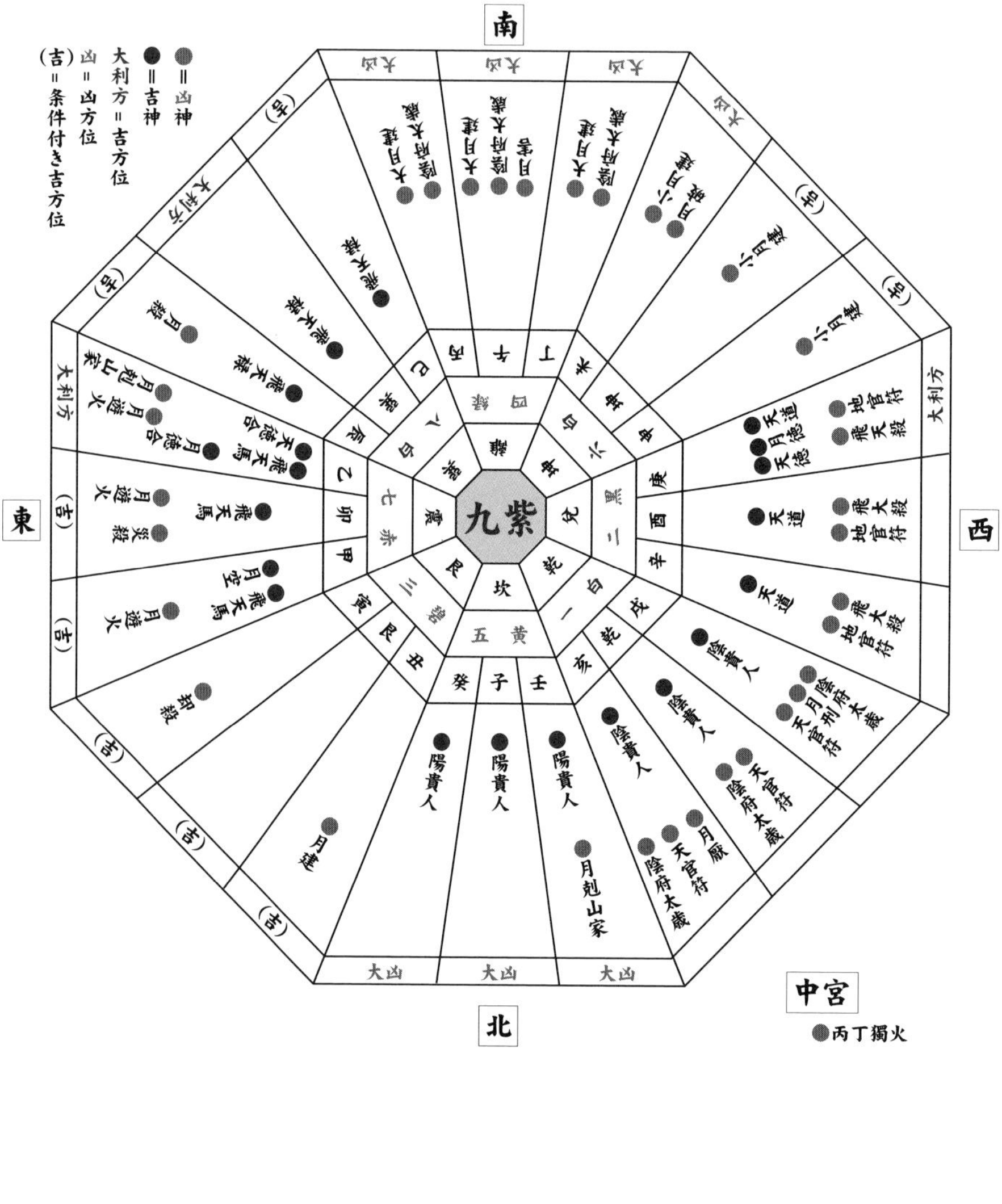

南

東

西

北

九紫

中宮

●丙丁獨火

【小寒～立春（一月六日六時三十分～二月四日十八時三分）】

＊西北に一白、陰貴人がめぐり吉方位となります。

＊西方に天道がめぐりとりわけ庚方位に天徳がめぐり大吉方位となります。

＊東北方に三碧、丑方に月建、寅方に劫煞がめぐり条件付き吉方となります。

＊南方に大月建、陰府太歳、月害がめぐり年盤に三煞がめぐるこの方位は大凶方位となります。北方に五黄、月剋山家がめぐり、吉神の陽貴人がめぐりますが年月の凶意を抑えきれず大凶方位となります。

＊西南方に六白がめぐりますが、今月は小月建がめぐり未方に月破がめぐるため未方は大凶方位となります。坤方と申方は条件付き吉方位となります。

＊東方に七赤、月遊火がめぐり、甲方に飛天馬、月空がめぐりますが、年の五黄がめぐり条件付き吉方となります。卯方に災煞がめぐり条件付き吉方位となります。乙方に天徳合、月徳合がめぐり大吉方位となります。旅行・移転・動土全てに吉です。

＊東南方の巽方位に八白、飛天禄がめぐり大吉方位となります。

●開山・立向・修方のすべてにおいて吉

1月（丑）	新暦月
12月	旧暦月
小寒1/5～立春2/4	二十四節氣
西	天道
庚	天徳
乙	天徳合
庚	月徳
乙	月徳合
甲	月空
坎	陽貴人
乾	陰貴人
巽	飛天禄
震	飛天馬
	月紫白
乾	一白
坤	六白
巽	八白
中宮	九紫

■開山のみ凶

1月	新暦月
12月	旧暦月
丑	月建
未	月破
壬・乙	月剋山家
乾・離	陰府太歳

■修方のみ凶

1月	新暦月
12月	旧暦月
戌・乾・亥	天官符
庚・兌・辛	地官符
未・坤・申	小月建
丙・離・丁	大月建
庚・兌・辛	飛大殺
中宮	丙丁獨火
震	月游火
寅	劫殺
卯	災殺
辰	月殺
戌	月刑
午	月害
亥	月厭

2020年2月（戊寅）の吉凶方位

2020年2月（戊寅）
月の吉凶方位

●＝凶神
●＝吉神
大利方＝吉方位
凶＝凶方位
（吉）＝条件付き吉方位

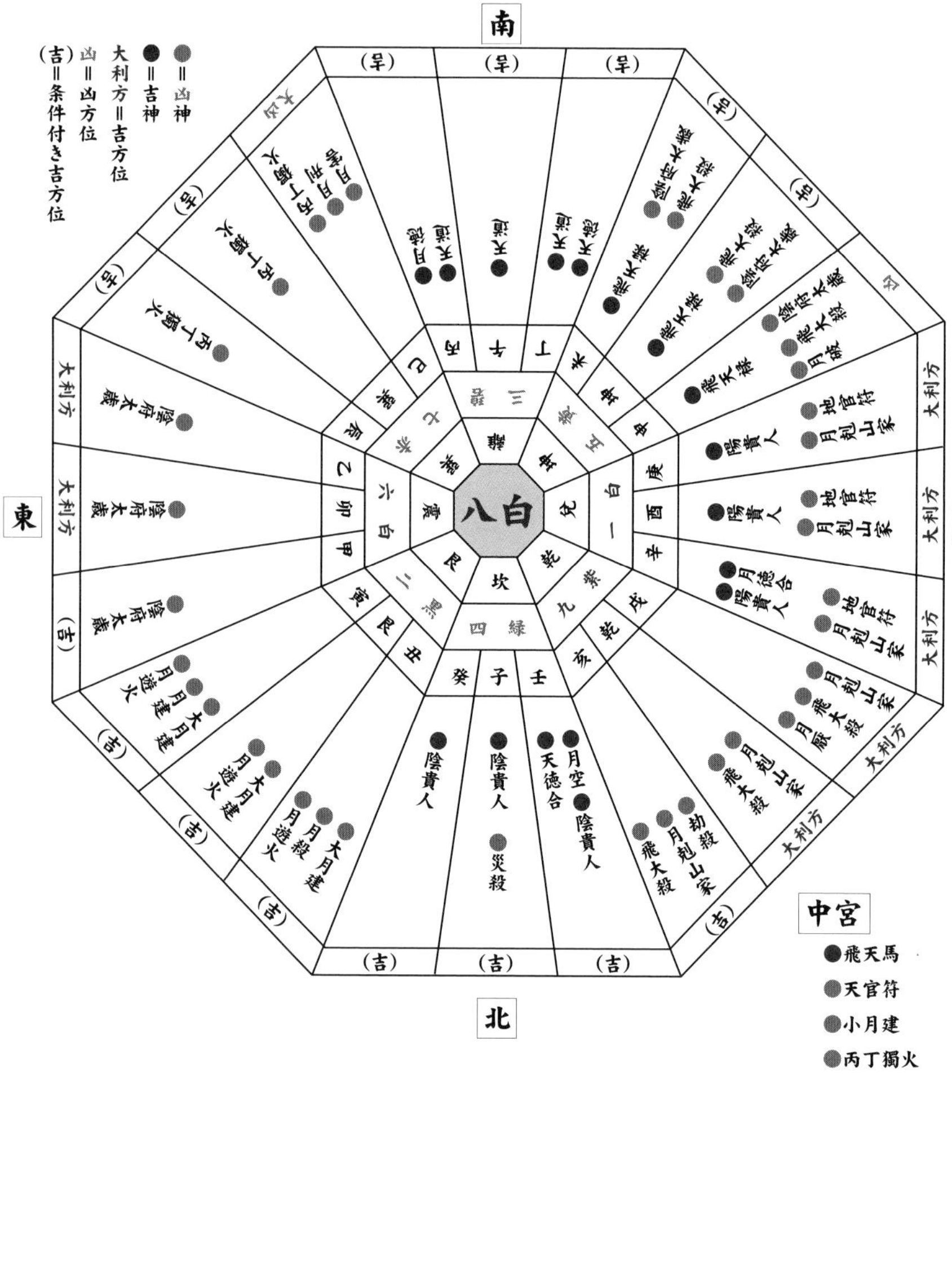

中宮
●飛天馬
●天官符
●小月建
●丙丁獨火

【立春～啓蟄（二月四日十八時三分～三月五日十一時五十七分）】

＊西北の乾方、戌方に九紫がめぐり年の吉神と会合し大吉方位となります。亥方に飛大殺、劫煞、月剋山家がめぐり条件付き吉方位となります。

＊西方に陽貴人がめぐり、辛方に月徳合がめぐり年の吉神と会合して大吉方位となります。

＊東北方に二黒、丑方に月殺がめぐり、動土、建築を除く条件付き吉方位となります。艮方に年の獨火と月の月游火が会合し凶作用が増し増改築、補修を忌み条件付き吉方となります。

＊南方に天道、天徳、月徳がめぐり、条件付き吉方位となります。

＊北方に陰貴人、壬方に天徳合、月空がめぐり、条件付き吉方位となります。

＊西南方に五黄がめぐりますが、今月は申方に月破がめぐるため未方は大凶方位となります。

＊東方に六白がめぐり年の吉神と会合して吉方位となります。

＊東南方の巽方位に七赤、丙丁獨火がめぐり条件付き吉方位となります。巳方位に月害、月刑がめぐり大凶方位となります。

●開山・立向・修方のすべてにおいて吉

2月（寅）	新暦月
1月	旧暦月
立春2/4～啓蟄3/5	二十四節氣
南	天道
丁	天徳
壬	天徳合
丙	月徳
辛	月徳合
壬	月空
兌	陽貴人
坎	陰貴人
坤	飛天禄
中宮	飛天馬
	月紫白
兌	一白
震	六白
中宮	八白
乾	九紫

■開山のみ凶

2月	新暦月
1月	旧暦月
寅	月建
申	月破
乾・兌	月剋山家
坤・震	陰府太歳

■修方のみ凶

2月	新暦月
1月	旧暦月
中宮	天官符
庚・兌・辛	地官符
中宮	小月建
丑・艮・寅	大月建
戌・乾・亥	飛大殺
中宮・巽	丙丁獨火
艮	月游火
亥	劫殺
子	災殺
丑	月殺
巳	月刑
巳	月害
戌	月厭

2020年3月（己卯）の吉凶方位

２０２０年3月（己卯）

月の吉凶方位

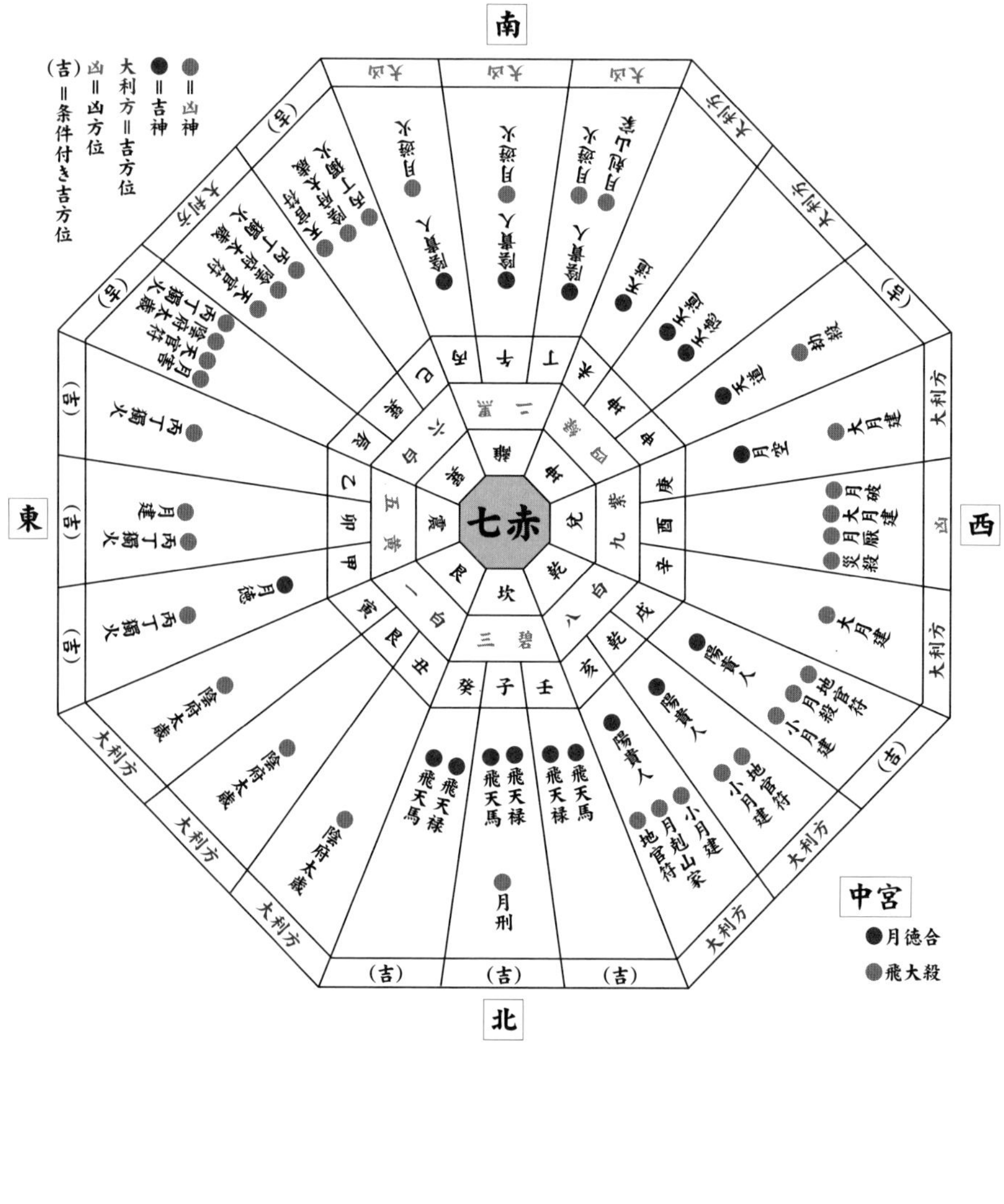

● ＝凶神
● ＝吉神
大利方＝吉方位
凶＝凶方位
（吉）＝条件付き吉方位

南

大凶　大凶　大凶

（吉）　大利方　（吉）　（吉）　（吉）　（吉）　大利方　大利方　大利方　大利方　（吉）　（吉）　（吉）　大利方　大利方　（吉）　凶　大利方　（吉）　大利方　大利方

巽　巳　丙　午　丁　未　坤　申　庚　酉　辛　戌　乾　亥　壬　子　癸　丑　艮　寅　甲　卯　乙　辰

六白　二黒　四緑　九紫　八白　三碧　一白　五黄

離　坤　兌　乾　坎　艮　震　巽

七赤

巳：陽貴人　丑日　大殺
丙：陰貴人　丑日　大殺　丙丁獨火　陰府太歳　天官符
午：陰貴人　丑日　大殺
丁：陽貴人　丑日　大殺　坐殺向殺　丙丁獨火　陰府太歳
未：陽貴人
坤：天德　天德合　劫殺
申：天道
庚：月空　大月建
酉：月破　大月建　月厭　災殺
辛：大月建
戌：陽貴人　地官符　月殺　小月建
乾：陽貴人　地官符　小月建
亥：陽貴人　小月建　月剋山家　地官符
壬：飛天馬　飛天禄
子：飛天禄　飛天馬　月刑
癸：飛天禄　飛天馬
丑：陰府太歳
艮：陰府太歳
寅：陰府太歳
甲：月徳　丙丁獨火
卯：月建　丙丁獨火
乙：丙丁獨火
辰：丙丁獨火　丙陰天月　丁府官害　獨太符　火歳

東　西　北

中宮
●月徳合
●飛大殺

【啓蟄～晴明（三月五日十一時五十七分～四月四日十六時三十八分）】

＊西北に八白、陽貴人がめぐり、年月で八白が会合し吉方位となります。

＊西方に九紫がめぐり年月で九紫が会合し月空がめぐる庚方と辛方は吉方位となり月破、災煞、大月建のめぐる酉方位は凶方位となります。

＊東北方に年月で一白がめぐり、凶神は陰府太歳のみめぐりますが、年の吉神と会合して吉方位となります。

＊南方に年月で二黒、今月は凶作用を解く陰貴人がめぐりますが、年の三煞、坐煞の凶作用を鎮めることはできず大凶方位となります。

＊北方に年月で三碧がめぐり、凶を解く飛天馬、飛天禄が会合し条件付き吉方位となります。

＊西南方に年月で四緑がめぐり、天道、天徳が凶作用を抑え、未方、坤方位は吉方位となり申方位は条件付き吉方位となります。

＊東方に年月で五黄がめぐり丙丁獨火、月建がめぐり特に動土を忌む条件付き吉方位となります。

＊東南方に年月で六白がめぐり巽方位は吉方位となります。辰と巳方位は条件付き吉方位となります

●開山・立向・修方のすべてにおいて吉

3月（卯）	新暦月
2月	旧暦月
啓蟄3/5～晴明4/5	二十四節氣
西南	天道
坤	天徳
なし	天徳合
甲	月徳
中宮	月徳合
庚	月空
乾	陽貴人
離	陰貴人
坎	飛天禄
坎	飛天馬
	月紫白
艮	一白
巽	六白
乾	八白
兌	九紫

■開山のみ凶

3月	新暦月
2月	旧暦月
卯	月建
酉	月破
亥・丁	月剋山家
巽・艮	陰府太歳

■修方のみ凶

3月	新暦月
2月	旧暦月
辰・巽・巳	天官符
戌・乾・亥	地官符
戌・乾・亥	小月建
庚・兌・辛	大月建
中宮	飛大殺
震・巽	丙丁獨火
離	月游火
申	劫殺
酉	災殺
戌	月殺
子	月刑
辰	月害
酉	月厭

2020年4月（庚辰）の吉凶方位

２０２０年4月（庚辰）

月の吉凶方位

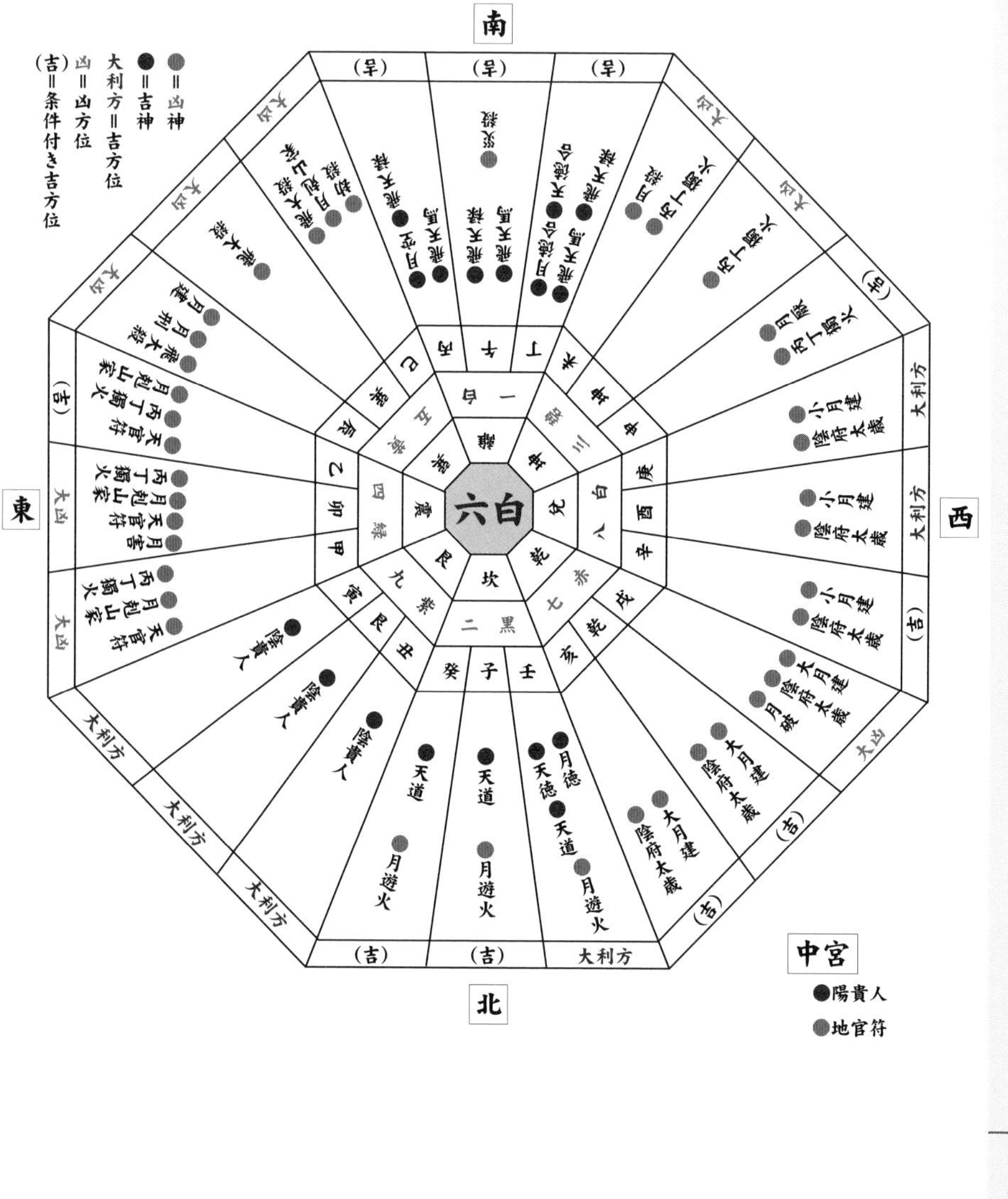

● ＝凶神
● ＝吉神
大利方＝吉方位
凶＝凶方位
（吉）＝条件付き吉方位

南

方位	評価	神
丙	（吉）	●月空　●飛天馬　●飛天禄
午	（吉）	●飛天禄　●飛天馬　●災殺
丁	（吉）	●月徳合　●飛天馬　●天徳合　●飛天禄
未	大凶	●災殺　●丙丁獨火
坤	大凶	●丙丁獨火
申	（吉）	●月厭　●丙丁獨火
庚	大利方	●小月建　●陰府太歳
酉	大利方	●小月建　●陰府太歳
辛	（吉）	●小月建　●陰府太歳
戌	大凶	●大月建　●陰府太歳　●月破
乾	（吉）	●大月建　●陰府太歳
亥	（吉）	●大月建　●陰府太歳
壬	大利方	●月徳　●天徳　●天道　●月遊火
子	（吉）	●天道　●月遊火
癸	（吉）	●天道　●月遊火
丑	大利方	●陰貴人
艮	大利方	●陰貴人
寅	大利方	●陰貴人
甲	大凶	●丙丁獨火　●月剋山家　●天官符
卯	大凶	●丙丁獨火　●月剋山家　●天官符　●月害
乙	（吉）	●月剋山家　●丙丁獨火　●天官符
辰	大凶	●月建　●月刑　●飛大殺
巽	大凶	●飛大殺
巳	大凶	●劫殺　●月剋山家　●飛大殺

中央：六白
離 一白　坤 三碧　兌 八白　乾 七赤　坎 二黒　艮 九紫　震 四緑　巽 五黄

北　東　西

中宮
●陽貴人
●地官符

【晴明～立夏（四月四日／十六時三十八分～五月五日九時五十一分】

＊西北に七赤、陰府太歳、大月建がめぐり、特に月破のめぐる戌方位は大凶方位となります。

＊西方に八白がめぐり年の九紫と会合し歳徳と福徳のめぐる庚方、酉方は吉方位となりますが、辛方位は条件付き吉方位となります。

＊東北方に九紫、陰貴人がめぐり、年の一白、太陽、陽貴人、歳馬と会合し、大吉方位となります。

＊南方に一白、飛天馬、飛天禄がめぐり特に天徳合、月徳合のめぐる丁方位は年月で三煞がめぐり動土、建築を除く条件付き吉方位となります。

＊北方に二黒がめぐり、年盤同様、動土は忌みますが特に天道、天徳、月徳のめぐる壬方位は吉方位となります。

＊西南方に三碧がめぐり、月殺のめぐる未方位、丙丁獨火のめぐる坤方位は凶方位となります。

＊東方に四緑がめぐり年の五黄と丙丁獨火、月剋山家、天官符が会合し甲方、卯方は大凶方位となります。

＊東南方に五黄、飛大殺、特に月刑、月建のめぐる辰方、年月で三煞のめぐる巳方は大凶方位となります。

●開山・立向・修方のすべてにおいて吉

4月（辰）	新暦月
3月	旧暦月
晴明4/5～立夏5/5	二十四節氣
北	天道
壬	天徳
丁	天徳合
壬	月徳
丁	月徳合
丙	月空
中宮	陽貴人
艮	陰貴人
離	飛天禄
離	飛天馬
	月紫白
離	一白
中宮	六白
兌	八白
艮	九紫

■開山のみ凶

4月	新暦月
3月	旧暦月
辰	月建
戌	月破
震・巳	月剋山家
乾・兌	陰府太歳

■修方のみ凶

4月	新暦月
3月	旧暦月
甲・震・乙	天官符
中宮	地官符
庚・兌・辛	小月建
戌・乾・亥	大月建
辰・巽・巳	飛大殺
坤・震	丙丁獨火
坎	月游火
巳	劫殺
午	災殺
未	月殺
辰	月刑
卯	月害
申	月厭

2020年5月（辛巳）の吉凶方位

２０１９年５月（辛巳）

月の吉凶方位

●＝凶神（灰色）
●＝吉神（黒色）
大利方＝吉方位
凶＝凶方位
（吉）＝条件付き吉方位

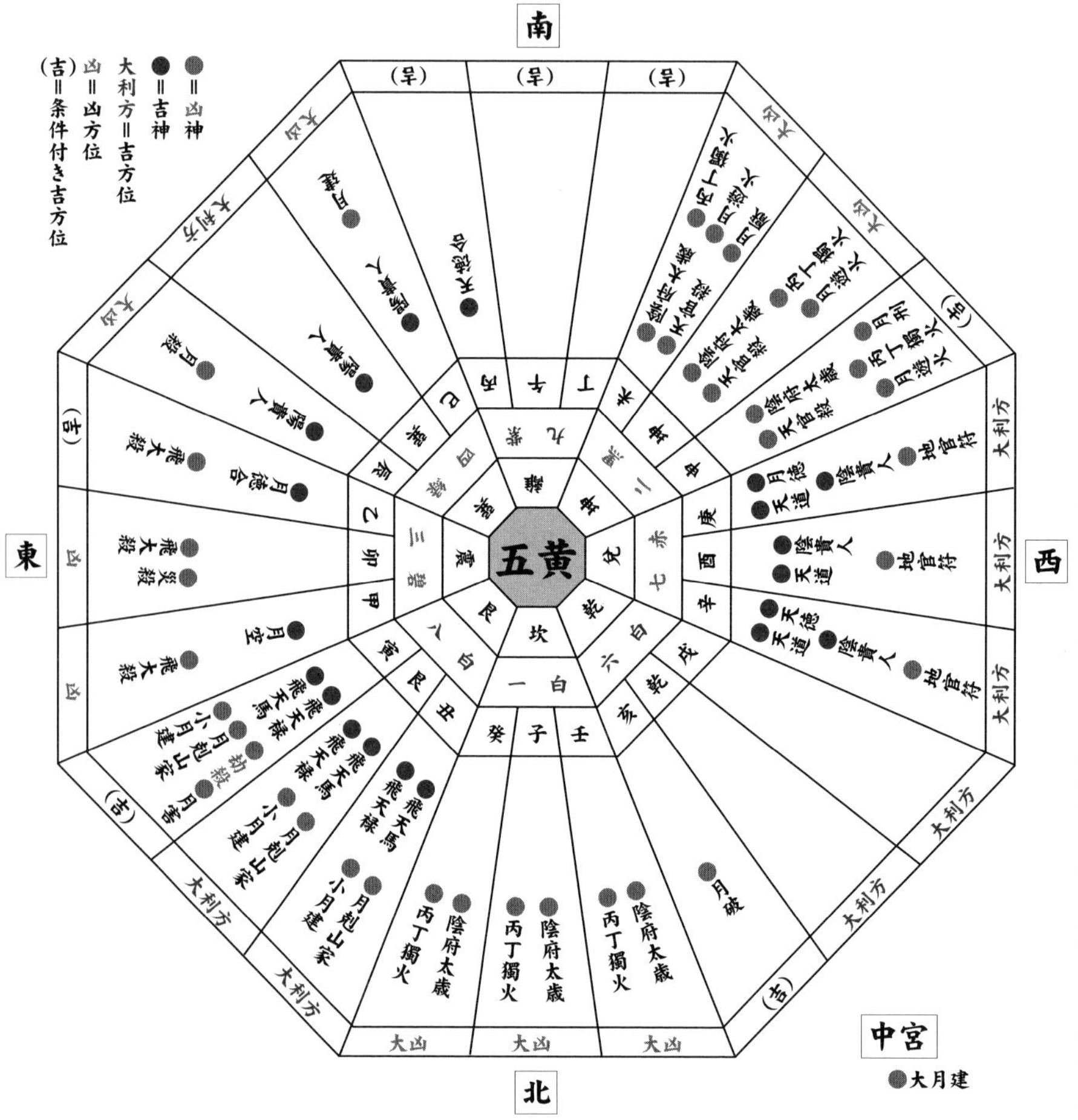

南

- 丙（吉）：●天徳合
- 午（吉）
- 丁（吉）
- 未（大凶）：●陰府太歳 ●天血殺 ●月厭 ●月遊火 ●丙丁獨火
- 坤（大凶）：●陰府太歳 ●天血殺 ●丙丁獨火 ●月遊火
- 申（吉）：●月刑 ●丙丁獨火 ●月遊火 ●陰府太歳 ●天官殺

西

- 庚（大利方）：●月徳 ●天道 ●陰貴人 ●地官符
- 酉（大利方）：●陰貴人 ●天道 ●地官符
- 辛（大利方）：●天徳 ●天道 ●陰貴人 ●地官符
- 戌（大利方）
- 乾（大利方）
- 亥（吉）：●月破

北

- 壬（大凶）：●陰府太歳 ●丙丁獨火
- 子（大凶）：●陰府太歳 ●丙丁獨火
- 癸（大凶）：●陰府太歳 ●丙丁獨火
- 丑（大利方）：●飛天馬 ●飛天禄 ●月剋山家 ●小月建
- 艮（大利方）：●飛天馬 ●飛天禄 ●小月建 ●月剋山家
- 寅（吉）：●飛天禄 ●飛天馬 ●小月建 ●月剋山家 ●劫殺 ●月害

東

- 甲（凶）：●月空 ●飛大殺
- 卯（凶）：●飛大殺 ●災殺
- 乙（吉）：●飛大殺 ●月徳合
- 辰（大凶）：●月殺 ●陽貴人
- 巽（大利方）：●陽貴人
- 巳（大凶）：●五鬼 ●陽貴人

中央：五黄
九紫（離）、二黒（坤）、七赤（兌）、六白（乾）、一白（坎）、八白（艮）、三碧（震）、四緑（巽）

中宮
●大月建

【立夏～芒種（五月五日九時五十一分～六月五日十三時五十八分）】

＊西北に六白がめぐり、年の八白、秦書と会合し戌方、乾方は大吉方位となります。月破のめぐる亥のみ条件付き吉方位となります。

＊西方に七赤がめぐりますが天道、陰貴人がめぐり特に月徳のめぐる庚方、天徳のめぐる辛方は大吉方位となります。

＊東北方に八白、飛天馬、飛天禄がめぐりますが、劫殺のめぐる寅方は条件付き吉方位となります。丑方と艮方は吉方位となります。

＊南方に九紫がめぐり、丙方に天徳合がめぐりますが、年盤に坐煞がめぐり、条件付き吉方位となります。

＊北方に一白がめぐりますが、丙丁獨火、陰府太歳がめぐり年の向煞、大煞、太歳がめぐり大凶方位となります。

＊西南方に二黒がめぐり、月游火、陰府太歳、天官符がめぐり未方位、坤方位は大凶方位となります。

＊東方に三碧がめぐり月徳合のめぐる乙方位は吉方位となりますが、災殺のめぐる卯方、甲方は凶方位となります。

＊東南方に四緑がめぐり陰貴人もめぐりますが、辰方に月殺がめぐり、巳方に月建がめぐり、年盤で三煞のめぐる巳方は月建と会合し大凶方位となります。

■開山のみ凶

5月	新暦月
4月	旧暦月
巳	月建
亥	月破
艮	月剋山家
坤・坎	陰府太歳

■修方のみ凶

5月	新暦月
4月	旧暦月
未・坤・申	天官符
庚・兌・辛	地官符
丑・艮・寅	小月建
中宮	大月建
甲・震・乙	飛大殺
坎・坤	丙丁獨火
坤	月游火
寅	劫殺
卯	災殺
辰	月殺
申	月刑
寅	月害
未	月厭

●開山・立向・修方のすべてにおいて吉

5月（巳）	新暦月
4月	旧暦月
立夏5/5～芒種6/6	二十四節氣
酉	天道
辛	天徳
丙	天徳合
庚	月徳
乙	月徳合
甲	月空
巽	陽貴人
兌	陰貴人
艮	飛天禄
艮	飛天馬
	月紫白
坎	一白
乾	六白
艮	八白
離	九紫

2020年6月（壬午）の吉凶方位

2020年6月（壬午）

月の吉凶方位

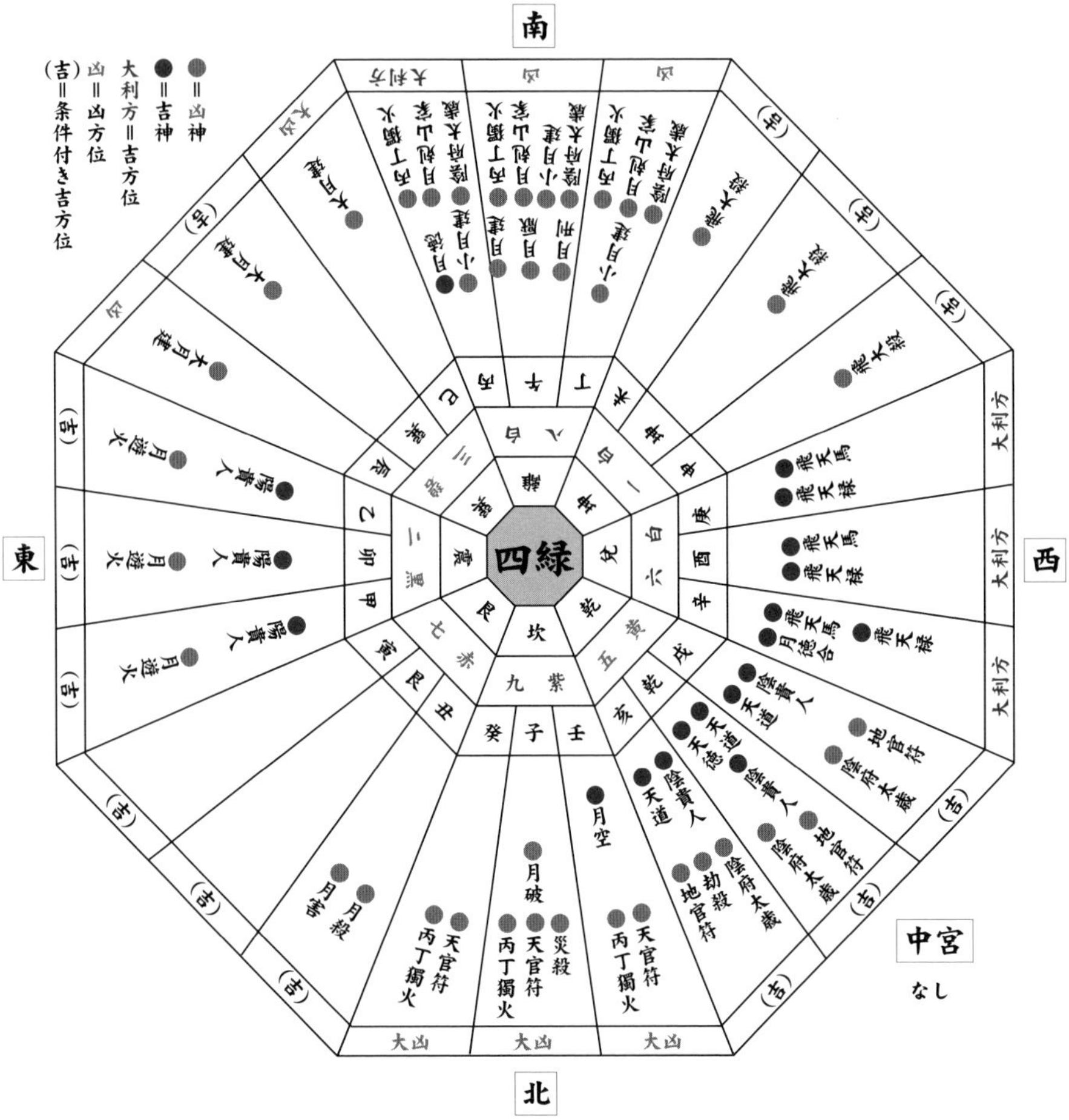

●＝凶神
●＝吉神
大利方＝吉方位
凶＝凶方位
（吉）＝条件付き吉方位

南

東

西

北

中宮

なし

【芒種～小暑（六月五日十三時五十八分～七月七日零時十四分）】

＊西北に五黄がめぐりますが、天道、陰貴人、天徳がめぐり、動土、建築を除く条件付き吉方位となります。

＊西方に六白、飛天禄、飛天馬がめぐり特に年盤で歳徳のめぐる庚方、福徳のめぐる酉方位、月盤で月徳合のめぐる辛方は大吉方位となります。

＊東北方に七赤めぐり丑方に月殺、月害がめぐり条件付き吉方位となります。

＊南方に八白がめぐり、丙方に月徳がめぐりますので、動土、建築を除く条件付き吉方位となります。午方、丁方は凶方位となります。

＊北方に九紫がめぐりますが、丙丁獨火、天官符がめぐり子方に月破、災煞がめぐり大凶方位となります。

＊西南方に一白がめぐり、動土、建築を除く条件付き吉方位となります。

＊東方に二黒がめぐり年の五黄と会合し動土、建築を除く条件付き吉方位となります。

＊東南方に三碧、大月建がめぐり巽方位のみ条件付き吉方位となり辰方、巳方は大凶方位となります。

■開山のみ凶

6月	新暦月
5月	旧暦月
午	月 建
子	月 破
離・丙	月剋山家
離・乾	陰府太歳

■修方のみ凶

6月	新暦月
5月	旧暦月
壬・坎・癸	天官符
戌・乾・亥	地官符
丙・離・丁	小月建
辰・巽・巳	大月建
未・坤・申	飛大殺
離・坎	丙丁獨火
震	月游火
亥	劫 殺
子	災 殺
丑	月 殺
午	月 刑
丑	月 害
午	月 厭

●開山・立向・修方のすべてにおいて吉

6月（午）	新暦月
5月	旧暦月
芒種6/6～小暑7/7	二十四節氣
西北	天 道
乾	天 徳
なし	天徳合
丙	月 徳
辛	月徳合
壬	月 空
震	陽貴人
乾	陰貴人
兌	飛天禄
兌	飛天馬
	月紫白
坤	一 白
兌	六 白
離	八 白
坎	九 紫

2020年7月（癸未）の吉凶方位

２０２０年7月（癸未）

月の吉凶方位

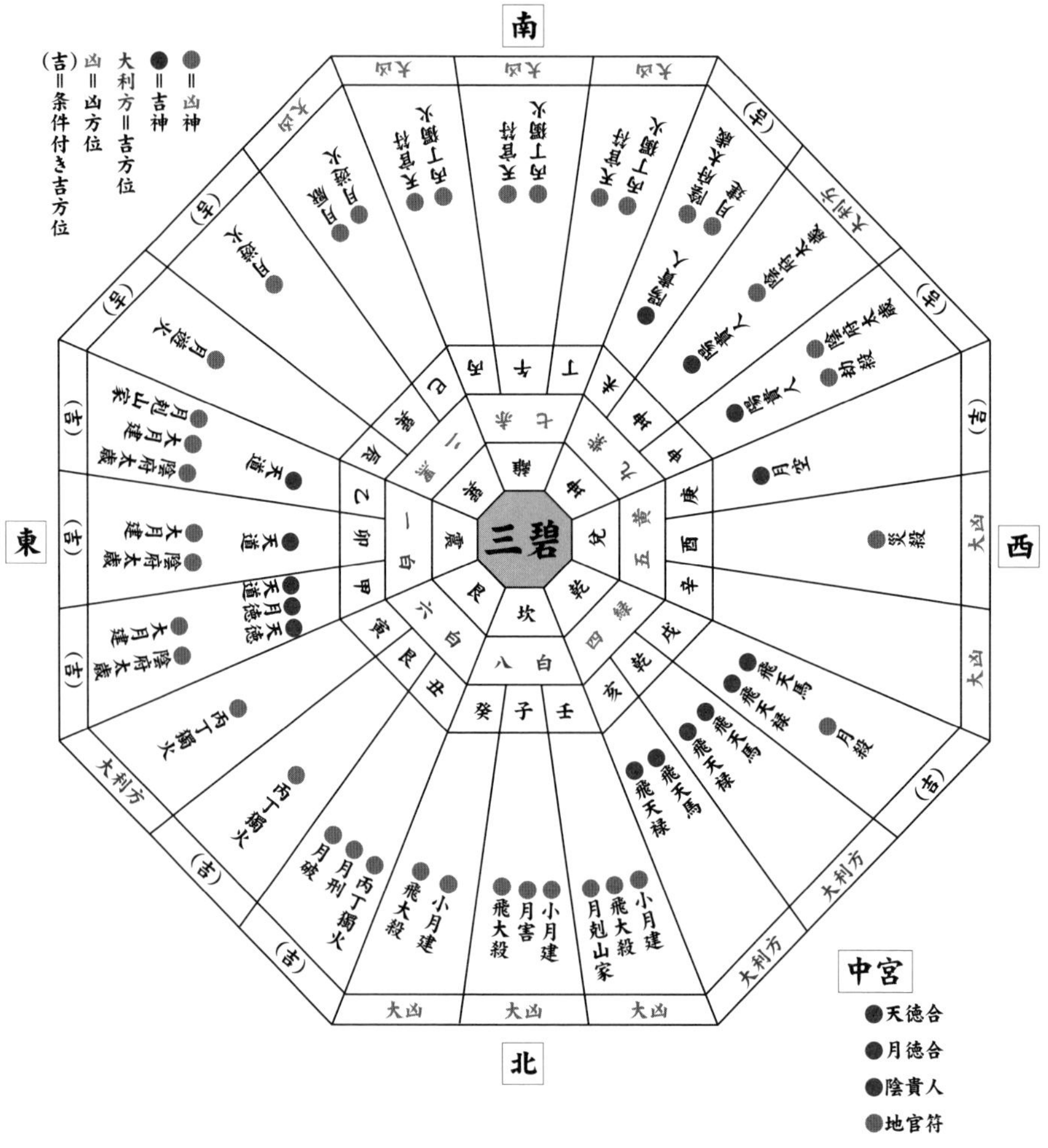

●＝凶神
●＝吉神
大利方＝吉方位
凶＝凶方位
(吉)＝条件付き吉方位

南

東

西

北

中宮

●天徳合
●月徳合
●陰貴人
●地官符

【小暑～立秋（七月七日零時十四分～八月七日十時六分）】

＊西北に四緑がめぐりますが、飛天馬、飛天禄がめぐるため月殺のめぐる戌方は動土、建築を除く条件付き吉方位となります。乾方、亥方は大吉方位となります。

＊西方に五黄がめぐり月空のめぐる庚方の条件付き吉方位となりますが、災煞のめぐる酉方、辛方は大凶方位となります。

＊東北方に六白、丙丁獨火めぐり丑方に月破、月刑がめぐり条件付き吉方位となり、寅方位のみ吉方位となります。艮方に年の獨火と月の丙丁獨火が会合し凶意を増し増改築、補修を忌みます。

＊南方に七赤、丙丁獨火、天官符がめぐり、吉神不在のため大凶方位となります。

＊北方に八白がめぐりますが、年の太歳と月の飛大殺が重なり大凶方位となります。

＊西南方に九紫、陽貴人がめぐり、坤方のみ吉方位となります。未方、申方は動土、建築を除く条件付き吉方位となります。

＊東方に一白、天道が年の吉神と会合し動土、建築を除く条件付き吉方位となります。

＊東南方に二黒、月游火がめぐり大凶方位となります。

●開山・立向・修方のすべてにおいて吉

7月（未）	新暦月
6月	旧暦月
小暑7/7～立秋8/7	二十四節氣
東	天道
甲	天徳
中宮	天徳合
甲	月徳
中宮	月徳合
庚	月空
坤	陽貴人
中宮	陰貴人
乾	飛天禄
乾	飛天馬
	月紫白
震	一白
艮	六白
坎	八白
坤	九紫

■開山のみ凶

7月	新暦月
6月	旧暦月
未	月建
丑	月破
壬・乙	月剋山家
震・坤	陰府太歳

■修方のみ凶

7月	新暦月
6月	旧暦月
丙・離・丁	天官符
中宮	地官符
壬・坎・癸	小月建
甲・震・乙	大月建
壬・坎・癸	飛大殺
艮・離	丙丁獨火
巽	月游火
申	劫殺
酉	災殺
戌	月殺
丑	月刑
子	月害
巳	月厭

2020年8月（丙申）の吉凶方位

２０２０年８月（丙申）

月の吉凶方位

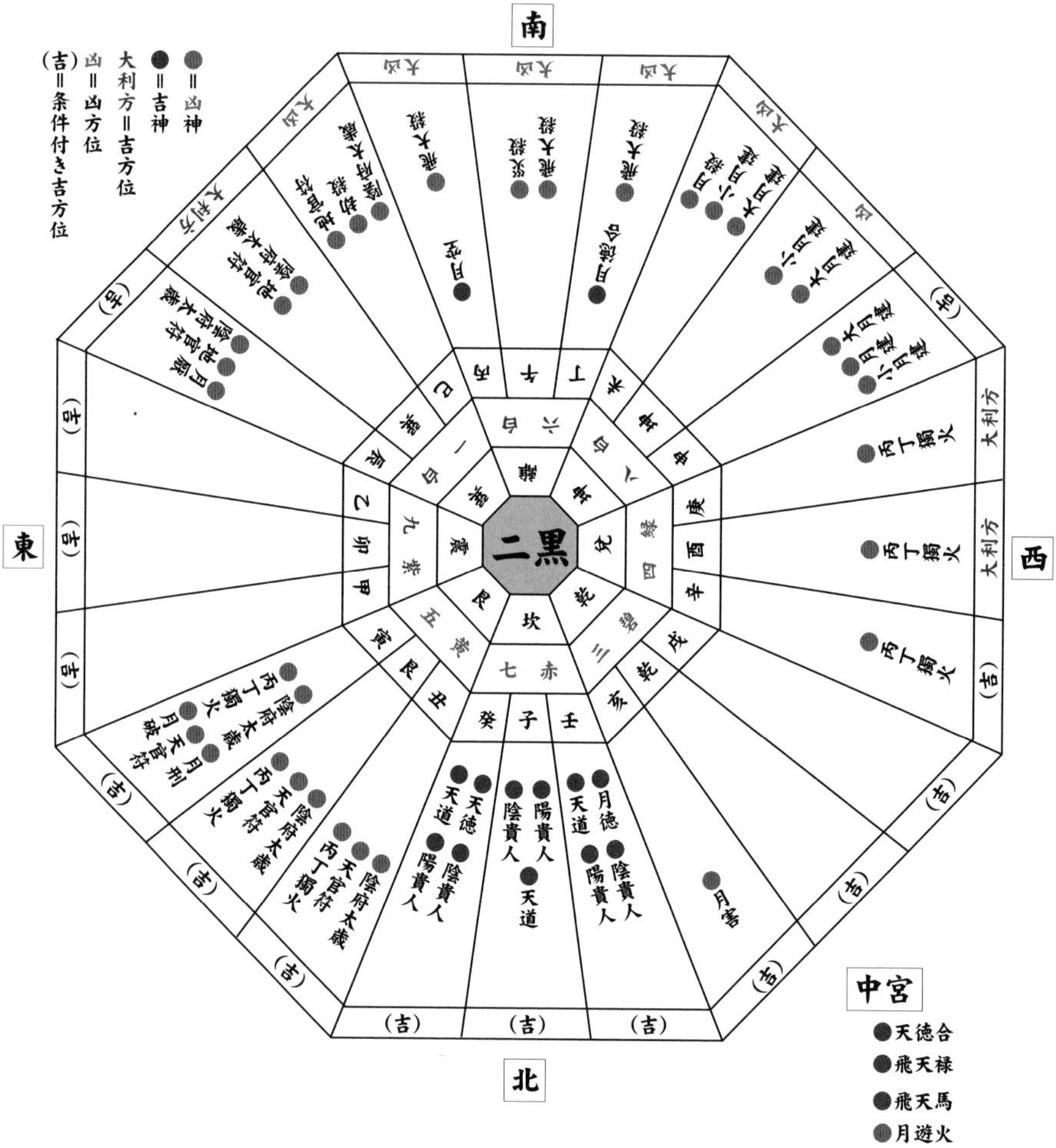

●＝凶神
●＝吉神
大利方＝吉方位
凶＝凶方位
(吉)＝条件付き吉方位

南

方位	神殺	方位の吉凶
丙	飛大殺、月空	大凶
午	災殺、飛大殺	大凶
丁	飛大殺、月徳合	大凶
未	月殺、小月建、大月建	大凶
坤	小月建、大月建	凶
申	大月建、小月建	(吉)
庚	丙丁獨火	大利方
酉	丙丁獨火	大利方
辛	丙丁獨火	(吉)
戌		(吉)
乾		(吉)
亥	月害	(吉)
壬	月徳、天道、陰貴人、陽貴人	(吉)
子	陽貴人、陰貴人、天道	(吉)
癸	天徳、天道、陰貴人、陽貴人	(吉)
丑	陰府太歳、天官符、丙丁獨火	(吉)
艮	陰府太歳、天官符、丙丁獨火	(吉)
寅	陰府太歳、丙丁獨火、月刑、天官符、月破	(吉)
甲		(吉)
卯		(吉)
乙		(吉)
辰	陰府太歳、地官符、月厭	(吉)
巽	陰府太歳、地官符	大利方
巳	陰府太歳、劫殺、地官符	大凶

西

東

北

宮	九星
中宮	二黒
離	六白
坤	八白
兌	四緑
乾	三碧
坎	七赤
艮	五黄
震	九紫
巽	一白

中宮
●天徳合
●飛天禄
●飛天馬
●月遊火

【立秋～白露（八月七日十時六分～九月七日十三時八分）】

＊西北に三碧がめぐり亥方に月害がめぐり条件付き吉方位となります。

＊西方に四緑、丙丁獨火がめぐりますが年盤で歳徳のめぐる庚方、福徳のめぐる西方は吉方位となります。辛方は条件付き吉方位となります。

＊東北方に五黄、丙丁獨火、陰府太歳、天官符めぐり特に年の獨火と月の丙丁獨火が会合し、増改築、補修、動土、建築を除く条件付き吉方位となります。

＊南方に六白がめぐり、月徳合のめぐる丁方のみ条件付き吉方位となりますが丙方と、年月で三煞が重なり大凶方位となります。

＊北方に七赤がめぐりますが、天道、陰陽貴人がめぐり、動土、建築を除く条件付き吉方位となります。

＊西南方に八白がめぐりますが、未方で年月で三煞がめぐり、小月建と大月建が会合し凶作用が増し大凶方位となります。

＊東方に九紫がめぐりますが、年の五黄と歳刑がめぐるため動土、建築を除く条件付き吉方位となります。

＊東南方に一白がめぐり辰方は条件付き吉方位となり、巽方のみ吉方位となります。年月で三煞のめぐる巳方は大凶方位となります。

●開山・立向・修方のすべてにおいて吉

8月（申）	新暦月
7月	旧暦月
立秋8/7～ 白露9/8	二十四節氣
北	天 道
癸	天 徳
戊	天徳合
壬	月 徳
丁	月徳合
丙	月 空
坎	陽貴人
坎	陰貴人
中 宮	飛天禄
中 宮	飛天馬
	月紫白
巽	一 白
離	六 白
坤	八 白
震	九 紫

■開山のみ凶

8月	新暦月
7月	旧暦月
申	月 建
寅	月 破
なし	月剋山家
艮・巽	陰府太歳

■修方のみ凶

8月	新暦月
7月	旧暦月
丑・艮・寅	天官符
辰・巽・巳	地官符
未・坤・申	小月建
未・坤・申	大月建
丙・離・丁	飛大殺
兌・艮	丙丁獨火
中 宮	月游火
巳	劫 殺
午	災 殺
未	月 殺
寅	月 刑
亥	月 害
辰	月 厭

2020年9月（乙酉）の吉凶方位

２０２０年9月（乙酉）

月の吉凶方位

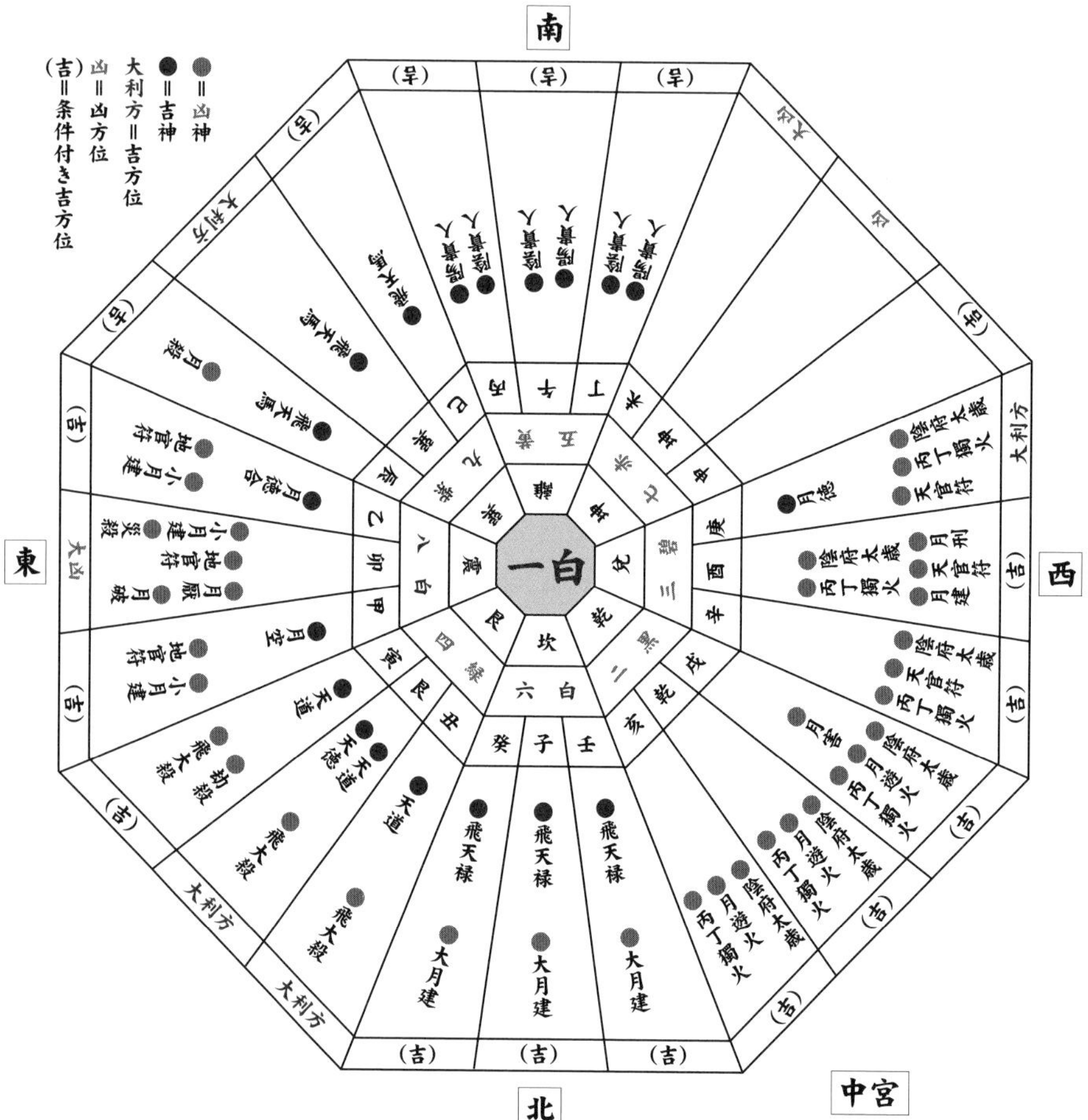

●＝凶神
●＝吉神
大利方＝吉方位
凶＝凶方位
（吉）＝条件付き吉方位

南
東
西
北

中宮：一白

方位	九星	山	吉凶	神殺
南（離）	五黄	丙	（吉）	●陽貴人 ●陰貴人
		午	（吉）	●陰貴人 ●陽貴人
		丁	（吉）	●陰貴人 ●陽貴人
南西（坤）	七赤	未	大凶	
		坤	凶	
		申	（吉）	
西（兌）	三碧	庚	大利方	●陰府太歳 ●丙丁獨火 ●天官符 ●月徳
		酉	（吉）	●月刑 ●天官符 ●月建 ●陰府太歳 ●丙丁獨火
		辛	（吉）	●陰府太歳 ●天官符 ●丙丁獨火
北西（乾）	二黒	戌	（吉）	●月害 ●陰府太歳 ●月遊火 ●丙丁獨火
		乾	（吉）	●陰府太歳 ●月遊火 ●丙丁獨火
		亥	（吉）	●陰府太歳 ●月遊火 ●丙丁獨火
北（坎）	六白	壬	（吉）	●飛天禄 ●大月建
		子	（吉）	●飛天禄 ●大月建
		癸	（吉）	●飛天禄 ●大月建
北東（艮）	四緑	丑	大利方	●天道 ●飛大殺
		艮	大利方	●天徳 ●天道 ●飛大殺
		寅	（吉）	●天道 ●劫殺 ●飛大殺
東（震）	八白	甲	（吉）	●月空 ●地官符 ●小月建
		卯	大凶	●小月建 ●地官符 ●月厭 ●災殺 ●月破
		乙	（吉）	●月徳合 ●地官符 ●小月建
南東（巽）	九紫	辰	（吉）	●飛天馬
		巽	大利方	●飛天馬 ●月殺
		巳	（吉）	●飛天禄

中宮
なし

【白露～寒露（九月七日十三時八分～十月八日四時五十五分）】

＊西北に二黒、丙丁獨火、陰府太歲、月游火がめぐり戌方に月害がめぐり条件付き吉方位となります。

＊西方に三碧、丙丁獨火、陰府太歲、天官符がめぐりますが年盤で歲徳のめぐる庚方に月徳がめぐり、福徳のめぐる酉方は条件付き吉方位となります。

＊東北方に四緑がめぐり天道がめぐり、艮方に天徳がめぐりますが劫煞のめぐる寅方のみ動土、建築を除く条件付き吉方位となります。丑方、艮方は吉方位となります。

＊南方に五黄がめぐり、陰陽貴人がめぐりますが、年の三煞が猛威をふるい動土、建築を除く条件付き吉方位となります。

＊北方に六白がめぐり飛天禄がめぐりますが、年の太歲、大煞、向煞がめぐるため動土、建築を除く条件付き吉方位となります。

＊西南方に七赤がめぐり今月は吉神が不在のため未方は大凶方位となります。坤方は凶方位となり、申方位のみ動土、建築を除く条件付き吉方位となります。

＊東方に八白がめぐり、月徳合のめぐる乙方位と月空のめぐる甲方は動土、建築を除く条件付き吉方位となりますが、卯方には月破、災煞、月厭がめぐり年の五黄と歲刑と会合し大凶方位となります。

＊東南方に九紫、飛天馬がめぐり巽方位は大吉方位となり月殺のめぐる辰方と巳方は動土、建築を除く条件付き吉方位となります。

●開山・立向・修方のすべてにおいて吉

9月（酉）	新暦月
8月	旧暦月
白露9/8～寒露10/8	二十四節氣
東北	天道
艮	天徳
なし	天徳合
庚	月徳
乙	月徳合
甲	月空
離	陽貴人
離	陰貴人
坎	飛天禄
巽	飛天馬
	月紫白
中宮	一白
坎	六白
震	八白
巽	九紫

■開山のみ凶

9月	新暦月
8月	旧暦月
酉	月建
卯	月破
なし	月剋山家
兌・乾	陰府太歲

■修方のみ凶

9月	新暦月
8月	旧暦月
庚・兌・辛	天官符
甲・震・乙	地官符
甲・震・乙	小月建
壬・坎・癸	大月建
丑・艮・寅	飛大殺
乾・兌	丙丁獨火
乾	月游火
寅	劫殺
卯	災殺
辰	月殺
酉	月刑
戌	月害
卯	月厭

2020年10月（丙戌）の吉凶方位

２０２０年10月（丙戌）

月の吉凶方位

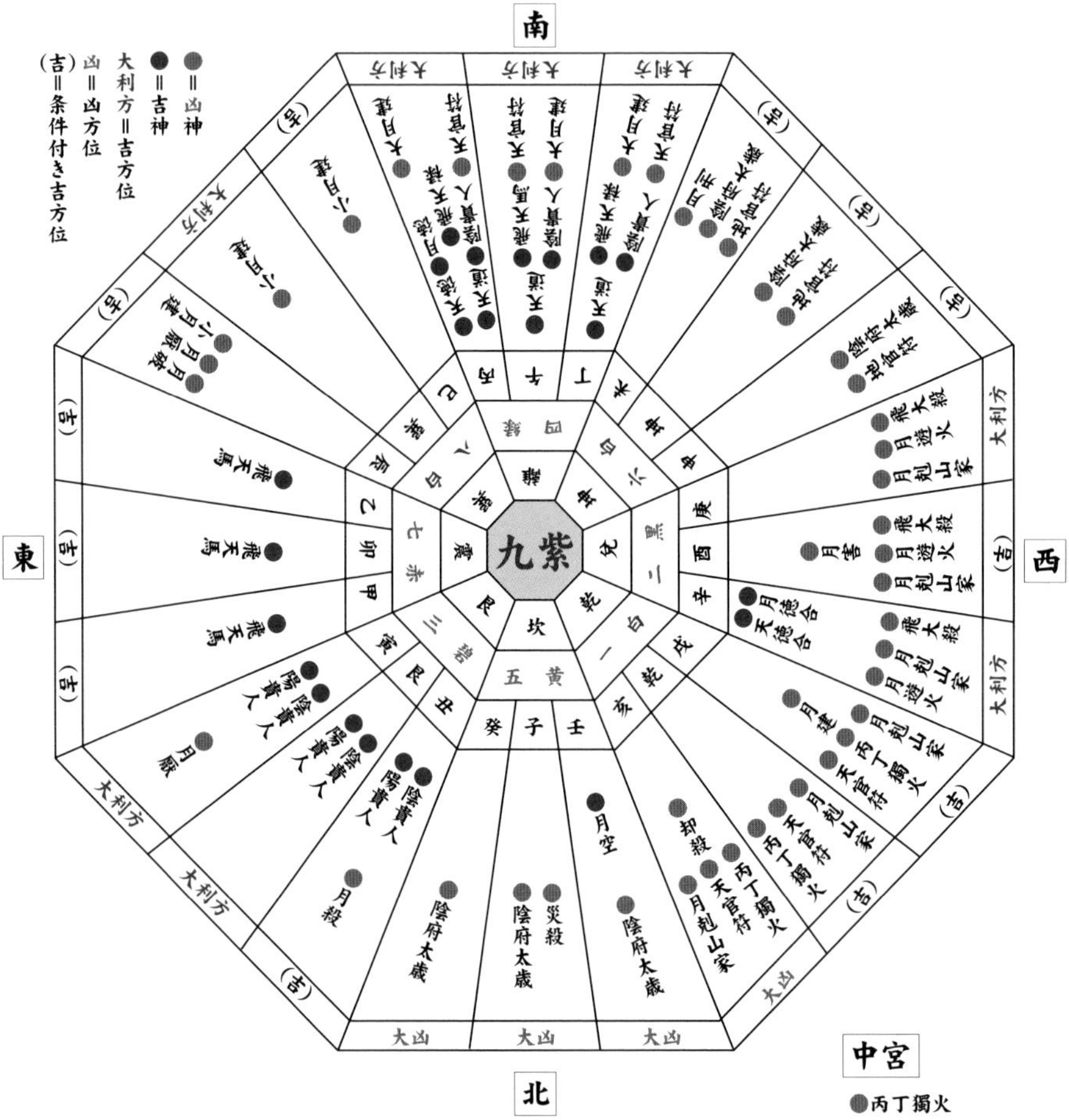

●＝凶神
●＝吉神
大利方＝吉方位
凶＝凶方位
(吉)＝条件付き吉方位

方位	二十四山	区分	神殺
南	丙	大利方	●天官符 ●大月建 ●陰貴人 ●飛天祿 ●天道 ●月德 ●天德
南	午	大利方	●大月建 ●天官符 ●陰貴人 ●飛天馬 ●天道
南	丁	大利方	●天官符 ●大月建 ●陰貴人 ●飛天祿 ●天道
南西	未	(吉)	●月刑 ●陰府太歳 ●地官符
南西	坤	(吉)	●陰府太歳 ●地官符
南西	申	(吉)	●陰府太歳 ●地官符
西	庚	大利方	●飛大殺 ●月遊火 ●月剋山家
西	酉	(吉)	●月害 ●飛大殺 ●月遊火 ●月剋山家
西	辛	大利方	●月德合 ●天德合 ●飛大殺 ●月剋山家 ●月遊火
北西	戌	(吉)	●月建 ●月剋山家 ●丙丁獨火 ●天官符
北西	乾	(吉)	●月剋山家 ●天官符 ●丙丁獨火
北西	亥	大凶	●却殺 ●丙丁獨火 ●天官符 ●月剋山家
北	壬	大凶	●月空 ●陰府太歳
北	子	大凶	●災殺 ●陰府太歳
北	癸	大凶	●陰府太歳
北東	丑	(吉)	●陰貴人 ●陽貴人 ●月殺
北東	艮	大利方	●陰貴人 ●陽貴人
北東	寅	大利方	●陽貴人 ●陰貴人 ●月厭
東	甲	(吉)	●飛天馬
東	卯	(吉)	●飛天馬
東	乙	(吉)	●飛天馬
南東	辰	(吉)	●小月建 ●月厭 ●月殺
南東	巽	大利方	●小月建
南東	巳	(吉)	●小月建

中央：九紫
周囲の九星：四緑（離）、六白（坤）、二黒（兌）、一白（乾）、五黄（坎）、三碧（艮）、七赤（震）、八白（巽）

中宮
●丙丁獨火

【寒露～立冬（十月八日四時五十五分～十一月七日八時十四分）】

＊西北に一白、丙丁獨火、月剋山家、天官符がめぐり戌方、乾方は動土、建築を除く条件付き吉方位となりますが、劫煞のめぐる亥方は大凶方位となります。

＊西方に二黒、月剋山家、月游火、飛大殺がめぐり酉方に月害がめぐり動土、建築を除く条件付き吉方位となりますが、年の歳徳がめぐる庚方と天徳合、月徳合がめぐる辛方は大吉方位となります。

＊東北方に三碧がめぐり、陰陽貴人がめぐりますが丑方に月殺がめぐり動土、建築を除く条件付き吉方位となります。艮方、寅方は大吉方位となります。

＊南方に四緑がめぐり、天道、飛天禄がめぐり特に天徳、月徳のめぐる丙方は吉方位となりますが、午方、丁方は動土、建築を除く条件付き吉方位となります。

＊北方に五黄、陰府太歳がめぐり壬方に月空がめぐりますが、子方に災煞がめぐり大凶方位となります。

＊西南方に六白がめぐりますが、陰府太歳、地官符がめぐり動土、建築を除く条件付き吉方位となります。

＊東方に七赤がめぐり、年の五黄と歳刑がめぐるため動土、建築を除く条件付き吉方位となります。

＊東南方に八白がめぐりますが、月破、小月建のめぐる辰方、巳方は条件付き吉方位となり、巽方のみ吉方位となります。

●開山・立向・修方のすべてにおいて吉

10月（戌）	新暦月
9月	旧暦月
寒露10/8～立冬11/7	二十四節氣
南	天道
丙	天徳
辛	天徳合
丙	月徳
辛	月徳合
壬	月空
艮	陽貴人
艮	陰貴人
離	飛天禄
震	飛天馬
	月紫白
乾	一白
坤	六白
巽	八白
中宮	九紫

■開山のみ凶

10月	新暦月
9月	旧暦月
戌	月建
辰	月破
乾・兌	月剋山家
坎・坤	陰府太歳

■修方のみ凶

10月	新暦月
9月	旧暦月
戌・乾・亥	天官符
未・坤・申	地官符
辰・巽・巳	小月建
丙・離・丁	大月建
庚・兌・辛	飛大殺
乾・中宮	丙丁獨火
兌	月游火
亥	劫殺
子	災殺
丑	月殺
未	月刑
酉	月害
寅	月厭

2020年11月（丁亥）の吉凶方位

2020年11月（丁亥）
月の吉凶方位

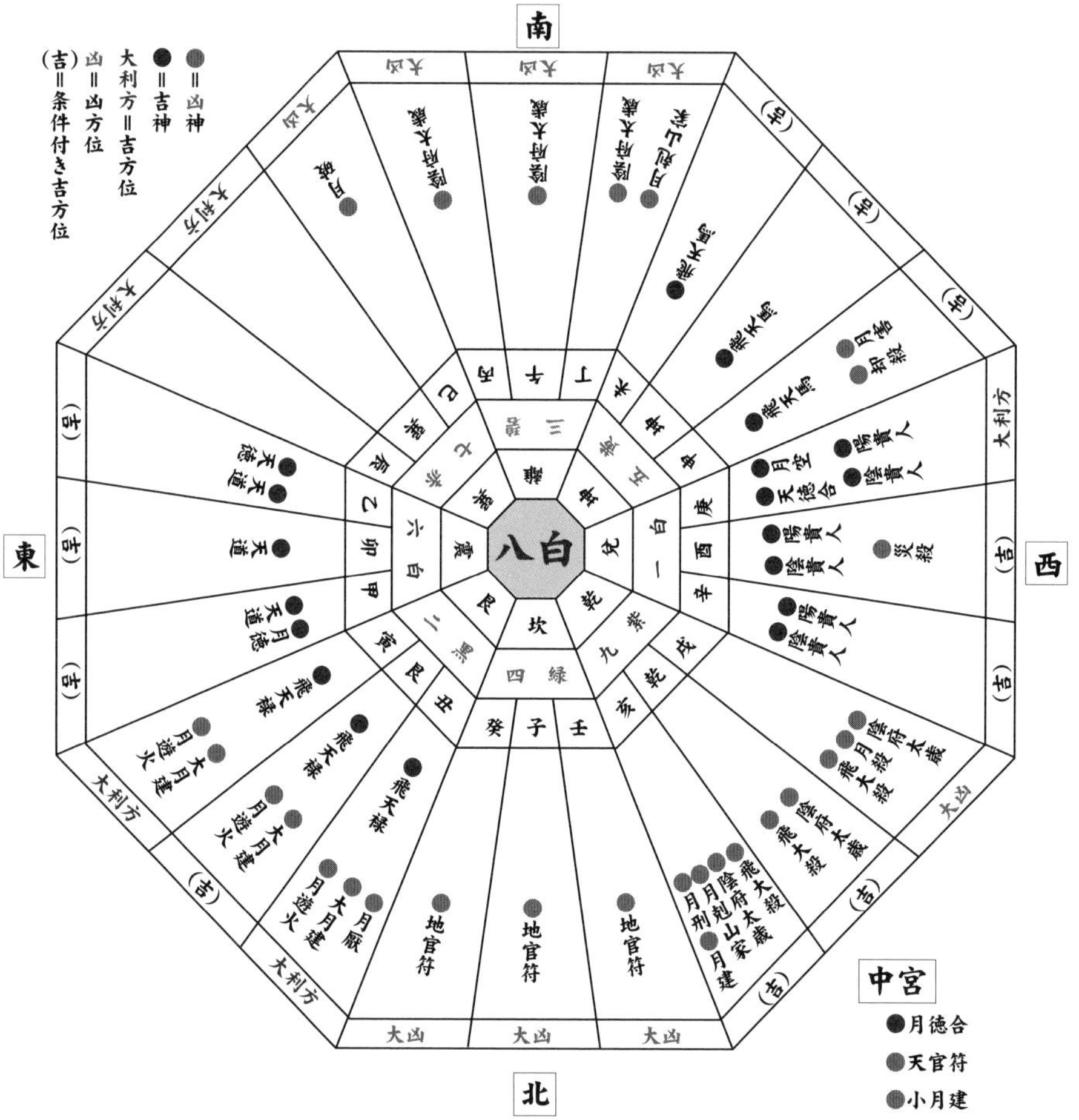

南

●＝凶神
●＝吉神
大利方＝吉方位
凶＝凶方位
(吉)＝条件付き吉方位

中宮
●月徳合
●天官符
●小月建
●丙丁獨火

東　西　北

【立冬~大雪（十一月七日八時十四分~十二月七日一時九分）】

＊西北に九紫がめぐりますが、飛大殺、陰府太歳がめぐり月殺のめぐる戌方は大凶方位となります。

＊西方に一白、陰陽貴人がめぐり、災煞のめぐる酉方位は動土、建築を除く条件付き吉方位となりますが、天徳合、月空のめぐる庚方位は大吉方位となります。

＊東北方に二黒、大月建がめぐり月游火が年の獨火と会合し凶意が増します。飛天禄もめぐりますが、年盤で太陽、陽貴人のめぐる丑方と歳馬のめぐる寅方は吉方位となります。艮方は動土、建築を除く条件付き吉方位となります。

＊南方に三碧、陰府太歳がめぐり、年の三煞、坐煞がめぐり吉神不在のため大凶方位となります。

＊北方に四緑、地官符がめぐり年の太歳、向煞、大煞がめぐり吉神不在のため大凶方位となります。

＊西南方に五黄がめぐり飛天馬もめぐりますが、申方に劫煞、月害がめぐり動土、建築を除く条件付き吉方位となります。

＊東方に六白、天道がめぐり甲方に月徳、乙方に天徳がめぐり動土、建築を除く条件付き吉方位となります。

＊東南方に七赤がめぐり巳方に月破がめぐり大凶方位となります。辰方、巽方は吉方位となります。

●開山・立向・修方のすべてにおいて吉

11月（亥）	新暦月
10月	旧暦月
立冬11/7～大雪12/7	二十四節氣
東	天道
乙	天徳
庚	天徳合
甲	月徳
中宮	月徳合
庚	月空
兌	陽貴人
兌	陰貴人
艮	飛天禄
坤	飛天馬
	月紫白
兌	一白
震	六白
中宮	八白
乾	九紫

■開山のみ凶

11月	新暦月
10月	旧暦月
亥	月建
巳	月破
亥・丁	月剋山家
乾・離	陰府太歳

■修方のみ凶

11月	新暦月
10月	旧暦月
中宮	天官符
壬・坎・癸	地官符
中宮	小月建
丑・艮・寅	大月建
戌・乾・亥	飛大殺
中宮	丙丁獨火
艮	月游火
申	劫殺
酉	災殺
戌	月殺
亥	月刑
申	月害
丑	月厭

2020年12月（戊子）の吉凶方位

２０２０年12月（戊子）

月の吉凶方位

● ＝凶神
● ＝吉神
大利方＝吉方位
凶＝凶方位
（吉）＝条件付き吉方位

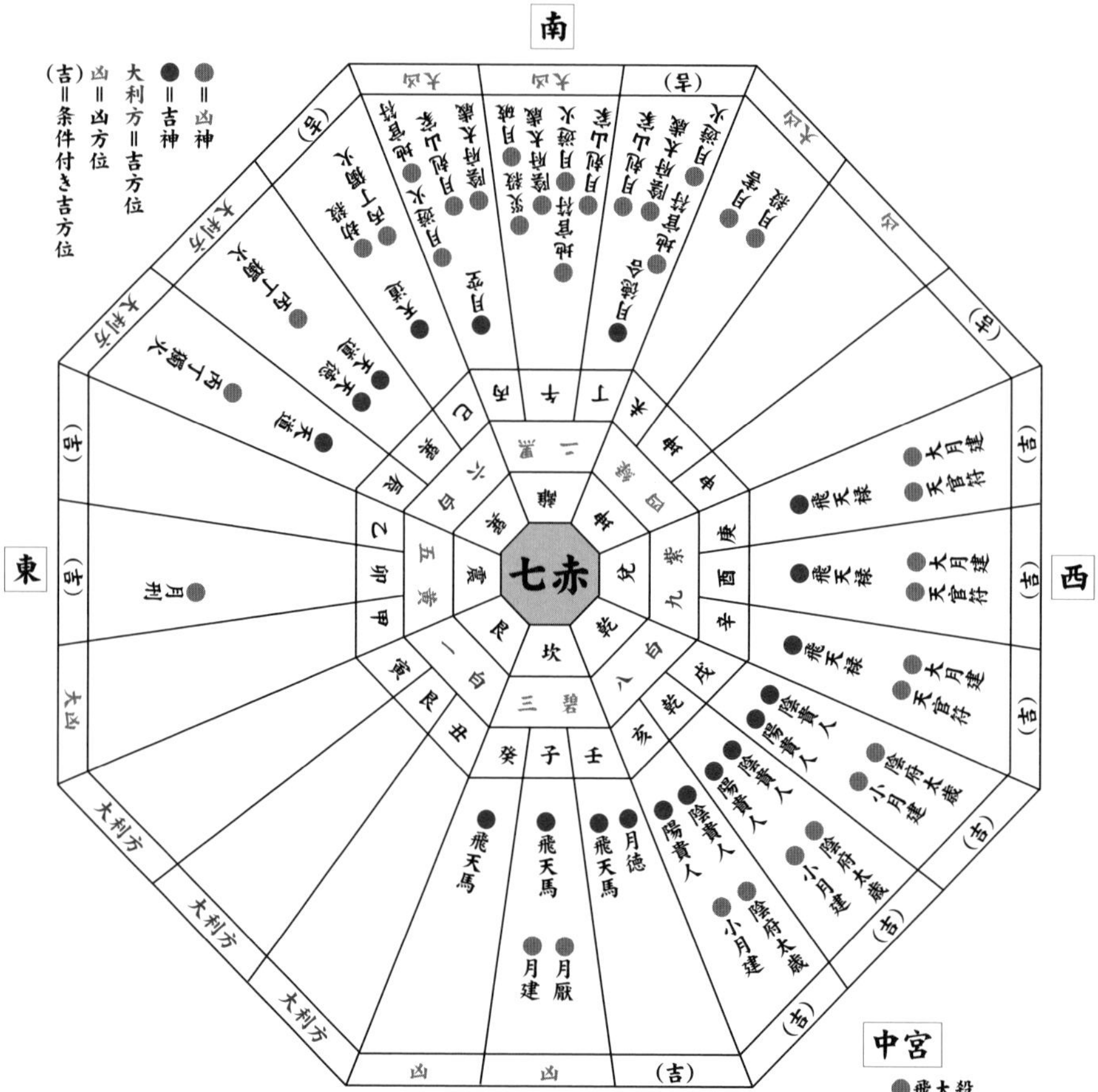

七赤

南

離：二黒
巽：六白
震：五黄
艮：一白
坎：三碧
乾：八白
兌：九紫
坤：四緑

巳（吉）：天道
丙（大凶）：月空、月遊火、月剋山家、地官符、陰府太歳
午（大凶）：地官符、災殺、陰府太歳、月破、月遊火、月剋山家
丁（吉）：月徳合、地官符、陰府太歳、月剋山家、月遊火
未（大凶）：月害、月殺
坤（凶）
申（吉）：大月建、天官符、飛天禄
庚（吉）：大月建、天官符、飛天禄
酉（吉）：大月建、天官符、飛天禄
辛（吉）：大月建、天官符、飛天禄
戌（吉）：陰貴人、陽貴人、陰府太歳、小月建
乾（吉）：陰貴人、陽貴人、陰府太歳、小月建
亥（吉）：陰貴人、陽貴人、陰府太歳、小月建
壬（吉）：月徳、飛天馬
子（凶）：飛天馬、月建、月厭
癸（凶）：飛天馬
丑（大利方）
艮（大利方）
寅（大利方）
甲（大凶）
卯（吉）：月刑
乙（吉）
辰（大利方）：天道、丙丁獨火
巽（大利方）：天徳、天道、丙丁獨火
巳（吉）：天道、劫殺、丙丁獨火

西

北

東

中宮
● 飛大殺
● 丙丁獨火

【大雪～小寒（十二月七日一時九分～一月五日十一時五十五分）】

＊西北に年月で八白が年盤でめぐり、陰陽貴人がめぐりますが、小月建がめぐり増改築、補修を除く条件付き吉方位となります。

＊西方に九紫、飛天禄がめぐり年月で九紫が重なりますが大月建、天官符がめぐるため増改築、補修は忌みますので注意が必要です。条件付き吉方位となります。

＊東北方に年月で一白がめぐり大吉方位となります。

＊南方に年月で二黒がめぐり、月徳合のめぐる丁方のみ動土、建築を除く条件付き吉方位となりますが、年月で三煞がめぐり大凶方位となります。

＊北方に年月で三碧がめぐり、月徳、飛天馬のめぐる壬方のみ動土、建築を除く条件付き吉方位となりますが、子方、癸方は凶方位となります。

＊西南方に年月で四緑と未方に年月で三煞がめぐり大凶方位になります。坤方は吉神不在のため凶方位となり、申方は年の歳禄が凶意を抑え条件付き吉方位となります。

＊東方に年月で五黄がめぐり動土、建築を除く条件付き吉方位となります。甲方は吉神不在のため大凶方位となります。

＊東南方に年月で六白がめぐり天道、天徳のめぐる辰方、巽方は吉方位となりますが、巳方は動土、建築を除く条件付き吉方位となります。

●開山・立向・修方のすべてにおいて吉

12月（子）	新暦月
11月	旧暦月
大雪12/7～小寒1/5	二十四節氣
東南	天道
巽	天徳
なし	天徳合
壬	月徳
丁	月徳合
丙	月空
乾	陽貴人
乾	陰貴人
兌	飛天禄
坎	飛天馬
	月紫白
艮	一白
巽	六白
乾	八白
兌	九紫

■開山のみ凶

12月	新暦月
11月	旧暦月
子	月建
午	月破
離・丙	月剋山家
乾・離	陰府太歳

■修方のみ凶

12月	新暦月
11月	旧暦月
庚・兌・辛	天官符
丙・離・丁	地官符
戌・乾・亥	小月建
庚・兌・辛	大月建
中宮	飛大殺
巽・中	丙丁獨火
離	月游火
巳	劫殺
午	災殺
未	月殺
卯	月刑
未	月害
子	月厭

2021年（辛丑）の年の吉凶方位

２０２１年（辛丑）
年の吉凶方位

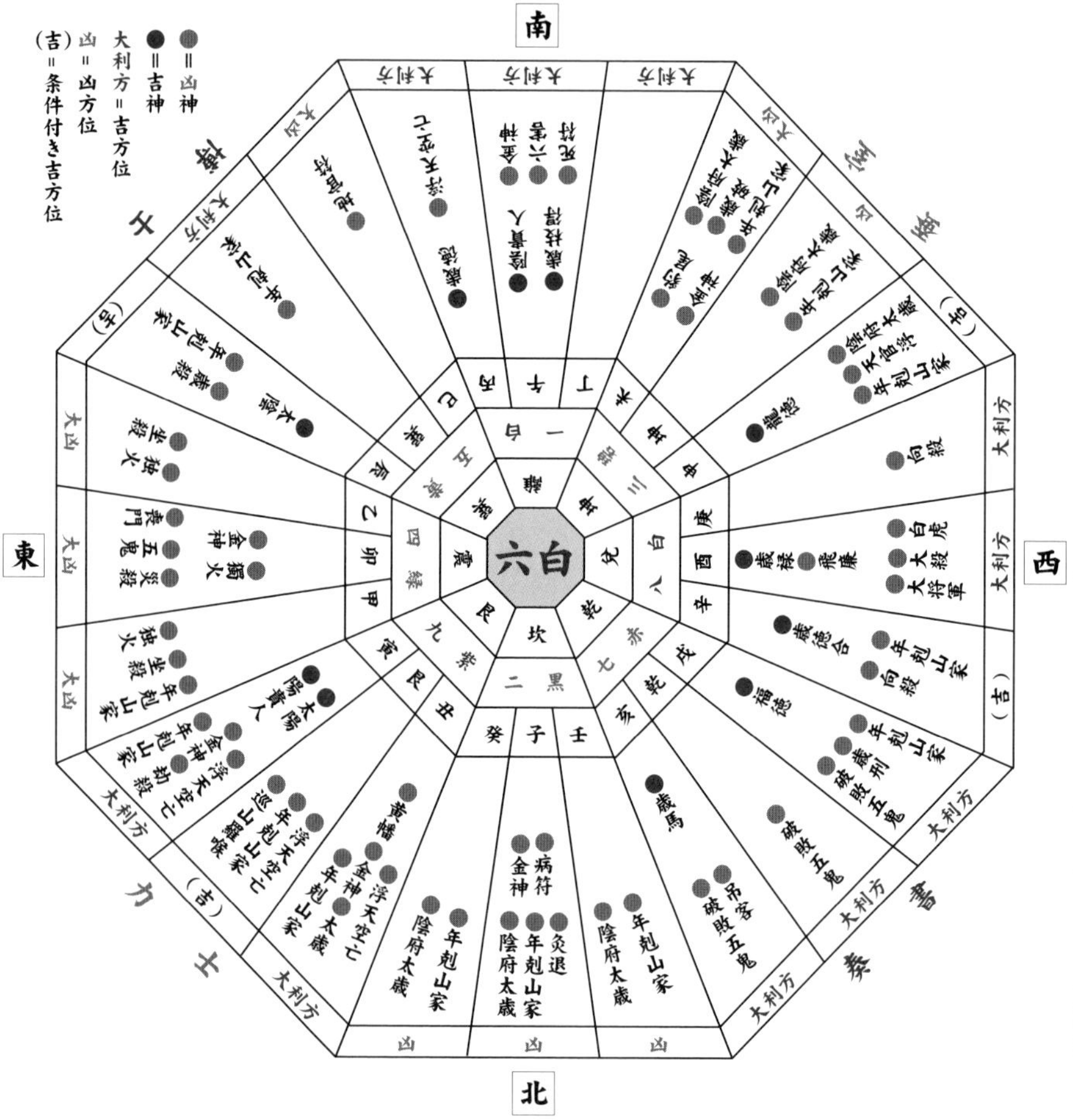

●＝凶神
●＝吉神
大利方＝吉方位
凶＝凶方位
（吉）＝条件付き吉方位

南
北
東
西

六白

丙　午　丁
未　坤　申
庚　酉　辛
戌　乾　亥
壬　子　癸
丑　艮　寅
甲　卯　乙
辰　巽　巳

一白　二黒　三碧　四緑　五黄　七赤　八白　九紫

大利方　大利方　大利方
●死符　●六害　●金神　●歳枝徳　●陰貴人
●浮天空亡　●歳徳
●吉神　●吉御
●年剋山家　●大陰　●歳殺
●坐殺　●独火
●金神　●表門　●五鬼　●独火　●災殺
●独火　●坐殺　●年剋山家
●太陽　●陽貴人　●金神　●浮天空亡　●年剋山家　●劫殺
●巡山羅睺　●年剋山家　●浮天空亡　●金神　●太歳　●年剋山家
●黄幡　●陰府太歳　●年剋山家
●病符　●金神　●灸退　●年剋山家　●陰府太歳
●年剋山家　●陰府太歳　●歳馬
●吊客　●破敗五鬼
●年剋山家　●歳刑　●破敗五鬼
●福徳
●歳徳合　●年剋山家　●向殺
●歳禄　●飛廉　●白虎　●大殺　●大将軍
●向殺　●龍徳
●陰府太歳　●天官符　●年剋山家

大利方　大凶　凶　（吉）　大利方　大利方　（吉）　大利方　大利方　大利方　大利方　凶　凶　凶　大利方　（吉）　大利方　大凶　大凶　大凶　（吉）　大利方　大凶

博士　蚕室　奏書　力士

◇二〇二一年（辛丑年）の年盤の解説

☆最大吉方位…歳徳（丙）、歳枝徳（午）、歳徳合（辛）、歳禄（酉）、歳馬（亥）、陽貴人（寅）、陰貴人（午）、奏書（乾）、博士（巽）、太陽（寅）、太陰（辰）、龍徳（申）、福徳（戌）
★最大凶方位…太歳（丑）、歳破（未）、三殺（寅・卯・辰）、坐煞（甲・乙）、向煞（辛・庚）、五黄関殺（巽）、浮天空亡（艮・丙）

＊二〇二一年は最大吉星である歳徳と一白が会合する南の丙方、一白、歳枝徳、陰貴人が会合する南の午方位が最大吉方位となります。
＊歳馬がめぐる西北の亥方は吉方位となり、福徳のめぐる戌方位は条件付き吉方位となります。
＊東北の丑方に太歳がめぐり寅方から甲、卯、乙、辰まで年の三殺（劫煞・災煞・歳煞）がめぐり、特に東南の辰方は年の五黄がめぐるため大凶方位となります。
＊西の辛方に歳徳合がめぐりますが向煞が同宮し、手放しでは喜べません。

2022年（壬寅）の年の吉凶方位

２０２２年（壬寅）
年の吉凶方位

●＝凶神
●＝吉神
大利方＝吉方位
凶＝凶方位
（吉）＝条件付き吉方位

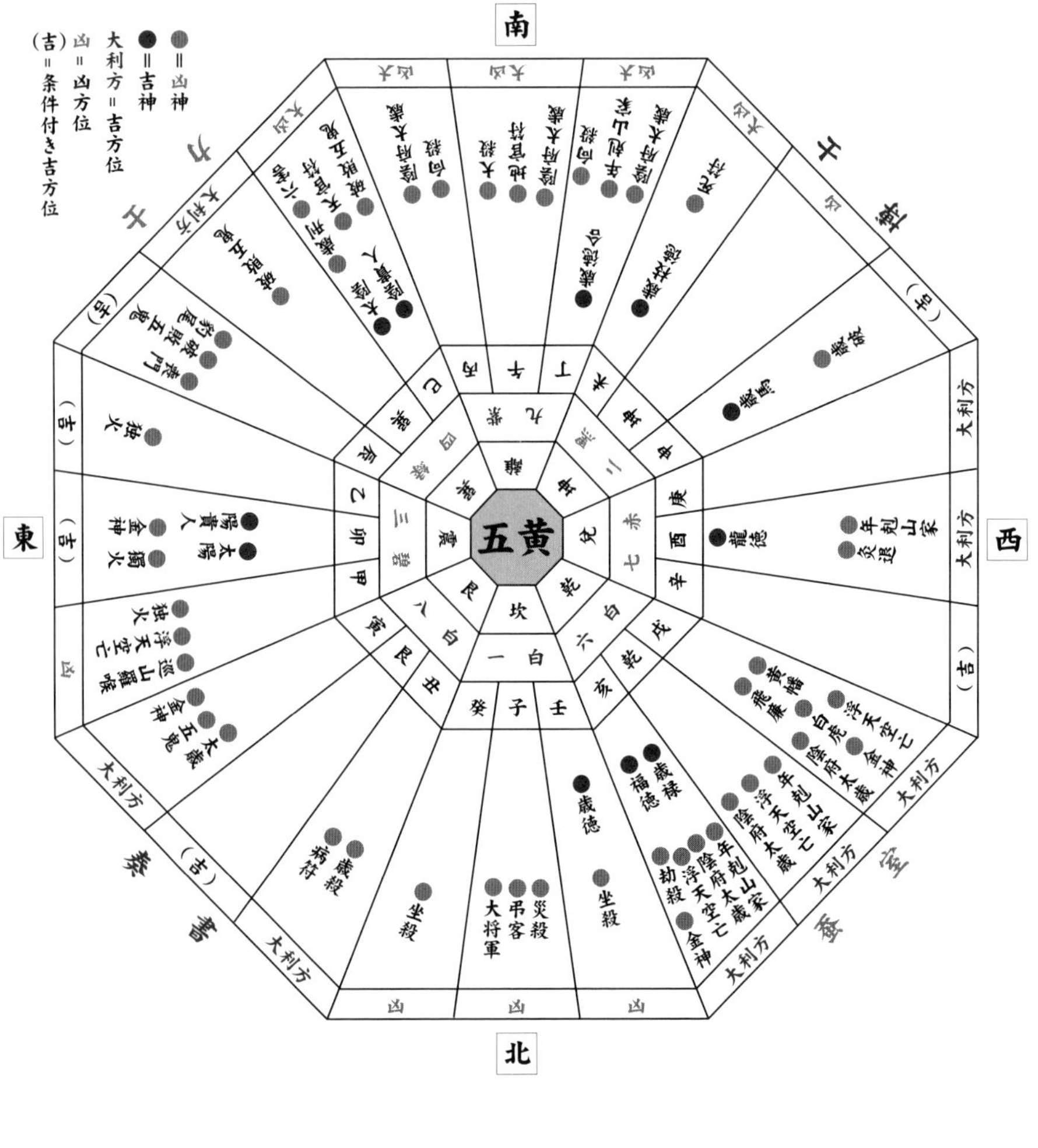

◇二〇二二年（壬寅年）の年盤の解説

☆最大吉方位…歳徳(壬)、歳枝徳(未)、歳徳合(丁)、歳禄(亥)、歳馬（申)、陽貴人（卯)、陰貴人（巳)、秦書（艮)、博士（坤)、太陽（卯)、太陰（巳)、龍徳（酉)、福徳（亥)

★最大凶方位…太歳（寅)、歳破（申)、三殺（亥・子・丑)、坐煞（壬・癸)、向煞（丙・丁)、五黄関殺（中宮)、浮天空亡（乾・甲)

＊二〇二二年は最大吉星である歳徳と一白が会合する北の壬方は坐煞がめぐり、歳徳合のめぐる南の丁方は向煞、年剋山家、陰府太歳がめぐり月の吉神と併用しなくてはなりません。歳枝徳のめぐる西南の未方、太陽、陽貴人のめぐる東の卯方位が最大吉方位となります。

＊三殺がめぐる西北の亥、北の壬、子、癸の3方位、東北の丑方位の七十五度の広範囲は大凶方位となります。

＊特にこの方位で動土や工事が行われる場合には注意が必要です。

＊年剋山家は冬至以降、乾・亥・兌・丁にめぐります。

［第参章］本年と各月の風水日程表

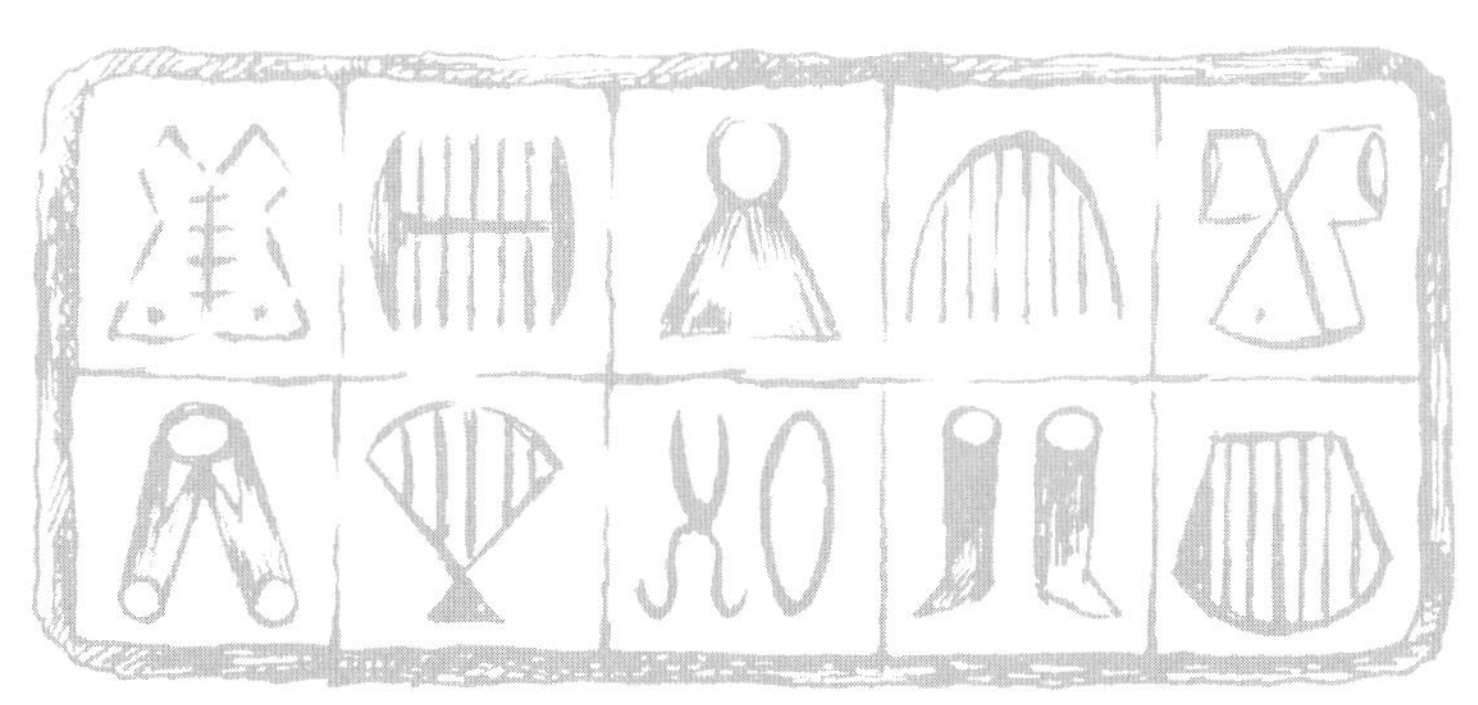

◆風水日程表の見方と使い方

*風水学では日々それぞれに運氣や吉凶が変化します。さらに各日の運氣には用途別・目的別の意味があり、それを理解することで最大限に利用することができます。各日程表の運氣の意味を学び、自らよい運氣を導きましょう。

*「九星／五黄」の「九星」とは、北斗七星に二星を加えた北斗九星の働きに由来するもので、その日の空間の氣の状況を分類したものです。一白・二黒など一から九までの数字と色彩の組み合わせでできており、その内の「五黄」は年月と同様（P144参照）、避けたほうがよい方位です。

*「二十八宿」とは、月の軌道「白道」の円周を二十八に分け、二十八日でほぼ一巡する月の位置で日の吉凶を表わしたものです。中国暦においては、十二支と七曜の組み合わせにより、二十八宿を東西南北の四方（四宮）に分け、それをさらに七分割して日に星宿を配しています。

*「十二直」とは、「建除十二神」、「十二客」ともいい、日の吉凶をみるためのものです。古代中国において、北斗七星には万物の運命を司る力があると信じられていたという、北斗信仰に基づいています。

*「吉星／凶星」は、中国の擇日法によって日の吉凶を判断します（第壱章の「風水用語の解説」参照）。

*「吉凶」は、「動土…地盛りなど土を動かす作業／搬家…引っ越しや転居／求医…医者に治療を頼む／打掃…掃除／坐船…船旅／買房…家やオフィスなどの購入か賃貸契約／納財…金銭支払いや銀行預金など財（お金）を納める／出貨…物品の出荷や発送」という意味です。

*「天元烏兎（てんげんうと）」とは、太陽、木星などの吉日と吉時刻を合わせた擇日法で、中でも最も吉作用が強いのは太陽（日）で次いで木星、太陰（月）、水星、金星も吉日となります。

◇風水日程表の用語解説

◆二十八宿→吉日・凶日・吉凶半々

亢…祈願、結婚、祭祀、埋葬などに吉。特に立身出世に有利。

女…家屋の建築、リフォーム、埋葬、結婚は吉。三年以内に不動産に恵まれる。

室…大吉日。結婚、祭祀などで先祖から恩恵を受けられる。埋葬は不利。三年以内に財運に恵まれる。

壁…祭祀、動土は吉。リフォームに向く。三日～一週間以内に財が入る。

奎…リフォーム、結婚、埋葬は吉。日々財に恵まれる。

婁…結婚、祭祀は吉。事業開始などに向く。三年以内に立身出世をもたらす。

畢…リフォームで主人が栄える。祭祀、事業開始は吉。財に恵まれる。

觜…埋葬、リフォームで主人が栄える。結婚は吉。三年以内に慶事に逢う。

参…建築、リフォームで家運が興隆する。埋葬、結婚に吉。

柳…リフォームで主人が栄える。埋葬、結婚は吉。福禄招き栄える。

張…大吉日。祭祀は吉、結婚は末永く添い遂げられる。埋葬、工事は可。三年以内に立身出世をもたらす。

翼…年々福禄が増える。工事などに有利。子孫繁栄、財と富をもたらす。

角…祭祀、結婚、埋葬などは凶。冒せば三年以内に災禍が起こる。

房…物事がうまくいかない。埋葬は凶。家などの建造をすれば三年以内に災禍が起こる。

心…家を建てれば夫婦が災難に遭う。埋葬は凶。冒せば疫病などに罹る。

箕…男女に良くない。口の災いに遭う。建築、リフォームは凶。婚姻すれば夫が不在の家庭になる。

斗…結婚、祭祀、埋葬などに凶。冒せばやがては災禍が訪れる。

危…疫病などの災禍に見舞われる。建築、リフォームなどに不利。何事も災禍に繋がりやすい。

昴…凶事多く吉事少ない。一切の工事は不利。日々、病気や怪我に見舞われる。

井…何事もうまくいかない。病災に遭う。何事にも不利、財は散り災難に見舞われる。

鬼…災禍は軽くない。商売で財を求めても不利。家族離散に遭う。

星…悲哀の凶日。思いがけぬ災難に遭う。工事などは一切不利。災禍が度々起こる。

軫…人は離れ財は散る。埋葬、結婚みな不利。心が休まらず、不安な日々を過ごす。

氐（てい）…思いがけない財に恵まれる。埋葬は凶。一年以内に財が入る。
尾（び）…結婚は吉。動土や建築は凶。冒せば三年以内に悲哀な出来事が起こる。
牛（ぎゅう）…リフォームなどは災難に遭う。埋葬は可。
虚（きょ）…祭祀、結婚は大吉。埋葬は不向き。一年以内に財に恵まれる。
胃（い）…リフォームに有利。物事がうまく運ぶ。祭祀、結婚は吉。埋葬は不向き。

◆十二直（じゅうにちょく）

建（たつ）…万物を建て生じ、よろず大吉日。ただし動土・蔵開きは凶。
除（のぞく）…障害を取り除く。井戸掘り・治療開始・祭祀などは吉。結婚・動土は凶。
満（みつ）…すべてが満たされる。新規事・移転・結婚などは吉。動土・服薬は凶。
平（たいら）…物事が平らかになる。旅行・結婚・道路修理などは吉。穴掘り・種まきは凶。
定（さだむ）…善悪が定まる。開店・結婚・移転・種まきは吉。旅行・訴訟は凶。
執（とる）…執り行う。祭祀・祝い事・造作・種まきは吉。金銭の出入りは凶。
破（やぶる）…物事を突破する。訴訟・出陣・漁猟・服薬は吉。祝い事・契約事は凶。
危（あやぶ）…物事を危惧する。万事控えめに。
成（なる）…物事が成就する。新規事・建築・開店は吉。訴訟・談判は凶。
納（おさむ）…物事を納め入れる。収穫・商品購入は吉。結婚・見合いは凶。
開（ひらく）…開き通じる。建築・移転・結婚などは吉。葬式は凶。
閉（とず）…閉じ込める。金銭出納・建墓は吉。棟上げ・結婚・開店は凶。

◆天元烏兎（てんげんうと）→吉日・凶日

太陽（日）…最も良い日時で、この日時は長男、次男、三男に広く良い影響を与え富貴栄華となり、財運、対人運、健康運に大いに恵まれる。
木星…別名、紫氣とも呼びこの日時は統率力のある者やカリスマ性のある人が輩出されて子孫の代まで栄える。
太陰（月）…この日時は災いを祓い病気の治療に良く、さらに財運、対人運にも恵まれて文章、文筆などが評価される。
水星…この日時はめまぐるしいほど幸福と賞与が舞い込み、子孫は文才を発揮し土地も不動産も財が増えて栄える。
金星…この日時は特に財運、金運に良い日時で、多くの財に恵まれて、動産、不動産に関わらず多くの財を得る。特に巳、酉、丑の年に成果を上げる。

土星…この日時は多くの財を失い重度の病に罹り、あらゆる災難に見舞われる。
火星…この日時は難病にかかり、家族が死傷し、法的トラブルに巻き込まれて一族が滅びる。
羅候（らこう）…この日時は若いころから多くの苦労に悩まされて水害、火災、法的トラブルなどに遭いさらに災禍が降りかかる。
計都（けいと）…この日時は財は失い人も亡くなり、巳、酉、丑、辰の年は生まれてすぐ命を落としたり、災難が確実に降りかかったりする。

◆ラッキーイベントの用途別用語解説

【建築・増改築・リフォーム・補修関連】

建築…家や建物を建てる工事全般を行う日
増改築…建物の増築と改築やリフォーム
動土…建物を建築をする際に土を掘ったり、基礎（土台）を打ったりする日
補修…建物の壁の塗り替え
修倉庫…倉庫の修理

【商売・経営関連】

開市…開店祝い、オープンセレモニー、取引の開始
交易…物販や売買を開始するのに良い日
出貨…営業
納財…金融機関、金庫へ入金するのに良い日
赴任…昇給や昇格を祝う日、面接を受ける

【農業関連】

栽種…植物の種を植える
牧養…牛や羊の放牧

【日常生活関連】

嫁娶…嫁を娶る
求医…病院で診察を受ける日、手術の日
求職…新たに職を求めること
嫁娶…嫁を娶る、
結婚…結婚式、結納、結婚届の提出
出行…外出、出張、旅行
入宅…引越しして新居に住み始める日
買房…家の購入
表彰…昇給や昇格に伴う表彰を受ける
清掃…自宅や建物などの陽宅の掃除、厄除けの祈り

【祭祀・祈福関連】

祈福…個人のための願掛けや祈り
求子…子孫繁栄のための願掛けや祈り

祭祀…先祖の供養、神仏への参拝
沐浴…飲食や行動を慎み心身の穢れを祓うこと

【葬儀・お墓関係】

安葬…亡骸を埋める日、火葬、土葬を含む
開生墳…生前に墓を選ぶこと
啓欑…二度葬で墓を開き骨を洗う日
修墳…陰宅風水造作、お墓の修理、遺骨を納める、二度葬、洗骨
謝土…福徳正神（土地公）、后土神、土地の龍神への儀礼の日、地鎮祭
破土…埋葬のための穴掘り
立碑…記念碑、卒塔婆の建立

◇目的別吉凶日

ここで紹介する十八の目的に合わせて日を選べば、運気もさらにアップし何事もうまく進行することが期待できます。

【開店祝い、オープンセレモニー、取引、物販の開始、各種契約】

吉日…顕星、曲星、傳星、天願、五富、満、民日。成、開の日は開店祝い、オープンセレモニーに宜しい吉日で三合、六合、五合は物販の開始、各種契約に宜しいとされている。
凶日…破、平、執日、劫殺、災殺、月殺、月刑、月厭、月害、月忌、月晦、九空、天吏、四廢、四耗、四離、四絶、四窮。

【倉庫開き、出金、金銭の貸借】

吉日…顕星、曲星、傳星、満日、月恩、五富、四相、時徳。
凶日…破、平、執、建、收、閉、甲日、劫殺、災殺、月殺、月刑、月厭、土府符、月害、月忌、月晦、九空、天吏、四廢、四耗、四離、四絶、四窮、五虚。

【掃除、浄霊】

吉日…顕星、曲星、傳星、除日、除神。

【建物の装飾を施す、窓・扉・電気の取付けや壁の塗装、地ならし】

吉日…顕星、曲星、傳星、平日。
凶日…建日、月厭、土符、地嚢、土王用事後。劫殺、災殺、月殺、月刑、四廢、破日只忌装飾、装修。

【建物や壁の解体、撤去】

吉日…顕星、曲星、傳星、破日。
凶日…建日、劫殺、災殺、月殺、月刑、月厭、土符

【神社仏閣での正式な儀式】

吉日…顯星、曲星、傳星、天德、月德、天德合、月德合、四相、時德、天巫、天願、月恩、天赦、開日。

凶日…天狗、寅日。


【個人的な願掛け、子孫繁栄のための願掛け】

吉日…顯星、曲星、傳星、天德、月德、天德合、月德合、四相、時德、天願、月恩、天赦、開日、益後、續世。

凶日…建、破、平、收日、劫殺、災殺、月殺、月刑、月害、四廢、四離、四絕。子孫繁栄の願掛けは天狗日と寅日は忌む。


【学校への入学、編入手続き、習いごとの申し込み】

吉日…顯星、曲星、傳星、成、開日。

凶日…破日、四廢。


【面接を受ける、昇給昇格を祝う日】

吉日…顯星、曲星、傳星、除、建、開日、天德、月德、天德合、月德合、天願、月恩、天赦、天喜。

凶日…破、閉、平、收、滿日、劫殺、災殺、月殺、月刑、月壓、天吏、四廢、四離、四絕、往亡

【結婚届けの提出、結納】

吉日…顯星、曲星、傳星、天德、月德、天德合、月德合、時德、赦願、天願、天赦、天喜、月恩、三合、六合、四相、民日。


凶日…破、閉、平、收、滿日、劫殺、災殺、月殺、月刑、月壓、月害、月忌、月晦、天吏、四廢、四離、四絕、二分二至。

又建日只忌結婚姻。


【嫁を娶る、婿を迎える】

吉日…顯星、曲星、傳星、天德、月德、天德合、月德合、赦願、天願、天赦、天喜、天將、三合、六合。

凶日…破、閉、收日、劫殺、災殺、月殺、月刑、月壓、月害、月破、月忌、月晦、天吏、四廢、四離、四絕、大時、九醜時、人專、歸忌、紅紗、往亡、氣往亡、二分二至。


【移転、新居の住み始め、仏壇神棚、香炉の設置】

吉日…顯星、曲星、傳星、成、開日、天德、月德、天德合、月德合、月恩、天願、天赦、天馬、驛馬。

凶日…破、閉、平、收日、劫殺、災殺、月殺、月刑、月忌、月晦、二分二至、天吏、四廢、四離、四絕、歸忌、往亡、氣往亡、九醜時。


【子作り、ベッドの移動や設置、婚姻届の提出】

吉日…顯星、曲星、傳星、危日。

凶日…破、閉、平、收日、劫殺、災殺、月殺、月壓、月晦、日刑、天吏、四廢、四離、四絕、五莫土、申日。又忌游神占房床及房內設床之方。

【厄除け、厄払いの儀式、祈り】
吉日…顯星、曲星、傳星、除、開日、天德、月德、天德合、月德合、月恩、四相、時德、天赦、解神、除神。
凶日…建、平死神、安死氣、收日、劫殺、災殺、月殺、月刑、月壓、大時、天吏、遊禍、四廢、五墓。

【建設、改築、工事全般、穴掘り】

吉日…顯星、曲星、傳星、開日、天德、月德、天德合、月德合、月恩、四相、時德、赦願、天願、天赦、三合、王日。顯星、曲星、傳星、凶日…建土府、破、平、收日、劫殺、災殺、月殺、月刑、月壓、月忌、月晦、天吏、大時、四廢、四離、四絕、地嚢、五墓、土王用事、土府符。


【大黒柱を建てる、上棟式、門を造る、扉を設置する】

吉日…顯星、曲星、傳星、開日、天德、月德、天德合、月德合、月恩、天願、天赦、三合。

凶日…建、破、平、收、閉日、劫殺、災殺、月殺、月刑、月壓、月忌、月晦、天吏、四廢、四離、四絕、倒家殺。


【お墓を建てるための穴掘り、葬儀、二度葬】

吉日…顯星、曲星、傳星、お墓を建てるための穴掘りは鳴吠、鳴吠対の日が吉。葬儀は天德、月德、天德合、月德合、天願、天赦、六合、鳴吠が宜しい。二度葬でお墓を開き骨を洗うのは鳴吠對が吉。

凶日…建、破、平、收、開日、劫殺、災殺、月殺、月刑、月壓、月害、月晦、四廢、五墓、復日、重日。建日、土府、地嚢土日用事後只忌破土。四忌、四窮、月忌、月晦、上朔、無祿只忌安葬。

【水路を作る、池を作る、噴水の設置、井戸を掘る】
吉日…顯星、曲星、傳星、開日。
凶日…破、平、建、收、閉日、劫殺、災殺、月殺、月刑、月壓、四廢、土符
壬の日は水路のみ良くて卯の日は井戸掘りを忌む。

◆六十甲子日吉凶時辰

年月日の吉神、吉方位に加えて日の干支から良い時間を選ぶことができます。吉の時刻を選べば問題はありませんが、目的に応じて選ぶ場合は吉神の意味から選ぶとさらに福力が増します。

◇十二支の時刻表

十二支	時間
子	午後11時～午前1時
丑	午前1時～午前3時
寅	午前3時～午前5時
卯	午前5時～午前7時
辰	午前7時～午前9時
巳	午前9時～午前11時
午	午前11時～午後1時
未	午後1時～午後3時
申	午後3時～午後5時
酉	午後5時～午後7時
戌	午後7時～午後9時
亥	午後9時～午後11時

◇日の干支から目的に応じて良い時間を選ぶことができます

風水日程表

	水	曜日
	1月1日	新暦
日	12月7日	旧暦
辰	癸卯	干支
黄	四緑	九星
奎	壁	二十八宿
定	平	十二直
月恩・三 日・臨日・ 倉・聖心	曲星・民日・五合・玉堂・鳴吠対	吉神
	天罡・死神・月刑・天吏・到死・天賊・復日	凶神
		二十四節気
	元日	日本の行事・祝
日・大吉日		

◇時間の吉神・凶神

時間の吉神、凶神とは六十日で一巡する六十干支から選ぶ吉時間のことで二時間毎に変わります。日にちの干支から目的に応じて選んでください。

◇吉神

・天乙貴人…天乙貴人とは天の紫微垣の中にある天乙星のことで万の神を掌ることから立身出世、昇格などを象徴し一切の凶厄を解く働きがあり、祭祀、祈福、外出、新居の住み始め、結婚、改築、埋葬などすべてに良いとされる。

・青龍…祈福、嫁を娶る、結婚、開店などに吉で、葬儀は吉凶相半である。天乙貴人と逢えばすべてが吉となる。

・明堂…祈福、嫁を娶る、結婚、開店、葬儀などに良いとされる。

・金匱…祈福、嫁を娶る、結婚、新居への住み始め、葬儀などに良いとされる。

・天徳…祈福、嫁を娶る、結婚、新居への住み始め、葬儀などに良いとされる。

・玉堂…新居への住み始め、子作りやベッドの移動、ガスコンロの設置や工事、倉庫開きなどに良いとされる。

・司命…ガスコンロの設置や工事、リフォームなどの日中行う用事に吉で夜間行う用事には不利。

◆凶神

・天刑（てんけい）…移転、外出、訴訟、事務作業などには凶
・朱雀（すざく）…出兵（兵を出すこと）には宜しいが、造営、移転、訴訟には凶。鳳凰符で制することができる。
・白虎（びゃっこ）…兵を進めるには良いが、祭祀は吉。それ以外は諸事に宜しくない。麒麟符で制することができる。
・天牢（てんろう）…出張、面接、昇給祝い、事務作業などには凶。
・元武（げんぶ）（玄武）…訴訟、出張、面接、昇給祝い、事務作業、造営などには凶。
・勾陳（こうちん）…訴訟、事務作業に凶。
・その他の凶神：寡宿五鬼、孤辰・・諸事に宜しくなく凶。

時間毎の十二支表

・己丑日
甲子（天寡孤辰凶）、乙丑（朱雀凶）、丙寅（金匱福神吉）丁卯（天徳吉）、戊辰（白虎凶）、己巳（玉堂吉）、庚午（空亡凶）、辛未（元武凶）、壬申（司命吉）、癸酉（勾陳凶）、甲戌（青龍吉）、乙亥（明堂）

・己卯日…甲子（司命吉）、乙丑（勾陳凶）、丙寅（青龍吉）、丁卯（明堂吉）、戊辰（天刑凶）、己巳（朱雀凶）、庚午（金匱吉）、辛未（天徳吉）、壬申（白虎凶）、癸酉（玉堂吉）、甲戌（天牢凶）、乙亥（元武凶）

・甲子日…甲子（金匱吉）、乙丑（天徳貴人吉）、丙寅（白虎凶）丁卯（玉堂喜神吉）、戊辰（天牢凶）、己巳（元武黑道凶）、庚午（司令金星吉）、辛未（勾陳凶）、壬申（青龍吉）、癸酉（明堂吉）、甲戌（天刑孤辰凶）、乙亥（朱雀天訟凶）

・甲寅日…甲子（青龍吉）、乙丑（貴人明堂吉）、丙寅（天刑凶）丁卯（朱雀凶）、戊辰（金匱吉）、己巳（天徳吉）、庚午（白虎凶）、辛未（玉堂吉）、壬申（天牢凶）、癸酉（玄武凶）、甲戌（司命貴人吉）、乙亥（勾陳凶）

・甲辰日…甲子（天牢凶）、乙丑（玄武凶）、丙寅（三合黄道吉）、丁卯（勾陳凶）、戊辰（青龍吉）、己巳（黄道明堂吉）、庚午（天刑五鬼凶）、辛未（朱雀凶）
壬申（金匱吉）、癸酉（天徳黄道吉）、甲戌（白虎凶）　乙亥（玉堂天開吉神吉）

・甲午日…甲子（金匱吉）、乙丑（天乙貴人吉）、丙寅（白虎凶
丁卯（玉堂吉）、戊辰（天牢凶）、己巳（元武凶）、庚午（司命吉）、辛未（勾陳凶）、壬申（青龍吉）、癸酉（明堂吉）、甲戌（天刑凶）、乙亥（朱雀凶）

・甲申日…甲子（青龍吉）、乙丑（明堂吉）、丙寅（天牢凶）、

丁卯（朱雀凶）、戊辰（金匱吉）、己巳（天德吉）、庚午（白虎凶）、辛未（玉堂吉）、壬申（天刑凶）、癸酉（玄武凶）、甲戌（司命吉）、乙亥（勾陳凶）

・甲戌日…甲子（天牢凶）、乙丑（玄武凶）、丙寅（三合黄道吉）、丁卯（勾陳凶）、戊辰（朱雀陽貴人吉）、己巳（黄道明堂吉）、庚午（五鬼凶）、辛未（玉堂吉）、壬申（金匱吉）、癸酉（天德黄道吉）、甲戌（白虎凶） 乙亥（天開玉堂吉）

・乙丑日…丙子（天刑凶）、丁丑（朱雀凶）、戊寅（金匱吉）、己卯（天德吉）、庚辰（白虎凶）、辛巳（玉堂吉）、壬午（天牢凶）、癸未（元武凶）、甲申（貴人司命吉）、乙酉（勾陳凶）、丙戌（青龍吉）、丁亥（明堂吉）

・乙卯日…丙子（司命貴人吉）、丁丑（勾陳凶）、戊寅（青龍吉）己卯（明堂吉）、庚辰（天刑凶）、辛巳（朱雀凶）、壬午（金匱吉）、癸未（天德吉）、甲申（白虎凶）、乙酉（玉堂吉）、丙戌（天牢凶）、丁亥（元武凶）

・乙巳日…丙子（白虎凶）、丁丑（玉堂吉）、戊寅（天牢凶）、己卯（寡宿五鬼凶）、庚辰（司命黄道吉）、辛巳（勾陳凶）壬午（青龍明堂吉）、癸未（明堂吉）、甲申（天刑・陽貴人）乙酉（朱雀凶）、丙戌（金匱吉）、丁亥（天德吉）

・乙未日…丙子（天刑凶）、丁丑（朱雀凶）、戊寅（金匱吉）、己卯（天德吉）、庚辰（白虎凶）、辛巳（玉堂吉）、壬午（截路空亡凶）、癸未（截路凶）、甲申（司命吉）、乙酉（勾陳凶）、丙戌（青龍吉）、丁亥（明堂吉）

・乙酉日…丙子（天乙貴人吉）、丁丑（勾陳凶）、戊寅（青龍吉）己卯（明堂吉）、庚辰（天刑凶）、辛巳（朱雀凶）、壬午（金匱吉）、癸未（天德吉）、甲申（白虎凶）、乙酉（玉堂吉）、丙戌（天牢凶）、丁亥（元武凶）

・乙亥日…丙子（白虎凶）、丁丑（玉堂吉）、戊寅（天牢凶）、己卯（寡宿五鬼凶）、庚辰（司命黄道吉）、辛巳（勾陳凶） 壬午（青龍明堂吉）、癸未（明堂吉）、甲申（天刑陽貴凶）乙酉（朱雀凶）、丙戌（金匱吉）、丁亥（天德吉）

・丙子日…戊子（金匱吉）、己丑（天德吉）、庚寅（白虎凶）、辛卯（玉堂吉）、壬辰（天牢凶）、癸巳（玄武凶）、甲午（司命吉）、乙未（勾陳凶）、丙申（青龍吉）、丁酉（明堂貴人吉）、戊戌（天刑凶）、己亥（朱雀凶）

・丙寅日…戊子（青龍吉）、己丑（明堂吉）、庚寅（天刑凶）、辛卯（朱雀凶）、壬辰（金匱吉）、癸巳（天德吉）、甲午（白

虎凶）、乙未（明堂吉）、丙申（天牢凶）、丁酉（元武凶）、戊戌（司命太陰吉）、己亥（勾陳凶）

・丙辰日…戊子（天刑凶）、己丑（元武凶）、庚寅（司命吉）、辛卯（勾陳凶）、壬辰（青龍吉）、癸巳（明堂吉）、甲午（天牢凶）、乙未（朱雀凶）、丙申（金匱吉）、丁酉（天德貴人吉）、戊戌（白虎凶）、己亥（玉堂貴人吉）

・丙午日…戊子（金匱吉）、己丑（天德吉）、庚寅（白虎凶）、辛卯（玉堂吉）、壬辰（天牢凶）、癸巳（玄武凶）、甲午（司命吉）、乙未（勾陳凶）、丙申（青龍吉）、丁酉（明堂凶）、戊戌（天牢凶）、己亥（朱雀凶）

・丙申日…戊子（青龍吉）、己丑（明堂吉）、庚寅（天刑凶）、辛卯（朱雀凶）、壬辰（天牢吉）、癸巳（玄武吉）、甲午（白虎凶）、乙未（玉堂吉）、丙申（天牢凶）、丁酉（元武凶）、戊戌（司命吉）、己亥（勾陳凶）

・丙戌日…戊子（天牢凶）、己丑（元武凶）、庚寅（司命吉）、辛卯（勾陳凶）、壬辰（青龍吉）、癸巳（貴人明堂吉）甲午（天刑凶）、乙未（朱雀凶）、丙申（金匱吉）、丁酉（天德吉）、戊戌（白虎凶）、己亥（玉堂吉

・丁丑日…庚子（天刑凶）、辛丑（朱雀凶）、壬寅（金匱吉）、癸卯（天德吉）、甲辰（白虎凶）、乙巳（玉堂吉）、丙午（天牢凶）、丁未（元武凶）、戊申（司命吉）、己酉（勾陳凶）、庚戌（青龍吉）、辛亥（明堂貴人吉）

・丁卯日…庚子（司命吉）、辛丑（勾陳凶）、壬寅（青龍天貴吉）癸卯（明堂吉）、甲辰（天刑凶）、乙巳（朱雀凶）、丙午（金匱吉）、丁未（天德貴人吉）、戊申（白虎凶）、己酉（玉堂貴人吉）、庚戌（天牢凶）、辛亥（元武凶）

・丁巳日…庚子（白虎凶）、辛丑（玉堂吉）、壬寅（天牢凶）、癸卯（玄武凶）、甲辰（司命玉堂吉）、乙巳（勾陳凶）、丙午（青龍吉）、丁未（明堂吉）、戊申（天刑凶）、己酉（朱雀凶）、庚戌（金匱吉）、辛亥（天德貴人吉）

・丁未日…庚子（天刑凶）、辛丑（朱雀凶）、壬寅（金匱吉）、癸卯（天德吉）、甲辰（白虎凶）、乙巳（玉堂吉）、丙午（天牢凶）、丁未（元武凶）、戊申（司命吉）、己酉（勾陳凶）、庚戌（青龍吉）、辛亥（明堂貴人吉）

・丁酉日…庚子（司命黄道吉）、辛丑（勾陳凶）、壬寅（天貴青龍吉）、癸卯（天乙明堂吉）、甲辰（天刑凶）、乙巳（朱雀凶）、丙午（金匱吉）、丁未（天德吉）、戊申（白虎凶）、

己酉（玉堂貴人吉）、庚戌（天牢凶）、辛亥（元武凶）

・丁亥日…庚子（白虎凶）、辛丑（玉堂吉）、壬寅（天牢凶）、癸卯（玄武凶）、甲辰（司命黄道吉）、乙巳（勾陳凶）　丙午（青龍吉）、丁未（明堂吉）、戊申（天刑凶）、己酉（朱雀凶）、庚戌（金匱吉）、辛亥（天徳吉）

・戊子日…壬子（金匱吉）、癸丑（天徳吉）、甲寅（白虎凶）、乙卯（玉堂吉）、丙辰（天牢凶）、丁巳（元武凶）、戊午（司命吉）、己未（勾陳凶）、庚申（青龍吉）、辛酉（明堂吉）、壬戌（天刑凶）、癸亥（朱雀凶）

・戊寅日…壬子（青龍吉）、癸丑（明堂吉）、甲寅（天刑凶）、乙卯（朱雀凶）、丙辰（金匱吉）、丁巳（天徳吉）、戊午（白虎凶）、己未（玉堂吉）、庚申（天牢凶）、辛酉（朱雀凶）、壬戌（司命吉）、癸亥（勾陳凶）

・戊辰日…壬子（天牢凶）、癸丑（元武凶）、甲寅（司命吉）、乙卯（勾陳凶）、丙辰（青龍吉）、丁巳（明堂吉）、戊午（天刑凶）、己未（朱雀凶）、庚申（金匱吉）、辛酉（天徳六合吉）、壬戌（白虎凶）、癸亥（玉堂吉

・戊午日…壬子（金匱吉）、癸丑（天徳吉）、甲寅（白虎凶）、乙卯（玉堂吉）、丙辰（天牢凶）、丁巳（元武凶）、戊午（司命吉）、己未（勾陳凶）、庚申（青龍吉）、辛酉（明堂吉）、壬戌（天刑凶）、癸亥（朱雀凶）

・戊申日…壬子（青龍吉）、癸丑（明堂吉）、甲寅（天刑凶）、乙卯（朱雀凶）、丙辰（金匱吉）、丁巳（天徳吉）、戊午（白虎凶）、己未（天乙貴人吉）、庚申（天牢凶）、辛酉（玄武凶）、壬戌（司命吉）、癸亥（勾陳凶）

・戊戌日…壬子（天牢凶）、癸丑（玄武凶）、甲寅（司命吉）乙卯（勾陳凶）、丙辰（青龍吉）、丁巳（明堂吉）、戊午（截路凶）、己未（朱雀凶）、庚申（金匱吉）、辛酉（天徳吉）、壬戌（白虎凶）、癸亥（玉堂吉）

・己未日…甲子（天刑凶）、乙丑（朱雀凶）、丙寅（金匱吉）、丁卯（天徳吉）、戊辰（白虎凶）、己巳（玉堂吉）、庚午（天牢凶）、辛未（元武凶）、壬申（司命吉）、癸酉（勾陳凶）、甲戌（青龍吉）、乙亥（明堂吉）

・己酉日…甲子（天乙貴人吉）、乙丑（勾陳凶）、丙寅（青龍吉）丁卯（明堂吉）、戊辰（天刑凶）、己巳（朱雀凶）、庚午（金匱吉）、辛未（天徳吉）、壬申（白虎凶）、癸酉（玉堂吉）、甲戌（天牢凶）、乙亥（元武凶）

・己亥日…甲子（白虎凶）、乙丑（玉堂吉）、丙寅（天牢凶）、丁卯（玄武凶）、戊辰（司命吉）、己巳（勾陳凶）、庚午（青龍吉）、辛未（明堂吉）、壬申（天刑凶）、癸酉（朱雀凶）、甲戌（金匱吉）、乙亥（天德吉）

・庚子日…丙子（金匱吉）、丁丑（天德貴人吉）、戊寅（白虎凶）、己卯（玉堂吉）、庚辰（天牢凶）、辛巳（元武凶）、壬午（司命吉）、癸未（勾陳凶）、甲申（青龍吉）、乙酉（明堂吉）、丙戌（天刑凶）、丁亥（朱雀凶）

・庚寅日…丙子（青龍吉）、丁丑（明堂吉）、戊寅（天刑凶）、己卯（朱雀凶）、庚辰（金匱吉）、辛巳（天德吉）、壬午（白虎凶）、癸未（福德天官吉）、甲申（天牢凶）、乙酉（元武凶）、丙戌（司命吉）、丁亥（勾陳凶）

・庚辰日…丙子（天牢凶）、丁丑（元武凶）、戊寅（司命金匱吉）己卯（勾陳凶）、庚辰（青龍吉）、辛巳（明堂吉）、壬午（天刑凶）、癸未（朱雀凶）、甲申（天寡凶）、乙酉（天德吉）、丙戌（白虎凶）、丁亥（玉堂吉）

・庚午日…丙子（金匱吉）、丁丑（天德吉）、戊寅（白虎凶）、己卯（玉堂吉）、庚辰（天牢凶）、辛巳（元武凶）、壬午（司命吉）、癸未（勾陳凶）、甲申（青龍吉）、乙酉（明堂吉）、丙戌（天寡天刑凶）、丁亥（朱雀凶）

・庚申日…丙子（青龍吉）、丁丑（明堂貴人吉）、戊寅（天刑凶）己卯（朱雀凶）、庚辰（金匱吉）、辛巳（天德吉）、壬午（白虎凶）、癸未（玉堂金匱吉）、甲申（天牢凶）　乙酉（元武凶）、丙戌（司命吉）、丁亥（勾陳凶）

・庚戌日…丙子（天牢凶）、丁丑（元武凶）、戊寅（司命吉）、己卯（勾陳凶）、庚辰（青龍吉）、辛巳（明堂吉）、壬午（天刑凶）、癸未（朱雀凶）、甲申（金匱吉）、乙酉（天德吉）、丙戌（白虎凶）、丁亥（玉堂吉）

・辛丑日…戊子（天刑天牢凶）、己丑（朱雀凶）、庚寅（金匱吉）、辛卯（天德三合吉）、壬辰（白虎凶）、癸巳（天官福星吉）、甲午（天牢凶）、乙未（元武凶）、丙申（司命喜神吉）、丁酉（勾陳凶）、戊戌（青龍吉）、己亥（明堂三合吉）

・辛卯日…戊子（司命吉）、己丑（勾陳凶）、庚寅（青龍貴人吉）辛卯（明堂吉）、壬辰（截路空亡凶）、癸巳（朱雀凶）　甲午（金匱吉）、乙未（天德吉）、丙申（白虎凶）、丁酉（玉堂吉）、戊戌（天牢凶）、己亥（元武凶）

・辛巳日…戊子（白虎凶）、己丑（玉堂吉）、庚寅（天牢凶）、辛卯（元武凶）、壬辰（司命吉）、癸巳（玄武凶）、甲午（天乙貴人吉）、乙未（明堂吉）、丙申（天刑凶）、丁酉（朱雀凶）、戊戌（金匱吉）、己亥（朱雀凶）

・辛未日…戊子（天刑天牢凶）、己丑（朱雀凶）、庚寅（金匱吉）辛卯（天德三合吉）、壬辰（白虎凶）、癸巳（天官貴人吉）甲午（天牢凶）、乙未（元武凶）、丙申（司命喜神吉）丁酉（勾陳凶）、戊戌（青龍吉）、己亥（明堂三合吉）

・辛酉日…戊子（司命吉）、己丑（勾陳凶）、庚寅（青龍貴人吉）、辛卯（明堂吉）、壬辰（天刑凶）、癸巳（朱雀凶）、甲午（金匱吉）、乙未（天德吉）、丙申（白虎凶）、丁酉（玉堂吉）、戊戌（天牢凶）、己亥（元武凶）

・辛亥日…戊子（白虎凶）、己丑（玉堂吉）、庚寅（天牢凶）、辛卯（元武凶）、壬辰（司命吉）、癸巳（勾陳凶）、甲午（青龍吉）、乙未（明堂凶）、丙申（天刑凶）、丁酉（朱雀凶）、戊戌（金匱吉）、己亥（天德吉）

・壬子日…庚子（金匱吉）、辛丑（天德吉）、壬寅（白虎凶）、癸卯（玉堂吉）、甲辰（天牢凶）、乙巳（元武凶）、丙午（司命吉）、丁未（勾陳凶）、戊申（青龍吉）、己酉（明堂吉）、庚戌（天刑凶）、辛亥（朱雀凶）

・壬寅日…庚子（青龍吉）、辛丑（明堂吉）、壬寅（天刑凶）、癸卯（朱雀凶）、甲辰（金匱吉）、乙巳（天乙貴人吉）、丙午（白虎凶）、丁未（玉堂吉）、戊申（天牢凶）、己酉（元武凶）、庚戌（司命吉）、辛亥（勾陳凶）

・壬辰日…庚子（天牢凶）、辛丑（元武凶）、壬寅（司命吉）、癸卯（勾陳凶）、甲辰（青龍吉）、乙巳（天乙貴人吉）、丙午（天刑凶）、丁未（朱雀凶）、戊申（金匱吉）、己酉（天德吉）、庚戌（白虎凶）、辛亥（玉堂吉）

・壬午日…庚子（金匱吉）、辛丑（天德吉）、壬寅（白虎凶）、癸卯（貴人吉）、甲辰（天牢凶）、乙巳（玄武凶）、丙午（司命吉）、丁未（勾陳凶）、戊申（青龍吉）、己酉（明堂吉）、庚戌（天牢凶）、辛亥（朱雀凶）

・壬申日…庚子（青龍吉）、辛丑（明堂吉）、壬寅（天刑凶）、癸卯（朱雀凶）、甲辰（金匱吉）、乙巳（天乙貴人吉）、丙午（白虎凶）、丁未（玉堂吉）、戊申（天牢凶）、己酉（元武凶）、庚戌（司命吉）、辛亥（勾陳凶）

・壬戌日…庚子（天刑凶）、辛丑（元武凶）、壬寅（司命吉）、

癸卯（勾陳凶）、甲辰（青龍吉）、乙巳（明堂吉）、丙午（天牢凶）、丁未（朱雀凶）、戊申（金匱吉）、己酉（天徳吉）、庚戌（白虎凶）、辛亥（玉堂吉）

・癸丑日…壬子（天刑凶）、癸丑（朱雀凶）、甲寅（金匱吉）、乙卯（天徳吉）、丙辰（白虎凶）、丁巳（玉堂吉）、戊午（天刑天牢凶）、己未（元武凶）、庚申（司命吉）、辛酉（勾陳凶）、壬戌（青龍吉）、癸亥（明堂吉）

・癸卯日…壬子（司命吉）、癸丑（天寡孤辰凶）、甲寅（青龍吉）、乙卯（貴人吉）、丙辰（天刑凶）、丁巳（朱雀黒道凶）、戊午（金匱福徳吉）、己未（天徳）、庚申（白虎凶）、辛酉（玉堂吉）、壬戌（天牢凶）、癸亥（玄武凶）

・癸巳日…壬子（白虎凶）、癸丑（天乙玉堂吉）、甲寅（天牢凶）乙卯（元武凶）、丙辰（司命吉）、丁巳（勾陳凶）、戊午（青龍吉）、己未（明堂吉）、庚申（天刑凶）、辛酉（朱雀凶）、壬戌（金匱吉）、癸亥（天徳吉）

・癸未日…壬子（天刑凶）、癸丑（朱雀凶）、甲寅（金匱吉）、乙卯（天徳吉）、丙辰（白虎凶）、丁巳（玉堂吉）、戊午（天牢凶）、己未（元武凶）、庚申（司命吉）、辛酉（勾陳凶）、壬戌（青龍吉）、癸亥（明堂吉）

・癸酉日…壬子（司命吉）、癸丑（天寡孤辰凶）、甲寅（青龍吉）、乙卯（貴人吉）、丙辰（天刑凶）、丁巳（朱雀黒道凶）、戊午（金匱福徳吉）、己未（天徳吉）、庚申（白虎凶）、辛酉（玉堂吉）、壬戌（天牢凶）、癸亥（黒道凶）

・癸亥日…壬子（白虎凶）、癸丑（玉堂吉）、甲寅（天牢凶）、乙卯（元武凶）、丙辰（司命吉）、丁巳（勾陳凶）、戊午（青龍吉）、己未（明堂吉）、庚申（天刑凶）、辛酉（朱雀凶）、壬戌（金匱吉）、癸亥（天徳吉）

・己巳日…甲子（白虎）、乙丑（玉堂）、丙寅（天牢凶）、丁卯（玄武）、戊辰（司命吉）、己巳（勾陳凶）、庚午（青龍吉）、辛未（明堂吉）、壬申（天刑）、癸酉（朱雀凶）、甲戌（金匱吉）、乙亥（天徳吉）

◇目的別方位盤とカレンダーの使い方

◆万能の効果が期待できる吉日と吉方位

万能とは「土地購入、土地開発、動土、建築、埋葬、墳墓、補修、増改築、移転、リフォーム、旅行」などあらゆる事に適してさらに吉作用が強く出やすいことをいいます。

【例1】すべてにおいて良い方位と吉日と吉時刻

二〇二〇年一月五日　丙子日

西北方位（戌・乾・亥の三方位）は年の年盤で西北方位に八白（富と名誉、財運、不動産運に吉）、秦書（祭祀、祈福、造営、建築、補修に吉）がめぐり、一月の方位盤では一白（立身出世、恋愛運、試験運に吉）、陰貴人（凶厄を解き吉なる慶びをもたらす）がめぐり、カレンダーでは日の吉神で月徳合（百福並び集まる徳がある吉神、祭祀、建築に吉）、要安（嫁を娶る、結婚、財運、リフォーム、葬儀など百事に吉）がめぐりさらに、六十甲子吉凶時辰（※P204参照）から時間の吉時刻を選ぶと

戊子（午後十一時～午前一時）…金匱吉
己丑（午前一時～午前三時）…天徳吉
辛卯（午前五時～午前七時）…玉堂吉
甲午（午前十一時～午後一時）…司命吉
丙申（午後三時～午後五時）…青龍吉
丁酉（午後五時～午後七時）…明堂吉

の時刻が吉時刻となります。

では例えば今回は神社に参拝をするとします。すると丁酉（午後五時～午後七時）の時間帯は明堂がめぐるためこの年月日時で吉方位、吉日吉時刻を合わせると限りなく吉作用が増幅されると判断します。

この方位を活用すれば「立身出世や富と名誉を得て、試験運に宜しく恋愛運、財運も高まり、神社参拝、家を建てることも吉」吉なる慶びが大いに期待できます。

このように年月の方位に吉神がめぐり、凶意となる凶神がめぐらずカレンダーの日にちでも吉神がめぐることが理想となります。

【例2】試験運、恋愛運、立身出世、商売、取引に良い方位と吉日

二〇二〇年一月四日

丙子日はカレンダーでは傳星（増改築、嫁を娶る、移転、新規事業の開店、埋葬、面接、昇給昇格の祝い、新居の住み始めなどを行えば一年以内に優れた子を授かり、三年以内に立身出世をし貴人の助力もあり大富豪になるとされている吉日で百事に吉、凶作用を解く）、司命（家の建築、増改築、ガスコンロを設置、修理などに吉）、鳴吠（お墓を建てるための穴掘り、葬儀などには吉）がめぐり東北方位（丑・艮・寅の三方位）は年月日で一白（立身出世、恋愛運、試験運に吉）がめぐり、年では太陽（移転、旅行、増改築に吉）、陽貴人（凶厄を解き吉なる慶びをもたらす）のめぐる丑方位と歳馬（商売、交易、労働に関する利益をもたらす）が寅方位にめぐり、特にこの方位を使用すれば傳星、司命、鳴吠の吉作用に加えて「試験運、恋愛運、立身出世、学術の向上」などに関する

吉なる慶びが得られるとされております。

さらに、六十甲子吉凶時辰（※Ｐ204参照）から時間の吉時刻を選ぶと

戊子（午後十一時〜午前一時）…金匱吉
己丑（午前一時〜午前三時）…天徳吉
辛卯（午前五時〜午前七時）…玉堂吉
甲午（午前十一時〜午後一時）…司命吉
丙申（午後三時〜午後五時）…青龍吉
丁酉（午後五時〜午後七時）…明堂吉

の時刻が吉時刻となります。

今回は「試験運を上げることを目的とします」すると甲午（午前十一時〜午後一時）：司命の時間帯は司命がめぐるためこの年月日時で吉方位、吉日吉時刻を合わせてと東北の方位の例えば「図書館で勉強する」と限りなく吉作用が増幅されると判断します。

※方位の使用方法はその吉方位に向かって旅行や移動、食事、買い物、人と会うこと、神社参拝、墓参りも吉となります。

【例3】病気の治療、通院、手術の吉方位と吉日

病気の治療や病院に関する吉方位と吉日はカレンダーでは天医、除神の日を選びます。

方位では例えば東南（巽）の方位は年盤で六白、博士がめぐり一月は月盤で八白、飛天禄がめぐるためこの方位にある病院で診察を受けたり手術をすれば吉と判断します。

【例4】動土、道路工事、増改築などの吉方位と吉日

二〇二〇年四月は年の五黄が東にめぐり三殺（劫煞・災煞・歳煞）が東南の巳方位から南の丙・午・丁の三方位、西南の未方位まで九十度の広範囲にめぐり特にこの時期にこの方位で道路工事、建築工事、増改築、リフォーム、壁の塗り替えなどが行われれば例え工事をしていなくても方位を侵したことになり凶作用がなどがたちどころに現れます。

劫煞の場合は盗難、障害、殺傷を意味し災煞は病気、災難を意味し歳煞は子供や家畜、ペットなどを傷めることを意味します。したがって、この時期にその方位で動土が行われたら巻末の年月三殺符をこの方位に貼って使用してください。長期間の工事などは伝統的な風水アイテムである麒麟、貔貅などを設置し化煞のために併用する場合もあります。

【例5】天元烏兎擇日法による金運を上昇させる方法

天元烏兎の金星は八月八日以降使用可能になりますので

二〇二〇年八月二十八日　午後五時〜七時の酉の時刻

日家吉神：顯星（面接、昇給昇格の祝い、嫁を娶る、移転、開店、埋葬などを行えば三年以内に昇格し給与も増え、不動産も手に入り優れた子宝に恵まれてあらゆる吉なる慶を得る）、天

徳、四相、益後、五合、鳴吠対がめぐり
天元烏兎では金星がめぐり「特に財運、金運に良い日で多くの財に恵まれて動産、不動産に関わらず、多くの財を得る。特に巳酉丑の年に多くを得る」といわれていて、さらに吉方位と併用すると八月は東南（巽）方位に年で六白、月日時で一白がめぐりますので東南方位の巳方位に向かって外出、神社参拝、食事、買い物、取引上の会談などはとても良いと判断します。

※吉方位吉日選びとは古今東西流派や方法はあれど、この手順で大なり小なりの〝吉なる慶び〟を全く得られない場合は以下の項目に問題がある可能性が高くなります。

①ご先祖のお墓または家の風水が悪い。
②先祖の供養を行っていない。
③形式上の先祖供養は行っているがご先祖が成仏されていない。
④仏壇・神棚が荒れている。
⑤ご本人の先天八字の命式に問題がある。
⑥先祖または本人の厄が現世に影響をしている。
⑦氏神と産土神に定期的にお詣りしていない。
⑧邪教の似非風水師や占い師の意見（知識やアイテム）も取り入れている。
⑨自然破壊やその他の犯罪行為、禁忌を犯した者が身内にいるなどが考えられます。

したがって、上記に該当することがあればそれをひとつずつ改善していくことでまるで咳が切れたかのように福力が増し〝吉なる慶び〟が瞬く間に舞い込んできたのを何度も目の当たりにしております。

火	月	日	土	金	木	水	曜日
1月7日	1月6日	1月5日	1月4日	1月3日	1月2日	1月1日	新暦
12月13日	12月12日	12月11日	12月10日	12月9日	12月8日	12月7日	旧暦
己酉	戊申	丁未	丙午	乙巳	甲辰	癸卯	干支
一白	九紫	八白	七赤	六白	五黄	四緑	九星
觜	畢	昴	胃	婁	奎	壁	二十八宿
成	危	危	破	執	定	平	十二直
歳徳合・母倉・三合・臨日・天喜・天醫・除神・鳴吠	母倉・陽徳・五富・福生・除神・司命	月徳合・要安	傳星・月空・陽徳・続世・解神・司命・鳴吠	四相・益後・五富	歳徳・月恩・三合・四相・臨日・時陰・天倉・聖心	曲星・民日・五合・玉堂・鳴吠対	吉神
大煞・復日・五離・勾陳	游禍・五離	月煞・月虚・月害・四撃・八専・勾陳	月破・大耗・災煞・天火・厭対・招瑤・四廃・五虚・血忌	劫煞・小耗・重日・玄武	死氣・天牢	天罡・死神・月刑・天吏・到死・天賊・復日	凶神
	小寒						二十四節気
						元日	日本の行事・祝日
入宅 結婚移転 動土 交易 納財旅行 通院	祭祀 納財 掃除	嫁娶 結婚 安葬	傳星日・大吉日 万事に宜しい	嫁娶 増改築	歳徳日・大吉日 万事に宜しい	曲星日・大吉日 万事に宜しい	ラッキーイベント
木星	太陰	水星	火星	太陽	金星	羅睺	天元烏兎
東北	東南	南	西南	西北	東北	東南	喜神
北	北	西	西	東北	東北	南	財神
東北	なし	西南	西南	なし	なし	なし	鶴神
							空亡刻

木	水	火	月	日	土	金	木
1月23日	1月22日	1月21日	1月20日	1月19日	1月18日	1月17日	1月16日
12月29日	12月28日	12月27日	12月26日	12月25日	12月24日	12月23日	12月22日
乙丑	甲子	癸亥	壬戌	辛酉	庚申	己未	戊午
二黒	一白	六白	五黄	四緑	三碧	二黒	一白
斗	箕	尾	心	房	氐	亢	角
建	閉	開	収	成	危	破	執
顯星・天徳合・月徳合・天恩・四相・守日・要安	天赦・歳徳・月空・天恩・天願・四相・官日・六合・続世	傳星・陰徳・王日驛馬・天後・時陽・益後・明堂	聖心・青龍	母倉・月恩・三合・臨日・天喜・天醫・除神・鳴吠	曲星・天徳・月徳・母倉・陽徳・五富・福生・除神・司命・鳴吠	顯星・歳徳・普護	敬安・解神
月建・小時・土符・往亡	天吏・到死・血支・土符・帰忌・血忌・天刑	月厭・地火・四窮・重日・大會	天罡・月刑・五虚	四耗・大煞・五離・勾陳	游禍・五離・八専	月破・大耗・四撃・九空・復日・八専	月害・大時・大敗・咸池・小耗・五虚・天牢
			大寒				
	一粒万倍日				庚申待		
顯星大月徳合日・大吉日 万事に宜しい	天赦歳徳日・大吉日 万事に宜しい	傳星大吉日	祭祀 祈福嫁娶	祭祀 祈福 入宅 動土 移転 開市 交易 葬儀 求医	曲星天徳月徳日・大吉日 万事に宜しい	顯星歳徳日・大吉日 万事に宜しい	沐浴 赴任
水星	火星	太陽	金星	羅睺	土星	計都	木星
西北	東北	東南	南	西南	西北	東北	東南
東北	東北	南	南	東	東	北	北
東南	東南	東南	東南	東南	東南	東	東

水	火	月	日	土	金	木	水
1月15日	1月14日	1月13日	1月12日	1月11日	1月10日	1月9日	1月8日
12月21日	12月20日	12月19日	12月18日	12月17日	12月16日	12月15日	12月14日
丁巳	丙辰	乙卯	甲寅	癸丑	壬子	辛亥	庚戌
九紫	八白	七赤	六白	五黄	四緑	三碧	二黒
軫	翼	張	除	柳	鬼	井	参
定	平	満	星	建	閉	開	収
三合・時陰・玉堂	天馬・不將	天徳合・月徳合・四相・民日・天巫・福徳・天倉・金堂・五合・寶光・鳴吠対	歳徳・傳星・月空・四相・時徳・相日・吉期・玉宇・五合・金匱・鳴吠対	天恩・守日・要安	天恩・六合・官日・続世	曲星・天恩・月恩・陰徳・王日・驛馬・天後・時陽・益後・明堂	顯星・天徳・月徳・天恩・聖心・青龍
厭對・招瑤・死氣・四廃・九坎・九焦・重日	河魁・死神・月煞・月虚・白虎	災煞・天火・地嚢	劫煞・天賊・五虚・八風・八専	月建・小時・土符・往亡・八専・触水龍・朱雀	天吏・到死・血支・四忌・土符・帰忌・血忌・天刑	月厭・地火・重日	天罡・月刑・五虚
		成人の日					
事業 人脈財運 旅行	諸事に宜しからず	入宅 祭祀 祈福 結婚 開市 納財 葬儀	歳徳傳星日・大吉日 万事に宜しい	嫁娶 結婚 赴任 葬儀	祭祀 沐浴	曲星日・大吉日 万事に宜しい	顯星天徳月徳・大吉日 万事に宜しい
太陰	水星	火星	太陽	金星	羅睺	土星	計都
南	西南	西北	東北	東南	南	西南	西北
西南	西南	東北	東北	南	南	東	東
東	東	東	東北	東北	東北	東北	東北

金	木	水	火	月	日	土	金
1月31日	1月30日	1月29日	1月28日	1月27日	1月26日	1月25日	1月24日
1月7日	1月6日	1月5日	1月4日	1月3日	1月2日	1月1日	12月30日
癸酉	壬申	辛未	庚午	己巳	戊辰	丁卯	丙寅
一白	九紫	八白	七赤	六白	五黄	四緑	三碧
婁	奎	壁	室	危	虚	女	牛
成	危	破	執	定	平	満	除
母倉・三合・臨日・天喜・天醫・除神・鳴吠	母倉・陽徳・五富・福生・除神・司命・鳴吠	月恩・普護	歳徳・天徳・月徳・敬安・解神・鳴吠	傳星・三合・時陰・玉堂	天恩・天馬	天恩・民日・天巫・福徳・天倉・不將・金匱・五合・寶光・鳴吠対	曲星・天恩・月恩・相日・吉期・不將・玉宇・五合・金匱・鳴吠対
地嚢・大煞・五離・勾陳	游禍・五離	月破・大耗・四撃・九空	月害・大時・大敗・咸池・小耗・五虚・天牢	厭對・招瑤・死氣・九坎・九焦・復日・重日	河魁・死神・月煞・月虚	災煞・天火	劫煞・天賊・五虚
						春節	不成就日
結婚 沐浴 移転 開市 納財 葬儀 清掃	祭祀 破土 開市 納財 葬儀 清掃	祭祀 清掃 入宅 解体	歳天月徳日・大吉日万事に宜しい	傳星日・大吉日 万事に宜しい	出行 移転入宅	祭祀 入宅嫁娶 結婚納財 出行葬儀	入宅 沐浴 清掃 動土 移転 嫁娶 結婚 開市
金星	羅睺	土星	計都	木星	太陰	水星	太陰
東南	南	西南	西北	東北	東南	南	西南
南	南	東	東	北	北	西南	西南
西南	西南	西南	南	南	南	南	西

金	木	水	火	月	日	土	曜日
2月7日	2月6日	2月5日	2月4日	2月3日	2月2日	2月1日	新暦
1月14日	1月13日	1月12日	1月11日	1月10日	1月9日	1月8日	旧暦
庚辰	己卯	戊寅	丁丑	丙子	乙亥	甲戌	干支
八白	七赤	六白	五黄	四緑	三碧	二黒	九星
鬼	井	參	觜	畢	昴	胃	二十八宿
満	除	建	閉	閉	開	収	十二直
傳星・歳徳・天徳・天恩・守日・天巫・福徳・金堂・金匱	天恩・官日・吉期・不將・玉宇・五合	天赦・王日・天倉・要安・五合	守日・不將・要安	官日・六合・不將・続世・鳴吠対	曲星・天徳合・月徳合・四相・陰徳・王日・驛馬・天後・益後・明堂	顯星・天徳・月空・四相・聖心・青龍	吉神
厭對・招瑤・九坎・九焦・九空	大時・大敗・咸池	月建・小時・土符・往亡・天刑	月建・小時・土符・往亡	天吏・血支・土符・血忌・触水龍・天刑	月厭・地火・重日	天罡・月刑・五虚・八風	凶神
			立春				二十四節気
			不成就日				日本の行事・祝日
傳星歳天徳日・大吉日 万事に宜しい	入宅 結婚 沐浴 交易 出行 旅行 赴任 清掃 求医	交易 納財 納財 葬儀 結婚	赴任 嫁娶 結婚 葬儀	祭祀 嫁娶求子 赴任 破土 葬儀	曲星天月徳合・大吉日 万事に宜しい	顯星天徳日・大吉日 万事に宜しい	ラッキーイベント
土星	計都	木星	太陰	水星	火星	太陽	天元烏兎
西北	東北	東南	南	西南	西北	東北	喜神
東	北	北	西	西	東北	東北	財神
西	西	西	西	西南	西南	西南	鶴神
							空亡刻

日	土	金	木	水	火	月	日
2月23日	2月22日	2月21日	2月20日	2月19日	2月18日	2月17日	2月16日
2月1日	1月29日	1月28日	1月27日	1月26日	1月25日	1月24日	1月23日
丙申	乙未	甲午	癸巳	壬辰	辛卯	庚寅	己丑
三碧	二黒	一白	九紫	八白	一白	九紫	八白
虚	女	牛	斗	箕	尾	心	房
破	執	定	平	満	除	建	閉
月徳・月恩・四相・驛馬・天後・普護・解神・除神・鳴吠	曲星・敬安・玉堂	顯星・時徳・民日・三合・臨日・天馬・時陰・鳴吠	相日・寶光	天徳合・月空・守日・天巫・福徳・金堂・金匱	月徳合・官日・吉期・不將・玉宇・五合・鳴吠対	王日・天倉・不將・要安・五合・鳴吠対	傳星・不將・続世・明堂
月破・大耗・五離・天牢	小耗	死氣・復日	天罡・死神・月害・游禍・五虚・重日	厭對・招瑤・九坎・九空・九焦	大時・大敗・咸池	月建・小時・土符・往亡・天刑	月煞・月虚・血支・天賊・五虚・土符・帰忌・血忌
				雨水			
天皇誕生日							
祭祀 沐浴 清掃 求医 解体	曲星日・大吉日 万事に宜しい	顯星日・大吉日 万事に宜しい	諸事に宜しからず	祭祀 祈福 沐浴 動土 移転 結婚 破土 葬儀 求医	祭祀 祈福 沐浴 動土 移転 結婚 破土 葬儀 求医	交易 納財 結婚	傳星日・大吉日 万事に宜しい
太陰	太陰	水星	火星	太陽	金星	羅睺	土星
西南	西北	東北	東南	南	西北	西北	東北
西	東北	東北	南	南	東	東	北
なし	なし	なし	なし	北	北	北	北

土	金	木	水	火	月	日	土
2月15日	2月14日	2月13日	2月12日	2月11日	2月10日	2月9日	2月8日
1月22日	1月21日	1月20日	1月19日	1月18日	1月17日	1月16日	1月15日
戊子	丁亥	丙戌	乙酉	甲申	癸未	壬午	辛巳
七赤	六白	五黄	四緑	三碧	二黒	一白	九紫
氐	亢	角	軫	翼	張	星	柳
開	収	成	危	破	執	定	平
母倉・時陽・生氣	天德・母倉・四相・六合・五富・不將・聖心	曲星・月德・月恩・四相・陽德・三合・天喜・天醫・司命	顯星・陰德・福生・除神・鳴吠	驛馬・天後・普護・解神・除神・鳴吠	天恩・敬安・玉堂	天德合・天德・月空・天恩・時德・民日・三合・臨日・鳴吠	月德合・天恩・相日・寶光
災殺・天火	河魁・劫煞・重日・勾陳	月厭・地火・四撃・大煞	天吏・到死・五虛・五離	月破・大耗・復日・五離・天牢	小耗・触水龍	死氣	天罡・死神・月刑・月害・游禍・五虛・重日
				建国記念日			
祭祀 沐浴 求職 入学	祭祀 祈福 動土 移転 入宅 納財 開市 交易 結婚 清掃	曲星月德日・大吉日 万事に宜しい	顯星日・大吉日 万事に宜しい	祭祀 沐浴清掃 求医解体	**赴任 旅行**	動土 修造 開市 祈福 移転 入宅	祭祀 道路工事 動土 修造 移転
計都	木星	太陰	水星	火星	太陽	金星	羅睺
東南	南	西南	西北	東北	東南	南	西南
北	西	西	東北	東北	南	南	東
北	西北	西北	西北	西北	西北	西北	西

土	金	木	水	火	月
2月29日	2月28日	2月27日	2月26日	2月25日	2月24日
2月7日	2月6日	2月5日	2月4日	2月3日	2月2日
壬寅	辛丑	庚子	己亥	戊戌	丁酉
九紫	八白	七赤	六白	五黄	四緑
胃	婁	奎	壁	室	危
建	閉	開	収	成	危
天德合・月空・王日・天倉・要安・五合・鳴吠対	月德合・不將・続世・明堂	歳德・母倉・時陽・不將・益後・鳴吠対	母倉・六合・五富・不將・聖心	傳星・陽德・三合・天喜・天醫・司命	天德・四相・陰德・福生・除神・鳴吠
月建・小時・土符・往亡・天刑	月煞・月虛・血支・天賊・五虛・土符・帰忌・血忌	災煞・天火・地囊	河魁・劫煞・重日・勾陳	月厭・地火・四撃・大煞	天吏・到死・五虛・五離
			雨水		
					振替休日
祭祀 祈福 沐浴 動土 移転 結婚 破土 葬儀 求医	祭祀 入宅 嫁娶 求子	歳德日・大吉日 万事に宜しい	祭祀 祈福 沐浴 動土 移転 結婚 破土 葬儀 求医	傳星日・大吉日 開市 納財 結婚 求医	祭祀 祈福 沐浴 動土 移転 結婚 破土 葬儀 求医
土星	羅睺	金星	太陽	火星	水星
南	西南	西北	東北	東南	南
南	東	東	北	北	西
なし	なし	なし	なし	なし	なし

土	金	木	水	火	月	日	曜日
3月7日	3月6日	3月5日	3月4日	3月3日	3月2日	3月1日	新 暦
2月14日	2月13日	2月12日	2月11日	2月10日	2月9日	2月8日	旧 暦
己酉	戊申	丁未	丙午	乙巳	甲辰	癸卯	干 支
七赤	六白	五黄	四緑	三碧	二黒	一白	九 星
柳	鬼	井	參	觜	畢	昴	二十八宿
破	執	定	定	平	満	除	十二直
月徳合・天恩・玉宇・除神・玉堂・鳴吠	天馬・要安・解神・除神	傳星・天徳・月恩・四相・時陰・三合・時徳・続世・寶光	月徳・月恩・四相・時徳・民日・三合・臨日・天馬・時陰・鳴吠	相日・寶光	曲星・守日・福徳・金堂・金匱	顯星・官日・吉期・玉宇・五合・鳴吠対	吉 神
月破・大耗・災煞・天火・月厭・地火・五虚・五離	劫煞・小耗・五離	死氣・血忌・八専	死氣	天罡・死神・月害・游禍・五虚・重日	厭對・招瑤・九坎・九空・九焦・復日	大時・大敗・咸池	凶 神
		啓蟄					二十四節気
			不成就日				日本の行事・祝日
祭祀 祈福 沐浴 動土 移転 結婚 破土 葬儀 求医	沐浴 清掃 移転 出行 結婚 清掃 沐浴	傳星天徳日・大吉日 万事に宜しい	祭祀 祈福 沐浴 動土 移転 結婚 破土 葬儀 求医	動土 移転 出行	曲星日・大吉日 万事に宜しい	顯星日・大吉日 万事に宜しい	ラッキーイベント
金星	太陽	火星	水星	太陰	木星	計都	天元烏兎
東北	東南	南	西南	西北	東北	東南	喜神
北	北	西南	西南	東北	東北	南	財神
東北	なし	なし	なし	なし	なし	なし	鶴神
							空亡刻

月	日	土	金	木	水	火	月
3月23日	3月22日	3月21日	3月20日	3月19日	3月18日	3月17日	3月16日
2月30日	2月29日	2月28日	2月27日	2月26日	2月25日	2月24日	2月23日
乙丑	甲子	癸亥	壬戌	辛酉	庚申	己未	戊午
八白	七赤	三碧	二黒	一白	九紫	八白	七赤
危	虚	女	牛	斗	箕	尾	心
開	収	成	危	破	執	定	平
天恩・時陽・天倉・不將・敬安	月徳・天恩・母倉・陽徳・司命	母倉・三合・臨日・天喜・天醫	六合・金堂	曲星・玉宇・除神・玉堂・鳴吠	顯星・歳徳・月空・天馬・要安・解神・除神・鳴吠	月徳合・陰徳・三合・時陰・続世・寶光	時徳・民日・益後・金匱
五虚・九坎・九空・九焦・復日・勾陳	天罡・月刑・大時・大敗・咸池・天賊	重日	月煞・月虚・四撃・天牢	月破・大耗・災煞・天火・月厭・地火・四廃・五虚・五離	劫煞・小耗・四廃・五離・八専	死氣・血忌・八専	河魁・死神・天吏・到死
			春分				
			春分の日		庚申待		
祭祀 祈福 沐浴 動土 移転 結婚 破土 葬儀 求医	祭祀 沐浴	祭祀 沐浴 祈福 旅行 赴任 入学 求医	諸事に宜しからず	曲星日・大吉日 万事に宜しい	顯星歳徳日・大吉日 万事に宜しい	祭祀 祈福 沐浴 動土 移転 結婚 破土 葬儀 求医	祈福 修造 嫁娶 求職
火星	水星	太陰	木星	計都	土星	羅睺	金星
西北	東北	東南	南	西南	西北	東北	東南
東北	東北	南	南	東	東	北	北
東南	東南	東南	東南	東南	東南	東	東

日	土	金	木	水	火	月	日
3月15日	3月14日	3月13日	3月12日	3月11日	3月10日	3月9日	3月8日
2月22日	2月21日	2月20日	2月19日	2月18日	2月17日	2月16日	2月15日
丁巳	丙辰	乙卯	甲寅	癸丑	壬子	辛亥	庚戌
六白	五黄	四緑	三碧	二黒	一白	九紫	八白
房	氐	亢	角	軫	翼	張	星
満	除	建	閉	開	収	成	危
月恩・四相・相日・驛馬・天後・天巫・福徳・聖心	四相・守日・吉期	傳星・官日・福生・五合・明堂・鳴吠対	月徳・王日・五富・普護・五合・鳴吠対	天恩・時陽・天倉・敬安	曲星・母倉・陽徳・司命・鳴吠対	顯星・天恩・母倉・三合・臨日・天喜・天醫	歳徳・月空・天恩・六合・不將・金堂
五虚・八風・土符・大煞・往亡・重日	月害・天刑	月建・小時・土符・厭對・招瑤・復日	游禍・血支・帰忌・八専	五虚・九空・九坎・九焦・地嚢・八専・触水龍・勾陳	天罡・月刑・大時・大敗・咸池・天賊	重日	月煞・月虚・四撃・天牢
祭祀 祈福 沐浴 移転 求医	祭祀 沐浴 動土 移転 求医	傳星日・大吉日 万事に宜しい	祭祀 祈福 沐浴 動土 移転 結婚 破土 葬儀 求医	祭祀 祈福 沐浴 動土 移転 結婚 破土 葬儀 求医	曲星日・大吉日 万事に宜しい	顯星日・大吉日 万事に宜しい	歳徳日・大吉日 万事に宜しい
太陽	火星	水星	太陰	木星	計都	土星	羅睺
南	西南	西北	東北	東南	南	西南	西北
西南	西南	東北	東北	南	南	東	東
東	東	東	東北	東北	東北	東北	東北

火	月	日	土	金	木	水	火
3月31日	3月30日	3月29日	3月28日	3月27日	3月26日	3月25日	3月24日
3月8日	3月7日	3月6日	3月5日	3月4日	3月3日	3月2日	3月1日
癸酉	壬申	辛未	庚午	己巳	戊辰	丁卯	丙寅
七赤	六白	五黄	四緑	三碧	二黒	一白	九紫
觜	畢	昴	胃	婁	奎	壁	室
破	執	定	平	満	除	建	閉
玉宇・除神・玉堂・鳴吠	天馬・要安・解神・鳴吠	陰徳・三合・時陰・続世・寶光	傳星・歳徳・月空・時徳・民日・益後・金匱・鳴吠対	月徳合・相日・驛馬・天後・天巫・福徳・聖心	天恩・守日・吉期	傳星・天恩・月恩・四相・官日・福生・五合・明堂・鳴吠対	顯星・天恩・四相・王日・五富・不將・普護・五合・鳴吠対
月破・大耗・災煞・天火・月厭・地火・五虚・五離	劫煞・小耗・五離	死氣・血忌	河魁・死神・天吏・致死	五虚・土符・大煞・往亡・重日	月害・天刑	月建・小時・土符・厭對・招瑤	游禍・血支・帰忌
修造 移転沐浴 清掃旅行	沐浴 清掃 嫁娶 結婚	祭祀 祈福 沐浴 動土 移転 結婚 破土 葬儀	歳徳傳星日・大吉日 万事に宜しい	祭祀 祈福 沐浴 動土 移転 結婚 破土 葬儀 求医	沐浴 旅行 出行 清掃	傳星日・大吉日 万事に宜しい	顯星日・大吉日 万事に宜しい
水星	太陰	木星	計都	土星	羅睺	金星	太陽
東南	南	西南	西北	東北	東南	南	西南
南	南	東	東	北	北	西南	西南
西南	西南	西南	南	南	南	南	西

火	月	日	土	金	木	水	曜日
4月7日	4月6日	4月5日	4月4日	4月3日	4月2日	4月1日	新暦
3月15日	3月14日	3月13日	3月12日	3月11日	3月10日	3月9日	旧暦
庚辰	己卯	戊寅	丁丑	丙子	乙亥	甲戌	干支
五黄	四緑	三碧	二黒	一白	九紫	八白	九星
翼	張	星	柳	鬼	井	參	二十八宿
建	閉	開	収	収	成	危	十二直
歳徳・天恩・月恩・守日・玉宇	天恩・官日・要安・五合	天赦・傳星・陽徳・王日・驛馬・天後・時陽・続世・五合・司命	月恩・四相・時陽・天倉・不將・敬安	曲星・母倉・四相・陽徳・不將・司命・鳴吠対	顯星・母倉・三合・臨日・天喜・天醫・不將	月徳・天願・六合・金堂	吉神
月建・小時・土符・月刑	月害・天吏・致死・血支・勾陳	厭對・招瑤・血忌・復日	五虚・八風・九坎・九空・九焦・勾陳	天罡・月刑・大時・大敗・咸池・天賊・触水龍	四窮・復日・重日	月煞・月虚・四擊・天牢	凶神
			晴明				二十四節気
						不成就日	日本の行事・祝日
歳徳日・大吉日 万事に宜しい	嫁娶 結婚 開市 葬儀	天赦傳星日・大吉日 万事に宜しい	祭祀 祈福 沐浴 動土 移転 結婚 破土 葬儀 求医	曲星日・大吉日 万事に宜しい	顯星日・大吉日 万事に宜しい	祭祀 祈福 沐浴 動土 移転 結婚 破土 葬儀 求医	ラッキーイベント
木星	計都	土星	羅睺	金星	太陽	火星	天元烏兎
西北	東北	東南	南	西南	西北	東北	喜神
東	北	北	西南	西南	東北	東北	財神
西	西	西	西	西南	西南	西南	鶴神
							空亡刻

木	水	火	月	日	土	金	木
4月23日	4月22日	4月21日	4月20日	4月19日	4月18日	4月17日	4月16日
4月1日	3月30日	3月29日	3月28日	3月27日	3月26日	3月25日	3月24日
丙申	乙未	甲午	癸巳	壬辰	辛卯	庚寅	己丑
九紫	八白	七赤	六白	五黄	七赤	六白	五黄
奎	壁	室	危	虚	女	牛	斗
定	平	満	除	建	閉	開	収
傳星・月空・四相・三合・臨日・時陰・敬安・除神・金匱・鳴吠	なし	時徳・民日・天巫・福徳・鳴吠	曲星・陰徳・相日・吉期・五富・金堂・明堂	顯星・天徳・月徳・守日・玉宇	官日・要安・五合・鳴吠対	歳徳・月恩・陽徳・王日・驛馬・天後・時陽・続世・五合・司命・鳴吠対	不將・益後
月厭・地火・死氣・往亡・五離	天罡・死神・月煞・月虚	災煞・天火・大煞・天刑	劫煞・五虚・重日	月建・小時・土符・月刑	月害・天吏・致死・血支・勾陳	厭對・招瑤・血忌	河魁・五虚
				穀雨			
傳星日・大吉日 万事に宜しい	諸事に宜しからず	祈福 求職 嫁娶 結婚 入宅 葬儀	曲星日・大吉日 万事に宜しい	顯星天徳月徳・大吉日 万事に宜しい	嫁娶 結婚 葬儀 開市	歳徳日・大吉日 万事に宜しい	祭祀 納財
太陰	羅睺	金星	太陽	火星	水星	太陰	木星
西南	西北	東北	東南	南	西南	西北	東北
西南	東北	東北	南	南	東	東	北
なし	なし	なし	なし	北	北	北	北

水	火	月	日	土	金	木	水
4月15日	4月14日	4月13日	4月12日	4月11日	4月10日	4月9日	4月8日
3月23日	3月22日	3月21日	3月20日	3月19日	3月18日	3月17日	3月16日
戊子	丁亥	丙戌	乙酉	甲申	癸未	壬午	辛巳
四緑	三碧	二黒	一白	九紫	八白	七赤	六白
箕	尾	心	房	氐	亢	角	軫
成	危	破	執	定	平	満	除
母倉・三合・天喜・天倉・聖心	傳星・天徳合・月徳合・母倉・四相・不將・玉堂	月空・四相・天馬・不將・福生・解神	天願・六合・不將・普護・除神・寶光・鳴吠	曲星・三合・臨日・時陰・敬安・除神・金匱・鳴吠	顯星・天恩	天徳・月徳・天恩・時徳・民日・天巫・福徳・鳴吠	天恩・陰徳・相日・吉期・五富・金堂・明堂
帰忌・復日・天牢	游禍・天賊・重日	月破・大耗・四撃・九空・九坎・九焦	大時・大敗・咸池・小耗・五虚・土符・五離	月厭・地火・死氣・往亡・五離	天罡・死神・月煞・月虚・触水龍	災煞・天火・地嚢・大煞・天刑	劫煞・五虚・重日
祭祀 祈福 沐浴 動土 移転 結婚 破土 葬儀 求医	傳星天徳合日・大吉日 万事に宜しい	祭祀 沐浴 清掃 求医 解体	入宅 祭祀祈福 結婚 移転 沐浴開市 納財交易 葬儀	曲星日・大吉日 万事に宜しい	顯星日・大吉日 万事に宜しい	祭祀 祈福 沐浴 動土 移転 結婚 破土 葬儀 求医	沐浴 清掃 修造 動土 移転 出行 入宅
計都	土星	羅睺	金星	太陽	火星	水星	太陰
東南	南	西南	西北	東北	東南	南	西南
北	西南	西南	東北	東北	南	南	東
北	西北	西北	西北	西北	西北	西北	西

木	水	火	月	日	土	金
4月30日	4月29日	4月28日	4月27日	4月26日	4月25日	4月24日
4月8日	4月7日	4月6日	4月5日	4月4日	4月3日	4月2日
癸卯	壬寅	辛丑	庚子	己亥	戊戌	丁酉
七赤	六白	五黄	四緑	三碧	二黒	一白
井	參	觜	畢	昴	胃	婁
閉	開	収	成	危	破	執
官日・要安・五合・鳴吠対	曲星・月徳・陰徳・陽徳・王日・驛馬・天後・時陽・続世・五合・司命・鳴吠対	顯星・益後	歳徳・母倉・月恩・三合・天喜・天醫・天倉・聖心・鳴吠対	母倉・不將・玉堂	天馬・福生・解神	天徳合・月徳合・四相・六合・不將・普護・除神・寶光・鳴吠
月害・天吏・致死・血支・勾陳	厭對・招瑤・血忌	河魁・五虚・玄武	帰忌・天牢	游禍・天賊・重日	月破・大耗・四撃・九空・九坎・九焦・復日・白虎	大時・大敗・咸池・小耗・五虚・土符・五離
	昭和の日					
嫁娶 結婚 開市 葬儀	曲星月徳日・大吉日 万事に宜しい	顯星日・大吉日 万事に宜しい	歳徳日・大吉日 万事に宜しい	沐浴 納財栽種	入宅 祭祀 沐浴 清掃求医 解体	顯星日・大吉日 万事に宜しい
計都	土星	羅睺	金星	太陽	火星	水星
東南	南	西南	西北	東北	東南	南
南	南	東	東	北	北	西南
なし	なし	なし	なし	なし	なし	なし

木	水	火	月	日	土	金	曜日
5月7日	5月6日	5月5日	5月4日	5月3日	5月2日	5月1日	新暦
4月15日	4月14日	4月13日	4月12日	4月11日	4月10日	4月9日	旧暦
庚戌	己酉	戊申	丁未	丙午	乙巳	甲辰	干支
五黄	四緑	三碧	二黒	一白	九紫	八白	九星
角	軫	翼	張	星	柳	鬼	二十八宿
執	定	平	平	満	除	建	十二直
歳徳・月徳・天恩・玉宇・解神・金匱	天恩・月恩・四相・民日・三合・時陰・要安・除神・鳴吠	四相・相日・六合・五富・不將・続世・除神	天徳合・月徳合・四相	月空・四相・時徳・民日・天巫・福徳・鳴吠	傳星・陰徳・相日・吉期・五富・金堂・明堂	守日・玉宇・青龍	吉神
小耗・天賊	死氣・地嚢・五離・朱雀	死神・月刑・游禍・五虚・血忌・五離・天刑	天罡・死神・月煞・月虚・八専・朱雀	災煞・天火・大煞・天刑	劫煞・五虚・重日	月建・小時・土符・月刑	凶神
		立夏					二十四節気
	振替休日	こどもの日	みどりの日	憲法記念日			日本の行事・祝日
歳徳日・大吉日 祭祀 祈福 沐浴 動土 移転 結婚 破土 葬儀 求医	祭祀 祈福 沐浴 動土 移転 結婚 破土 葬儀 求医	動土 修造 開市 祈福	祭祀 祈福 沐浴 動土 移転 結婚 破土 葬儀 求医	動土 修造祈福 嫁娶結婚入宅 葬儀	傳星日・大吉日 万事に宜しい	修造 建築 移転	ラッキーイベント
羅睺	金星	太陽	火星	水星	太陰	木星	天元烏兎
西北	東北	東南	南	西南	西北	東北	喜神
東	北	北	西南	西南	東北	東北	財神
東北	東北	なし	なし	なし	なし	なし	鶴神
							空亡刻

土	金	木	水	火	月	日	土
5月23日	5月22日	5月21日	5月20日	5月19日	5月18日	5月17日	5月16日
閏月4/1	4月30日	4月29日	4月28日	4月27日	4月26日	4月25日	4月24日
丙寅	乙丑	甲子	癸亥	壬戌	辛酉	庚申	己未
六白	五黄	四緑	九紫	八白	七赤	六白	五黄
胃	婁	奎	壁	室	危	虚	女
収	成	危	破	執	定	平	満
天徳合・天恩・母倉・敬安・五合・鳴吠対	月徳合・天恩・三合・臨日・天喜・天醫・玉堂	月空・天恩・天馬・不將	驛馬・天後・天倉・金堂・寶光	曲星・玉宇・解神・金匱	顯星・天徳・民日・三合・時陰・要安・除神・鳴吠	歳徳・月徳・相日・六合・五富・続世・除神・鳴吠	月恩・四相・守日・天巫・福徳・益後・明堂
天罡・劫煞・月害・土符・復日・天牢	厭對・招瑤・四撃・帰忌	天吏・致死・五虚・白虎	月破・大耗・四廃・往亡・重日	小耗・天賊	死氣・五離・朱雀	河魁・死神・月刑・游禍・五虚・血忌・五離・八専・天刑	月厭・地火・九空・九空・九焦・八専
			小満				
閏4月						庚申待	
祭祀 祈福 沐浴 動土 移転 結婚 破土 葬儀 求医	祭祀 祈福 沐浴 動土 移転 結婚 破土 葬儀 求医	沐浴 動土修造 出行 移転	出行 移転 求医 嫁娶 結婚 納財	曲星日・大吉日 万事に宜しい	顯星天徳日・大吉日 万事に宜しい	歳徳月徳日・大吉日 万事に宜しい	祭祀 動土 修造 嫁娶 赴任 入宅 葬儀
太陽	火星	水星	太陰	木星	計都	土星	羅睺
西南	西北	東北	東南	南	西南	西北	東北
西南	東北	東北	南	南	東	東	北
西	東南	東南	東南	東南	東南	東南	東

金	木	水	火	月	日	土	金
5月15日	5月14日	5月13日	5月12日	5月11日	5月10日	5月9日	5月8日
4月23日	4月22日	4月21日	4月20日	4月19日	4月18日	4月17日	4月16日
戊午	丁巳	丙辰	乙卯	甲寅	癸丑	壬子	辛亥
四緑	三碧	二黒	一白	九紫	八白	七赤	六白
牛	斗	箕	尾	心	房	氐	亢
除	建	閉	開	収	成	危	破
四相・官日・吉期・聖心・青龍	王日	傳星・天徳合・時徳・陽徳・福生・司命	月徳合・母倉・時徳・時陽・普護・五合・鳴吠対	月空・母倉・敬安・五合・鳴吠対	曲星・天恩・三合・臨日・天喜・天醫・玉堂	顯星・天恩・天馬・鳴吠対	天徳・天恩・驛馬・天後・天倉・金堂・寶光
大時・大敗・咸池	月建・小時・土符・重日・勾陳	月煞・月虚・血支・五虚・復日	災煞・天火・玄武	天罡・劫煞・月害・土符・八専・天牢	厭對・招瑤・四撃・帰忌・八専・触水龍	天吏・致死・四廃・五虚・白虎	月破・大耗・往亡・重日
			不成就日				
赴任 結婚 入宅 祈福 嫁娶	赴任	傳星天徳合日・大吉日 万事に宜しい	祭祀 祈福 沐浴 動土 移転 結婚 破土 葬儀 求医	動土 修造 祈福 求職 赴任 開市 葬儀	曲星日・大吉日 万事に宜しい	顯星日・大吉日 万事に宜しい	祭祀 祈福 沐浴 動土 移転 結婚 破土 葬儀 求医
金星	太陽	火星	水星	太陰	木星	計都	土星
東南	南	西南	西北	東北	東南	南	西南
北	西南	西南	東北	東北	南	南	東
東	東	東	東	東北	東北	東北	東北

日	土	金	木	水	火	月	日
5月31日	5月30日	5月29日	5月28日	5月27日	5月26日	5月25日	5月24日
4月9日	4月8日	4月7日	4月6日	閏月4/5	4月4日	4月3日	4月2日
甲戌	癸酉	壬申	辛未	庚午	己巳	戊辰	丁卯
五黄	四緑	三碧	二黒	一白	九紫	八白	七赤
星	柳	鬼	井	參	觜	畢	昴
執	定	平	満	除	建	閉	開
月空・不將・玉宇・解神・金匱	民日・三合・時陰・要安・除神・鳴吠	相日・六合・五富・続世・除神・鳴吠	傳星・天徳・守日・天巫・福徳・益後・明堂	歳徳・月徳・官日・吉期・聖心・青龍・鳴吠	月恩・四相・王日	曲星・天恩・四相・時徳・陽徳・福生・司命	顯星・天恩・母倉・陰徳・時陽・生氣・普護・五合・鳴吠対
小耗・天賊	死氣・五離・朱雀	河魁・死神・月刑・游禍・五虚・血忌・五離・天刑	月厭・地火・九空・九坎・九焦・大煞	大時・大敗・咸池	月建・小時・土符・重日・勾陳	月煞・月虚・血支・五虚	災煞・天火・玄武
結婚 沐浴 清掃 求医	入宅 動土 移転 結婚 沐浴 開市 交易 納財破土	祭祀 沐浴 清掃 工事	傳星日・大吉日 万事に宜しい	歳徳日・大吉日 万事に宜しい	諸事に宜しからず	曲星日・大吉日 万事に宜しい	顯星日・大吉日 万事に宜しい
火星	水星	太陰	木星	計都	土星	羅睺	金星
東北	東南	南	西南	西北	東北	東南	南
東北	南	南	東	東	北	北	西南
西南	西南	西南	西南	南	南	南	南

【二〇二〇年六月一日～三十日】

◆庚子年壬午月

日	土	金	木	水	火	月	曜日
6月7日	6月6日	6月5日	6月4日	6月3日	6月2日	6月1日	新 暦
4月16日	4月15日	4月14日	4月13日	閏月4/12	4月11日	4月10日	旧 暦
辛巳	庚辰	己卯	戊寅	丁丑	丙子	乙亥	干 支
三碧	二黒	一白	九紫	八白	七赤	六白	九 星
房	氐	亢	角	軫	翼	張	二十八宿
閉	開	収	収	成	危	破	十二直
月徳合・天恩・王日・玉宇	天恩・時徳・時陽・生氣・要安	傳星・天恩・母倉・月恩・四相・陰徳・時陽・生氣・普護・五合	母倉・四相・敬安・五合	曲星・三合・臨日・天喜・天醫・玉堂	顯星・天徳合・天馬・不將・鳴吠対	月徳合・驛馬・天後・天倉・不將・金堂・寶光	吉 神
游禍・血支・重日・玄武	五虚・九空・天牢	災煞・天火・地嚢・玄武	天罡・劫煞・月害・土符・天牢	厭對・招瑤・四撃・帰忌	天吏・致死・四忌・五虚・復日・触水龍・白虎	月破・大耗・往亡・重日	凶 神
		芒種					二十四節気
							日本の行事・祝日
祭祀 祈福 沐浴 動土 移転 結婚 破土 葬儀 求医	祭祀 祈福 沐浴 動土 移転 結婚 破土 葬儀 求医	傳星日・大吉日 万事に宜しい	祈福 赴任 嫁娶 開市	曲星日・大吉日 万事に宜しい	顯星日・大吉日 万事に宜しい	祭祀 祈福 沐浴 動土 移転 結婚 破土 葬儀 求医	ラッキーイベント
太陰	木星	計都	土星	羅睺	金星	太陽	天元烏兎
西南	西北	東北	東南	南	西南	西北	喜神
東	東	北	北	西南	西南	東北	財神
西	西	西	西	西	西南	西南	鶴神
							空亡刻

火	月	日	土	金	木	水	火
6月23日	6月22日	6月21日	6月20日	6月19日	6月18日	6月17日	6月16日
5月3日	5月2日	5月1日	4月29日	4月28日	4月27日	4月26日	4月25日
丁酉	丙申	乙未	甲午	癸巳	壬辰	辛卯	庚寅
三碧	四緑	五黄	七赤	六白	五黄	四緑	三碧
觜	畢	昴	胃	婁	奎	碧	室
平	満	除	建	閉	開	収	成
傳星・民日・敬安・除神・明堂・鳴吠	月徳・相日・驛馬・天後・天後・福徳・不將・除神・青龍・鳴吠	守日・吉期・六合・不將	曲星・天赦・陽徳・官日・金堂・司命・鳴吠	顯星・王日・玉宇	月空・時徳・時陽・生氣・要安	月徳合・母倉・続世・五合・玉堂・鳴吠対	歳徳・母倉・天馬・天喜・天醫・益後・鳴吠対
天罡・死神・天吏・致死・天賊・復日・五離	五虚・五離	勾陳	月厭・地火・死氣・往亡・五離	游禍・血支・重日・玄武	五虚・九空・天牢	河魁・大時・大敗・咸池・九坎・九焦・血忌・往亡	大煞・帰忌・白虎
		夏至					
			一粒万倍日				
傳星日・大吉日 万事に宜しい	祭祀 祈福 沐浴 動土 移転 結婚 破土 葬儀 求医	結婚 沐浴 納財 葬儀出行 旅行赴任 清掃	曲星天許日・大吉日 万事に宜しい	顯星日・大吉日 万事に宜しい	祭祀 祈福 沐浴 動土 移転 結婚 破土 葬儀 求医	祭祀 祈福 沐浴 動土 移転 結婚 破土 葬儀 求医	歳徳日・大吉日 万事に宜しい
火星	水星	太陰	金星	太陽	火星	水星	太陰
南	西南	西北	東北	東南	南	西南	西北
西南	西南	東北	東北	南	南	東	東
なし	なし	なし	なし	なし	北	北	北

月	日	土	金	木	水	火	月
6月15日	6月14日	6月13日	6月12日	6月11日	6月10日	6月9日	6月8日
4月24日	4月23日	4月22日	4月21日	4月20日	閏月4/19	4月18日	4月17日
己丑	戊子	丁亥	丙戌	乙酉	甲申	癸未	壬午
二黒	一白	九紫	八白	七赤	六白	五黄	四緑
危	虚	女	牛	斗	箕	尾	心
危	破	執	定	平	満	除	建
四相・陰徳・聖心・寶光	傳星・月恩・四相・解神・金匱	五富・福生	月徳・三合・臨日・時陰・天倉・不將・普護	曲星・民日・不將・敬安・除神・明堂・鳴吠	顯星・相日・驛馬・天後・天巫・福徳・不將・除神・青龍・鳴吠	天恩・守日・吉期・六合・不將	天恩・月空・陽徳・官日・金堂・司命・鳴吠
月煞・月虚・月害・四撃	月破・大耗・災煞・天火・厭對・招瑤・五虚	劫煞・小耗・四窮・復日・重日・朱雀	死氣・五墓・天刑	天罡・死神・天吏・致死・天賊・五離	五虚・八風・五離	触水龍・勾陳	月建・小時・土符・月刑・月厭・地火・土符
				不成就日			
祭祀	傳星日・大吉日 万事に宜しい	祭祀 沐浴	祭祀 祈福 沐浴 動土 移転 結婚 破土 葬儀 求医	曲星日・大吉日 万事に宜しい	顯星日・大吉日 万事に宜しい	結婚 沐浴 交易 納財 葬儀 出行 清掃	修造 動土 交易 開市 結婚
木星	計都	土星	羅睺	金星	太陽	火星	水星
東北	東南	南	西南	西北	東北	東南	南
北	北	西南	西南	東北	東北	南	南
北	北	西北	西北	西北	西北	西北	西北

火	月	日	土	金	木	水
6月30日	6月29日	6月28日	6月27日	6月26日	6月25日	6月24日
5月10日	5月9日	5月8日	5月7日	5月6日	5月5日	5月4日
甲辰	癸卯	壬寅	辛丑	庚子	己亥	戊戌
五黄	六白	七赤	八白	九紫	一白	二黒
翼	張	星	柳	鬼	井	参
開	収	成	危	破	執	定
時徳・時陽・生氣・要安	曲星・母倉・五合・玉堂・鳴吠対	顯星・月空・母倉・三合・天馬・天喜・天醫・益後・五合・鳴吠対	月徳合・陰徳・聖心・寶光	解神・金匱・鳴吠対	四相・福生・五離	月恩・四相・三合・臨日・時陰・天倉・不將・普護
五虚・八風・九空・地嚢・天牢	河魁・大時・大敗・咸池・九坎・九焦・血忌・往亡	大煞・帰忌・白虎	月煞・月虚・月害・四撃	月破・大耗・災煞・厭對・招瑤・五虚	劫煞・小耗・重日・朱雀	死氣・天刑
					端午の節供	
祭祀 祈福 沐浴 移転 結婚 葬儀 求医	曲星日・大吉日 万事に宜しい	顯星日・大吉日 万事に宜しい	祭祀 祈福 沐浴 動土 移転 結婚 破土 葬儀 求医	破土	祭祀 沐浴	祭祀 祈福 沐浴 動土 移転 結婚 破土 葬儀
太陰	木星	計都	土星	羅睺	金星	太陽
東北	東南	南	西南	西北	東北	東南
東北	南	南	東	東	北	北
なし	なし	なし	なし	なし	なし	なし

火	月	日	土	金	木	水	曜日
7月7日	7月6日	7月5日	7月4日	7月3日	7月2日	7月1日	新 暦
5月17日	5月16日	5月15日	5月14日	5月13日	5月12日	5月11日	旧 暦
辛亥	庚戌	己酉	戊申	丁未	丙午	乙巳	干 支
七赤	八白	九紫	一白	二黒	三碧	四緑	九 星
尾	心	房	氐	亢	角	軫	二十八宿
定	平	平	満	除	建	閉	十二直
曲星・天恩・月恩・陰徳・三合・時陰・玉宇・明堂	歳徳・天恩・三合・臨日・時陰・天倉・普護	天恩・四相・民日・敬安・除神・明堂・鳴吠	月恩・四相・相日・驛馬・天後・天巫・除神・不將・青龍	天願・守日・吉期・六合	傳星・月徳・陽徳・官日・金堂・司命・鳴吠	王日・玉宇	吉 神
厭對・招瑤・死氣・重日	死氣・天刑	天罡・死神・致死・天賊・五離	五虚・五離	復日・八専・勾陳	月建・小時・土符・月厭・地火	游禍・血支・重日・玄武	凶 神
	小暑						二十四節気
				不成就日			日本の行事・祝日
曲星日・大吉日 万事に宜しい	歳徳日・大吉日 万事に宜しい	祭祀 沐浴 道路工事	祭祀 祈福 沐浴 動土 移転 結婚 破土 葬儀 求医	祭祀 祈福 沐浴 動土 移転 結婚 破土 葬儀	傳星日・大吉日 万事に宜しい	赴任 修造 移転 建築	ラッキーイベント
計都	土星	羅睺	金星	太陽	火星	水星	天元烏兎
西南	西北	東北	東南	南	西南	西北	喜神
東	東	北	北	西南	西南	東北	財神
東北	東北	東北	なし	なし	なし	なし	鶴神
							空亡刻

木	水	火	月	日	土	金	木
7月23日	7月22日	7月21日	7月20日	7月19日	7月18日	7月17日	7月16日
6月3日	6月2日	6月1日	5月30日	5月29日	5月28日	5月27日	5月26日
丁卯	丙寅	乙丑	甲子	癸亥	壬戌	辛酉	庚申
六白	七赤	八白	九紫	四緑	五黄	六白	七赤
井	參	觜	畢	昴	胃	婁	奎
成	危	破	執	定	平	満	除
天恩・母倉・三合・臨日・天喜・天醫・敬安・五合・寶光・鳴吠対	曲星・天恩・母倉・五富・五合・金匱・鳴吠対	顯星・天恩	天徳・月徳・天恩・金堂・解神	傳星・陰徳・三合・時陰・玉宇・明堂	不將・要安・青龍	月恩・民日・天巫・福徳・天倉・続世・除神・鳴吠	曲星・歳徳・月空・陽徳・相日・吉期・益後・除神・司命・鳴吠
大煞	游禍	月破・大耗・月刑・四撃・九空・朱雀	月害・大時・大敗・咸池・小耗・五虚・九坎・九焦・帰忌・天刑	厭對・招瑤・死氣・四廃・重日	河魁・死神・月煞・月虚・土符	災煞・天火・血忌・五離・勾陳	劫煞・天賊・五虚・五離・八専
	大暑						
海の日				不成就日		スポーツの日	海の日・庚申
入宅 結婚 移転 動土 開市 交易 破土 啟攅	曲星日・大吉日 万事に宜しい	顯星日・大吉日 万事に宜しい	祭祀 祈福 沐浴 動土 移転 結婚 破土 葬儀 求医	傳星日・大吉日 万事に宜しい	諸事に宜しからず	祭祀 沐浴 清掃	歳徳曲星日・大吉日 万事に宜しい
羅睺	金星	太陽	火星	水星	太陰	木星	計都
南	西南	西北	東北	東南	南	西南	西北
西	西	東北	東北	南	南	東	東
南	西	東南	東南	東南	東南	東南	東南

水	火	月	日	土	金	木	水
7月15日	7月14日	7月13日	7月12日	7月11日	7月10日	7月9日	7月8日
5月25日	5月24日	5月23日	5月22日	5月21日	5月20日	5月19日	5月18日
己未	戊午	丁巳	丙辰	乙卯	甲寅	癸丑	壬子
八白	九紫	一白	二黒	三碧	四緑	五黄	六白
壁	室	危	虚	女	牛	斗	箕
建	閉	開	収	成	危	破	執
顯星・天德合・月德合・四相・守日・聖心	天願・四相・官日・六合・不將	王日・驛馬・天後・時陽・生氣・福生・玉堂	時德・天馬・普護	母倉・三合・臨日・天喜・天醫・敬安・五合・寶光・鳴吠対	傳星・天德・月德・母倉・五富・五合・金匱・鳴吠対	天恩	天恩・金堂・解神・鳴吠対
月建・小時・土符・復日・八專・玄武	天吏・致死・血支・往亡・天牢	月厭・地火・重日	天罡・五虚・地嚢・白虎	大煞	游禍・八専	月破・大耗・月刑・四擊・九空・八専・触水龍・朱雀	月害・大時・大敗・咸池・小耗・四廃・五虚・九坎・九焦・帰忌・天刑
顯星日・大吉日 万事に宜しい	諸事に宜しからず	求医 出行 赴任 祭祀 祈福	祭祀 入宅 納財	祭祀 祈福 沐浴 動土 移転 結婚 破土 葬儀 求医	傳星日・大吉日 万事に宜しい	諸事に宜しからず	沐浴 破土 葬儀
土星	羅睺	金星	太陽	火星	水星	太陰	木星
東北	東南	南	西南	西北	東北	東南	南
北	北	西南	西南	東北	東北	南	南
東	東	東	東	東	東北	東北	東北

金	木	水	火	月	日	土	金
7月31日	7月30日	7月29日	7月28日	7月27日	7月26日	7月25日	7月24日
6月11日	6月10日	6月9日	6月8日	6月7日	6月6日	6月5日	6月4日
乙亥	甲戌	癸酉	壬申	辛未	庚午	己巳	戊辰
七赤	八白	九紫	一白	二黒	三碧	四緑	五黄
亢	角	軫	翼	張	星	柳	鬼
定	平	満	除	建	閉	開	収
曲星・陰德・三合・時陰・玉宇・明堂	顯星・天德・月德・不將・要安・青龍	民日・天巫・福德・天倉・不將・続世・除神・鳴吠	陽德・相日・吉期・不將・益後・除神・司命・鳴吠	月德・守日・聖心	歲德・月空・官日・六合・鳴吠	傳星・天德合・月德合・四相・王日・驛馬・天後・時陽・生氣・福生・玉堂	天恩・四相・時德・天馬・普護
厭對・招瑤・死氣・重日	河魁・死神・月煞・月虚・土符	災煞・天火・血忌・五離・勾陳	劫煞・天賊・五虚・五離	月建・小時・土符・玄武	天吏・致死・血支・往亡・天牢	月厭・地火・復日・重日	天罡・五虚・白虎
					不成就日		スポーツの日
曲星日・大吉日 万事に宜しい	顯星日・大吉日 万事に宜しい	祭祀 沐浴 清掃	祭祀 沐浴 清掃	祭祀 祈福 沐浴 動土 移転 結婚 破土 葬儀 求医	歲德日・大吉日 万事に宜しい	傳星日・大吉日 万事に宜しい	祭祀 納財
金星	太陽	火星	水星	太陰	木星	計都	土星
西北	東北	東南	南	西南	西北	東北	東南
東北	東北	南	南	東	東	北	北
西南	西南	西南	西南	西南	南	南	南

金	木	水	火	月	日	土	曜日
8月7日	8月6日	8月5日	8月4日	8月3日	8月2日	8月1日	新暦
6月18日	6月17日	6月16日	6月15日	6月14日	6月13日	6月12日	旧暦
壬午	辛巳	庚辰	己卯	戊寅	丁丑	丙子	干支
九紫	一白	二黒	三碧	四緑	五黄	六白	九星
牛	斗	箕	尾	心	房	氐	二十八宿
開	開	収	成	危	破	執	十二直
月徳・天恩・月恩・四相・天馬・時陽・生氣・不將・玉宇・鳴吠	天恩・月恩・王日・驛馬・天後・時陽・生氣・福生・玉堂	歳徳・月空・天恩・時徳・天馬・普護	天徳合・月徳合・天恩・母倉・四相・三合・臨日・天喜・天醫・敬安・五合・寶光	傳星・母倉・四相・五富・五合・金匱	なし	金堂・解神・鳴吠対	吉神
災煞・天火・白虎	月厭・地火・重日	天罡・五虚・白虎	大煞・復日	游禍	月破・大耗・月刑・四撃・九空・朱雀	月害・大時・大敗・咸池・小耗・四忌・五虚・九坎・九焦・帰忌・触水龍・天刑	凶神
立秋							二十四節気
							日本の行事・祝日
祭祀 祈福 沐浴 動土 移転 結婚 破土 葬儀 求医	諸事に宜しからず	歳徳日・大吉日 万事に宜しい	祭祀 祈福 沐浴 動土 移転 結婚 破土 葬儀 求医	傳星日・大吉日 万事に宜しい	諸事に宜しからず	沐浴	ラッキーイベント
火星	水星	太陰	木星	計都	土星	羅睺	天元烏兎
南	西南	西北	東北	東南	南	西南	喜神
南	東	東	北	北	西南	西南	財神
西北	西	西	西	西	西	西南	鶴神
							空亡刻

日	土	金	木	水	火	月	日
8月23日	8月22日	8月21日	8月20日	8月19日	8月18日	8月17日	8月16日
7月5日	7月4日	7月3日	7月2日	7月1日	6月29日	6月28日	6月27日
戊戌	丁酉	丙申	乙未	甲午	癸巳	壬辰	辛卯
五黄	六白	四緑	五黄	六白	七赤	八白	九紫
星	柳	鬼	井	參	觜	畢	昴
満	除	建	閉	開	収	成	危
傳星・天徳合・母倉・陽徳・守日・天巫・福徳・敬安・司命	月徳合・陰徳・官日・吉期・除神・鳴吠	月空・王日・天倉・除神・鳴吠	曲星・月空・王日・天倉・除神・鳴吠	顯星・母倉・不將・金堂・玉堂	天徳・四相・六合・五富・不將・要安・寶光	月徳・母倉・月恩・四相・三合・天喜・天醫・続世・金匱	益後・五合・鳴吠対
厭對・招瑤・九空	大時・大敗・咸池・九坎・九焦・往亡・五離・玄武	月建・小時・土符・五離・天牢	月建・小時・土符・五離・天牢	月煞・月虚・血支・天賊・五虚	河魁・劫煞・重日	月厭・地火・四撃・大煞・血忌	天吏・致死・五虚・土符・朱雀
	処暑						
傳星日・大吉日 万事に宜しい	祭祀 祈福 沐浴 動土 移転 結婚 破土 葬儀 求医	沐浴 納財 出行 清掃	曲星日・大吉日 万事に宜しい	顯星日・大吉日 万事に宜しい	祭祀 祈福 沐浴 動土 移転 結婚 破土 葬儀 求医	祭祀 祈福 沐浴 動土 移転 結婚 破土 葬儀 求医	祭祀 入宅 啟攢
太陰	水星	火星	太陽	金星	金星	太陽	火星
東南	南	西南	西北	東北	東南	南	西南
北	西南	西南	東北	東北	南	南	東
なし	なし	なし	なし	なし	なし	北	北

土	金	木	水	火	月	日	土
8月15日	8月14日	8月13日	8月12日	8月11日	8月10日	8月9日	8月8日
6月26日	6月25日	6月24日	6月23日	6月22日	6月21日	6月20日	6月19日
庚寅	己丑	戊子	丁亥	丙戌	乙酉	甲申	癸未
一白	二黒	三碧	四緑	五黄	六白	七赤	八白
胃	婁	奎	壁	室	危	虚	女
破	執	定	平	満	除	建	閉
歳徳・驛馬・天後・聖心・解神・五合・鳴吠対	傳星・母倉・明堂	天徳合・時徳・民日・三合・臨日・時陰・福生・青龍	月徳合・相日・普護	曲星・月空・陽徳・守日・天巫・福徳・敬安・司命	顯星・陰徳・官日・不將・除神・鳴吠	王日・天倉・不將・除神・鳴吠	天徳・天恩・母倉・四相・不將・金堂・玉堂
月破・大耗・月刑・復日・天刑	小耗・帰忌	死氣	天罡・死神・月害・游禍・五虚・八風・地嚢・重日・勾陳	厭對・招瑤・九空	大時・大敗・咸池・九坎・九焦・往亡・五離・玄武	月建・小時・土符・五離・天牢	月煞・月虚・血支・天賊・五虚・触水龍
					山の日		
歳徳日・大吉日 万事に宜しい	傳星日・大吉日 万事に宜しい	祭祀 祈福 沐浴 動土 移転 結婚 破土 葬儀 求医	祭祀 祈福 沐浴 動土 移転 結婚 破土 葬儀 求医	曲星日・大吉日 万事に宜しい	顯星日・大吉日 万事に宜しい	祭祀 祈福 沐浴 移転 結婚	祭祀 祈福 沐浴 動土 移転 結婚 破土 葬儀 求医
水星	太陰	木星	計都	土星	羅睺	金星	太陽
西北	東北	東南	南	西南	西北	東北	東南
東	北	北	西南	西南	東北	東北	南
北	北	北	西北	西北	西北	西北	西北

月	日	土	金	木	水	火	月
8月31日	8月30日	8月29日	8月28日	8月27日	8月26日	8月25日	8月24日
7月13日	7月12日	7月11日	7月10日	7月9日	7月8日	7月7日	7月6日
丙午	乙巳	甲辰	癸卯	壬寅	辛丑	庚子	己亥
六白	七赤	八白	九紫	一白	二黒	三碧	四緑
心	房	氐	亢	角	軫	翼	張
開	収	成	危	破	執	定	平
月空・天馬・時陽・生氣・玉宇鳴吠	六合・五富・不將・要安・寶光	曲星・三合・母倉・天喜・続世・金匱	顯星・天徳・四相・益後・五合・鳴吠対	月徳・月恩・四相・驛馬・天後・聖心・解神・五合・鳴吠対	母倉・明堂	歳徳・時徳・民日・三合・臨日・時陰・福生・青龍・鳴吠対	相日・普護
災煞・天火・白虎	河魁・劫煞・重日	月厭・地火・四撃・大煞・血忌	天吏・致死・五虚・土符・朱雀	月破・大耗・月刑・天刑	小耗・帰忌	死氣・四忌・復日	天罡・死神・月害・游禍・五虚・重日・勾陳
		不成就日					
諸事に宜しからず	結婚 開市 交易 納財 除虫	曲星日・大吉日 万事に宜しい	顯星天徳日・大吉日 万事に宜しい	祭祀 祈福 沐浴 動土 移転 結婚 破土 葬儀 求医	除虫	歳徳日・大吉日 万事に宜しい	祭祀 沐浴 修造
水星	火星	太陽	金星	羅睺	土星	計都	木星
西南	西北	東北	東南	南	西南	西北	東北
西南	東北	東北	南	南	東	東	北
なし	なし	なし	なし	なし	なし	なし	なし

月	日	土	金	木	水	火	曜日
9月7日	9月6日	9月5日	9月4日	9月3日	9月2日	9月1日	新暦
7月20日	7月19日	7月18日	7月17日	7月16日	7月15日	7月14日	旧暦
癸丑	壬子	辛亥	庚戌	己酉	戊申	丁未	干支
八白	九紫	一白	二黒	三碧	四緑	五黄	九星
危	虚	女	牛	斗	箕	尾	二十八宿
定	定	平	満	除	建	閉	十二直
曲星・天徳・天恩・母倉・四相・明堂	顯星・月徳・天恩・月恩・四相・時徳・民日・三合・臨日・時陰・福生・青龍・鳴吠対	天恩・相日・普護	天恩・母倉・陽徳・守日・天巫・福徳・敬安・司命	不將・陰徳・官日・吉期・除神・鳴吠	天赦・天徳合・王日・天倉・不將・除神	傳星・月徳合・母倉・金堂・玉堂	吉神
小耗・帰忌・八専・触水龍	死氣	天罡・死神・月害・游禍・四窮・五虚・重日・勾陳	厭對・招瑤・九空・復日	大時・大敗・咸池・九坎・九焦・往亡・五離・玄武	月建・小時・土符・五離・天牢	月煞・月虚・血支・天賊・五虚・八風・八専	凶神
白露							二十四節気
							日本の行事・祝日
曲星日・大吉日 万事に宜しい	顯星日・大吉日 万事に宜しい	祭祀 沐浴	栽種 牧養	沐浴 破土 葬儀 清掃	天赦日 祭祀 祈福 入宅 結婚 沐浴 移転 葬儀 求医	傳星日・大吉日 万事に宜しい	ラッキーイベント
太陽	金星	羅睺	土星	計都	木星	太陰	天元烏兎
東南	南	西南	西北	東北	東南	南	喜神
南	南	東	東	北	北	西南	財神
東北	東北	東北	東北	東北	なし	なし	鶴神
							空亡刻

水	火	月	日	土	金	木	水
9月23日	9月22日	9月21日	9月20日	9月19日	9月18日	9月17日	9月16日
8月7日	8月6日	8月5日	8月4日	8月3日	8月2日	8月1日	7月29日
己巳	戊辰	丁卯	丙寅	乙丑	甲子	癸亥	壬戌
七赤	八白	九紫	一白	二黒	三碧	七赤	八白
軫	翼	張	星	柳	鬼	井	參
成	危	破	執	定	平	満	除
三合・臨日・天喜・天醫・普護	天恩・母倉・六合・不將・敬安	曲星・天恩・五合・明堂・鳴吠対	顯星・天恩・解神・五合・青龍・鳴吠対	月徳合・天恩・母倉・三合・時陰・金堂	月空・天恩・時徳・陽徳・民日・玉宇・司命	月恩・四相・相日・驛馬・天後・天巫・福徳・要安	母倉・四相・守日・吉期・続世
重日・朱雀	月煞・月虚・四撃・天刑	月破・大耗・災煞・天火・月厭・地火・五虚	劫煞・小耗・地嚢・帰忌	死氣・勾陳	河魁・死神・天吏・致死・往亡	五虚・大煞・重日・玄武	月害・血忌・天牢
	秋分						
	秋分の日	敬老の日					
祭祀 祈福 沐浴 動土 移転 結婚 破土 葬儀 求医	諸事に宜しからず	曲星日・大吉日 万事に宜しい	顯星日・大吉日 万事に宜しい	祭祀 祈福 沐浴 動土 移転 結婚 破土 葬儀 求医	祭祀 沐浴	祭祀 沐浴 清掃	祭祀 移転 沐浴 動土 栽種 旅行 出行 清掃
水星	火星	太陽	金星	羅睺	土星	計都	太陽
東北	東南	南	南	西北	東北	東南	南
北	北	西南	西南	東北	東北	南	南
南	南	南	西	東南	東南	東南	東南

火	月	日	土	金	木	水	火
9月15日	9月14日	9月13日	9月12日	9月11日	9月10日	9月9日	9月8日
7月28日	7月27日	7月26日	7月25日	7月24日	7月23日	7月22日	7月21日
辛酉	庚申	己未	戊午	丁巳	丙辰	乙卯	甲寅
九紫	一白	二黒	三碧	四緑	五黄	六白	七赤
觜	畢	昴	胃	婁	奎	壁	室
建	閉	開	収	成	危	破	執
曲星・官日・益後・除神・玉堂・鳴吠	顯星・歳徳・月徳王日・天馬・五富・聖心・除神・鳴吠	母倉・陰徳・時陽・生氣・天倉・寶光	不將・福生・金匱	三合・臨日・天喜・天醫・普護	母倉・六合・敬安	月徳合・五合・明堂・鳴吠対	月空・解神・五合・青龍・鳴吠対
月建・小時・土符・月刑・厭對・招瑤・復日・五離	游禍・血支・五離・八專・白虎	五虚・九空・土符・八專	天罡・大時・大敗・咸池・天賊・九坎・九焦	重日・朱雀	月煞・月虚・四擊・天刑	月破・大耗・災殺・天火・月厭・地火・四廃・五虚	劫煞・小耗・四廃・帰忌・八專
	庚申待						
曲星日・大吉日 万事に宜しい	顯星日・大吉日 万事に宜しい	祭祀 祈福 移転 表彰 求職 出行	諸事に宜しからず	祭祀 祈福 入宅 求職	祈福 赴任	万事に宜しい	沐浴 除虫
金星	羅睺	土星	計都	木星	太陰	水星	火星
西南	西北	東北	東南	南	西南	西北	東北
東	東	北	北	西南	西南	東北	東北
東南	東南	東	東	東	東	東	東北

水	火	月	日	土	金	木
9月30日	9月29日	9月28日	9月27日	9月26日	9月25日	9月24日
8月14日	8月13日	8月12日	8月11日	8月10日	8月9日	8月8日
丙子	乙亥	甲戌	癸酉	壬申	辛未	庚午
九紫	一白	二黒	三碧	四緑	五黄	六白
箕	尾	心	房	氐	亢	角
平	満	除	建	閉	開	収
曲星・時徳・民日・玉宇・四撃・鳴吠対	顯星・相日・驛馬・天後・天巫・福徳・要安・天徳合	月空・母倉・守日・吉期・続世	月恩・四相・官日・益後・除神・玉堂・鳴吠	四相・王日・天馬・五富・不將・聖心・除神・鳴吠	母倉・陰徳・時陽・生氣・天倉・不將・寶光	傳星・月徳・福生・金匱・鳴吠
河魁・死神・天吏・致死・往亡・触水龍	五虚・大煞・重日・玄武	月害・血忌・天牢	月建・小時・土符・月刑・厭對・招瑤・五離	游禍・血支・五離・白虎	五虚・九空・土符・復日	天罡・大時・大敗・咸池・天賊・九坎・九焦
				不成就日		
曲星日・大吉日 万事に宜しい	顯星日・大吉日 万事に宜しい	祭祀 沐浴 裁種 出行 清掃	祭祀 沐浴 清掃	祭祀 沐浴 納財 葬儀 修倉庫 清掃	祭祀 祈福 沐浴 移転 結婚	傳星日・大吉日 万事に宜しい
太陽	金星	羅睺	土星	計都	木星	太陰
西南	西北	東北	東南	南	西南	西北
西南	東北	東北	南	南	東	東
西南	西南	西南	西南	西南	西南	南

水	火	月	日	土	金	木	曜日
10月7日	10月6日	10月5日	10月4日	10月3日	10月2日	10月1日	新 暦
8月21日	8月20日	8月19日	8月18日	8月17日	8月16日	8月15日	旧 暦
癸未	壬午	辛巳	庚辰	己卯	戊寅	丁丑	干 支
二黒	三碧	四緑	五黄	六白	七赤	八白	九 星
壁	室	危	虚	女	牛	斗	二十八宿
開	収	成	危	破	執	定	十二直
天恩・母倉・月恩・四相・陰徳・時陽・生氣・天倉・不將・寶光	天恩・四相・不將・福生・金匱・鳴吠	天恩・三合・臨日・天喜・天醫・不將・普護	歳徳・月徳・天恩・母倉・天願・六合・敬安	傳星・天恩・五合・明堂	解神・五合・青龍	母倉・三合・時陰・金堂	吉 神
五虚・九空・土符・触水龍	天罡・大時・大敗・咸池・大賊・九坎・九焦	復日・重日・朱雀	月煞・月虚・四撃・天刑	月破・大耗・災煞・天火・月厭・地火・五虚	劫煞・小耗・帰忌	死氣・勾陳	凶 神
							二十四節気
							日本の行事・祝日
移転 表彰 出行 結婚 清掃 祭祀 祈福 結婚 入宅	諸事に宜しからず	祭祀 祈福結婚 入宅 動土 開市 交易 求医 修倉庫	歳徳日・大吉日 万事に宜しい	傳星日・大吉日 万事に宜しい	沐浴 除虫	結婚 動土 交易 納財 結婚 修倉庫	ラッキーイベント
羅睺	土星	計都	木星	太陰	水星	火星	天元烏兎
東南	南	西南	西北	東北	東南	南	喜神
南	南	東	東	北	北	西	財神
西北	西北	西	西	西	西	西	鶴神
							空亡刻

金	木	水	火	月	日	土	金
10月23日	10月22日	10月21日	10月20日	10月19日	10月18日	10月17日	10月16日
9月7日	9月6日	9月5日	9月4日	9月3日	9月2日	9月1日	8月30日
己亥	戊戌	丁酉	丙申	乙未	甲午	癸巳	壬辰
七赤	五黄	六白	七赤	八白	九紫	一白	二黒
亢	角	軫	翼	張	星	柳	鬼
除	建	閉	開	収	成	危	破
相日・吉期・五富・敬安・玉堂	母倉・守日・天馬	官日・除神・寶光・鳴吠	顯星・天徳・月徳・王日・驛馬・天後・時陽・生氣・金堂・除神・金匱	母倉・玉宇	三合・天喜・天醫・天倉・要安・鳴吠	曲星・四相・陰徳・不將・続世・明堂	顯星・月空・母倉・四相・不將・益後・解神・青龍
劫煞・五虚・土符・重日	月建・小時・土符・復日・白虎	月害・天吏・致死・血支・五離	厭對・招瑤・五離	河魁・月刑・五虚・朱雀	天刑	游禍・天賊・血忌・重日	月破・大耗・四撃・九空・往亡
霜降							
沐浴 清掃	諸事に宜しからず	沐浴 清掃	顯星日・大吉日 万事に宜しい	祈福 修造 建築 移転	嫁娶 結婚 納財 葬儀	曲星日・大吉日 万事に宜しい	顯星日・大吉日 万事に宜しい
木星	太陰	水星	火星	太陽	金星	羅睺	羅睺
東北	東南	南	西南	西北	東北	東南	南
北	北	西南	西南	東北	東北	南	南
なし	なし	なし	なし	なし	なし	なし	北

木	水	火	月	日	土	金	木
10月15日	10月14日	10月13日	10月12日	10月11日	10月10日	10月9日	10月8日
8月29日	8月28日	8月27日	8月26日	8月25日	8月24日	8月23日	8月22日
辛卯	庚寅	己丑	戊子	丁亥	丙戌	乙酉	甲申
三碧	四緑	五黄	六白	七赤	八白	九紫	一白
井	參	觜	畢	昴	胃	婁	奎
執	定	平	満	除	建	閉	開
天徳合・月徳合・天願・六合・不將・聖心・五合・鳴吠対	歳徳・月恩・陽徳・三合・臨日・時陰・五合・司命・鳴吠対	母倉・福生	天巫・民日・時徳・福徳・普護	傳星・相日・吉期・五富・敬安・玉堂	天徳・月徳・母倉・守日・天馬	曲星（節後）・官日・除神・寶光・鳴吠	顯星・王日・驛馬・天後・時陽・生氣・金堂・除神・金匱・鳴吠
大時・大敗・咸池・小耗・五虚・勾陳	月厭・地火・死氣・九坎・九焦	天罡・死神・月煞・月虚・玄武	災煞・天火・大煞・帰忌・復日・天牢	劫煞・五虚・八風・土符・重日	月建・小時・土符・白虎	月害・天吏・致死・血支・五離	厭對・招瑤・五離
							寒露
祭祀 祈福 沐浴 動土 移転 結婚 破土 葬儀 求医	歳徳日・大吉日 万事に宜しい	諸事に宜しからず	祭祀 沐浴	傳星日・大吉日 万事に宜しい	祭祀 祈福 沐浴 動土 移転 結婚 破土 葬儀 求医	曲星日・大吉日 万事に宜しい	顯星日・大吉日 万事に宜しい
土星	計都	木星	太陰	水星	火星	太陽	金星
西南	西北	東北	東南	南	西南	西北	東北
東	東	北	北	西南	西南	東北	東北
北	北	北	北	西北	西北	西北	西北

土	金	木	水	火	月	日	土
10月31日	10月30日	10月29日	10月28日	10月27日	10月26日	10月25日	10月24日
9月15日	9月14日	9月13日	9月12日	9月11日	9月10日	9月9日	9月8日
丁未	丙午	乙巳	甲辰	癸卯	壬寅	辛丑	庚子
八白	九紫	一白	二黒	三碧	四緑	五黄	六白
女	牛	斗	箕	尾	心	房	氐
収	成	危	破	執	定	平	満
母倉・玉宇	天徳・月徳・三合・天喜・天醫・天倉・要安・鳴吠	傳星・陰徳・続世・明堂	母倉・益後・解神・青龍	四相・六合・不將・聖心・五合・鳴吠対	曲星・月空・四相・陽徳・三合・臨日・時陰・五合・司命・鳴吠対	顯星・天徳合・月徳合・母倉・福徳	歳徳・月恩・時徳・民日・天巫・福徳・普護・鳴吠対
河魁・月刑・五虚・八風・八専・朱雀	天刑	游禍・天賊・血忌・重日	月破・大耗・四撃・九空・往亡	大時・大敗・咸池・小耗・五虚・勾陳	月厭・地火・死氣・九坎・九焦	天罡・死神・月煞・月虚・地嚢・玄武	災煞・天火・四忌・大煞・帰忌・天牢
						不成就日	
諸事に宜しからず	祭祀 祈福 沐浴 動土 移転 結婚 破土 葬儀 求医	傳星日・大吉日 万事に宜しい	祭祀 沐浴 清掃 解体	祭祀 祈福 入宅 移転 動土 除虫 栽種 破土 葬儀 啟攢 求医	曲星日・大吉日 万事に宜しい	顯星日・大吉日 万事に宜しい	歳徳日・大吉日 万事に宜しい
太陰	水星	火星	太陽	金星	羅睺	土星	計都
南	西南	西北	東北	東南	南	西南	西北
西南	西南	東北	東北	南	南	東	東
なし	なし	なし	なし	なし	なし	なし	なし

土	金	木	水	火	月	日	曜日
11月7日	11月6日	11月5日	11月4日	11月3日	11月2日	11月1日	新暦
9月22日	9月21日	9月20日	9月19日	9月18日	9月17日	9月16日	旧暦
甲寅	癸丑	壬子	辛亥	庚戌	己酉	戊申	干支
一白	二黒	三碧	四緑	五黄	六白	七赤	九星
胃	婁	奎	壁	室	危	虚	二十八宿
平	平	満	除	建	閉	開	十二直
傳星・月徳・四相・時徳・相日・六合・五富	天恩・母倉・四相・福生	月空・天恩・四相・時徳・民日・天巫・福徳・普護・鳴吠対	曲星・天徳合・月徳合・天恩・相日・吉期・五富・敬安・玉堂	顯星・歳徳・天恩・母倉・月恩・守日・天馬	天恩・官日・除神・寶光・鳴吠	天赦・王日・驛馬・天後・時陽・生氣・金堂・除神・金匱	吉神
月厭・地火・死氣・往亡・五離	天罡・死神・月煞・月虚・八専・触水龍・玄武	災煞・天火・大煞・帰忌・天牢	劫煞・四窮・五虚・土符・重日	月建・小時・土符・白虎	月害・天吏・致死・血支・五離	厭對・招瑤・復日・五離	凶神
立冬							二十四節気
				文化の日			日本の行事・祝日
曲星日・大吉日 万事に宜しい	諸事に宜しからず	祭祀 沐浴	曲星日・大吉日 万事に宜しい	顯星歳徳日・大吉日 万事に宜しい	沐浴 清掃	天赦日 祭祀 祈福 沐浴 動土 移転 結婚 破土 葬儀 求医	ラッキーイベント
火星	太陽	金星	羅睺	土星	計都	木星	天元烏兎
東北	東南	南	西南	西北	東北	東南	喜神
東北	南	南	東	東	北	北	財神
東北	東北	東北	東北	東北	東北	なし	鶴神
							空亡刻

月	日	土	金	木	水	火	月
11月23日	11月22日	11月21日	11月20日	11月19日	11月18日	11月17日	11月16日
10月9日	10月8日	10月7日	10月6日	10月5日	10月4日	10月3日	10月2日
庚午	己巳	戊辰	丁卯	丙寅	乙丑	甲子	癸亥
九紫	一白	二黒	三碧	四緑	五黄	六白	一白
心	房	氐	亢	角	軫	翼	張
危	破	執	定	平	満	除	建
歳徳・天徳合・月空・不將・普護・青龍・鳴吠	月徳合・驛馬・天後・天倉・不將・敬安	曲星・天恩・陽徳・解神・司命	顯星・天恩・陰徳・民日・三合・時陰・五合・鳴吠対	天恩・時徳・相日・六合・五富・金堂・五合・鳴吠対	天徳・天恩・月恩・四相・守日・天巫・福徳・玉宇・玉堂	天赦・月徳・天恩・四相・官日・天馬・吉期・要安	王日・続世・寶光
天吏・致死・五虚	月破・大耗・重日・勾陳	小耗・天賊・土符	死氣・玄武	河魁・死神・游禍・五虚・天牢	月厭・地火・九空・大煞・帰忌	大時・大煞・咸池・白虎	月建・小時・土符・月刑・九坎・九焦・血忌・重日
	小雪						
歳徳日・大吉日 万事に宜しい	祭祀 祈福 沐浴 動土 移転 結婚 破土 葬儀 求医	曲星日・大吉日 万事に宜しい	顯星日・大吉日 万事に宜しい	入宅 結婚 移転 動土 開市 交易 納財 破土	祭祀 祈福 沐浴 動土 移転 結婚 破土 葬儀 求医	天赦日 祭祀 祈福 沐浴 動土 移転 結婚 破土 葬儀 求医	祭祀 沐浴
木星	太陰	水星	火星	太陽	金星	羅睺	土星
西北	東北	東南	南	西南	西北	東北	東南
東	北	北	西南	西南	東北	東北	南
南	南	南	南	西	東南	東南	東南

日	土	金	木	水	火	月	日
11月15日	11月14日	11月13日	11月12日	11月11日	11月10日	11月9日	11月8日
10月1日	9月29日	9月28日	9月27日	9月26日	9月25日	9月24日	9月23日
壬戌	辛酉	庚申	己未	戊午	丁巳	丙辰	乙卯
二黒	三碧	四緑	五黄	六白	七赤	八白	九紫
星	柳	鬼	井	參	觜	畢	昴
閉	開	収	成	危	破	執	定
曲星・益後・金匱	顯星・母倉時陽・生氣・聖心・除神・鳴吠	歳徳・天徳合・月空・母倉・鳴吠	月徳合・三合・臨日・天喜・天醫・福生・明堂	普護・青龍	驛馬・天後・天倉・敬安	傳星・時徳・解神・司命	天徳・月恩・四相・陽徳・民日・三合・時陰・五合・鳴吠対
月煞・月虚・血支・五虚・復日	災煞・天火・五離・朱雀	天罡・劫煞・月害・五離・八専・天刑	厭對・招瑤・四撃・往亡・八専	天吏・致死・五虚	月破・大耗・四廃・重日・勾陳	小耗・天賊・土符	死氣・玄武
曲星日・大吉日 万事に宜しい	顯星日・大吉日 万事に宜しい	歳徳天徳合日・大吉日 万事に宜しい	祭祀 祈福 沐浴 動土 移転 結婚 破土 葬儀 求医	諸事に宜しからず	諸事に宜しからず	傳星日・大吉日 万事に宜しい	祭祀 祈福 沐浴 動土 移転 結婚 破土 葬儀 求医
計都	金星	羅睺	土星	計都	木星	太陰	水星
南	西南	西北	東北	東南	南	西南	西北
南	東	東	北	北	西南	西南	東北
東南	東南	東南	東	東	東	東	東

月	日	土	金	木	水	火
11月30日	11月29日	11月28日	11月27日	11月26日	11月25日	11月24日
10月16日	10月15日	10月14日	10月13日	10月12日	10月11日	10月10日
丁丑	丙子	乙亥	甲戌	癸酉	壬申	辛未
二黒	三碧	四緑	五黄	六白	七赤	八白
危	虚	女	牛	斗	箕	尾
満	除	建	閉	開	収	成
曲星・守日・天巫・福徳・玉宇・玉堂	顯星・官日・天馬・吉期・要安・鳴吠対	天徳・月恩・四相・王日・続世・寶光	月徳・四相・益後・金匱	母倉・時陽・生氣・聖心・除神・鳴吠	母倉・除神・鳴吠	傳星・三合・臨日・天喜・天醫・福生・明堂
月厭・地火・九空・大煞・帰忌	大時・大敗・咸池・触水龍・白虎	月建・小時・土符・月刑・九坎・九焦・血支・重日	月煞・月虚・血支・五虚・八風	災煞・天火・五離・朱雀	天罡・劫煞・月害・復日・五離・天刑	厭對・招瑤・四撃・往亡
曲星日・大吉日 万事に宜しい	顯星日・大吉日 万事に宜しい	祭祀 祈福 沐浴 動土 移転 結婚 破土 葬儀 求医	祭祀 祈福 沐浴 動土 移転 結婚 破土 葬儀 求医	祭祀 沐浴求職 清掃	沐浴 除虫 清掃	傳星日・大吉日 万事に宜しい
水星	火星	太陽	金星	羅睺	土星	計都
南	西南	西北	東北	東南	南	西南
西南	西南	東北	東北	南	南	東
西	西南	西南	西南	西南	西南	西南

月	日	土	金	木	水	火	曜日
12月7日	12月6日	12月5日	12月4日	12月3日	12月2日	12月1日	新暦
10月23日	10月22日	10月21日	10月20日	10月19日	10月18日	10月17日	旧暦
甲申	癸未	壬午	辛巳	庚辰	己卯	戊寅	干支
四緑	五黄	六白	七赤	八白	九紫	一白	九星
畢	昴	胃	婁	奎	壁	室	二十八宿
成	成	危	破	執	定	平	十二直
顯星・母倉・月恩・四相・三合・天喜・天醫・玉宇・除神・青龍・鳴吠	天恩・三合・臨日・天喜・天醫・福生・明堂	天恩・不將・普護・・青龍・鳴吠	天恩・驛馬・天後・天倉・不將・敬安	傳星・歲德・天德合・月空・天恩・陽德・不將・解神・司命	月德合・天恩・陰德・民日・三合・時陰・不將・五合	時德・相日・六合・五富・金堂・五合	吉神
九坎・九焦・土符・大煞・五離	厭對・招瑤・四擊・往亡・觸水龍	天吏・致死・五虛・復日	月破・大耗・重日・勾陳	小耗・天賊・土符	死氣・玄武	河魁・死神・游禍・五虛・地囊・天牢	凶神
大雪							二十四節気
			不成就日				日本の行事・祝日
顯星日・大吉日 万事に宜しい	祭祀 祈福 動土 開市 交易 納財 結婚 修倉庫	諸事に宜しからず	求医 解体	傳星歲德日・大吉日 万事に宜しい	祭祀 祈福 沐浴 動土 移転 結婚 破土 葬儀 求医	入宅 結婚 移転 開市 交易 納財 葬儀 出行	ラッキーイベント
太陽	金星	羅睺	土星	計都	木星	太陰	天元烏兎
東北	東南	南	西南	西北	東北	東南	喜神
東北	南	南	東	東	北	北	財神
西北	西北	西北	西	西	西	西	鶴神
							空亡刻

水	火	月	日	土	金	木	水
12月23日	12月22日	12月21日	12月20日	12月19日	12月18日	12月17日	12月16日
11月9日	11月8日	11月7日	11月6日	11月5日	11月4日	11月3日	11月2日
庚子	己亥	戊戌	丁酉	丙申	乙未	甲午	癸巳
一白	九紫	八白	九紫	一白	二黒	三碧	四緑
箕	尾	心	房	氐	亢	角	軫
建	閉	開	収	成	危	破	執
歲德・官日・敬安・金匱・鳴吠対	王日	時陽・生氣	傳星・月德合・母倉・金堂・除神・明堂・鳴吠	月空・母倉・三合・天喜・天醫・玉宇・除神・青龍・鳴吠	四相・要安	曲星・月恩・四相・陽德・続世・解神・司命・鳴吠	顯星・五富・益後
月建・小時・土符・月厭・地火	游禍・血支・重日・朱雀	五虛・九空・往亡・天刑	河魁・大時・大敗・咸池・五離	九坎・九焦・土符・大煞・五離	月煞・月虛・月害・四擊・勾陳	月破・大耗・災煞・天火・厭對・招瑤・五虛・血忌	劫煞・小耗・復日・重日・玄武
		冬至					
歲德日・大吉日 万事に宜しい	諸事に宜しからず	祭祀 祈福 動土 清掃	傳星日・大吉日 万事に宜しい	入宅 結婚 沐浴 移転 開市 交易 納財 葬儀 求医	祭祀	曲星日・大吉日 万事に宜しい	顯星日・大吉日 万事に宜しい
土星	計都	木星	太陰	水星	火星	太陽	金星
西北	東北	東南	南	西南	西北	東北	東南
東	北	北	西南	西南	東北	東北	南
なし	なし	なし	なし	なし	なし	なし	なし

火	月	日	土	金	木	水	火
12月15日	12月14日	12月13日	12月12日	12月11日	12月10日	12月9日	12月8日
11月1日	10月31日	10月30日	10月28日	10月27日	10月26日	10月25日	10月24日
壬辰	辛卯	庚寅	己丑	戊子	丁亥	丙戌	乙酉
五黄	六白	七赤	八白	九紫	一白	二黒	三碧
翼	張	星	柳	鬼	井	參	觜
定	平	満	除	建	閉	開	収
月徳・三合・臨日・時陰・天倉・不將・聖心	民日・不將・五合・玉堂・鳴吠対	歳徳・時徳・相日・驛馬・天後・天馬・天巫・福徳・不將・福生・五合・鳴吠対	陰徳・守日・吉期	傳星・官日・敬安・金匱	月徳合・王日	月空・時陽・生氣	曲星・母倉・四相・金堂・除神・明堂・鳴吠
死氣・天牢	天罡・死神・月刑・天吏・致死・天賊・地嚢	五虚・帰忌・白虎	なし	月建・小耗・土符・月厭・地火	游禍・血血支・重日・朱雀	五虚・九空・往亡・天刑	河魁・大時・大煞・咸池・五離
祭祀 祈福 沐浴 動土 移転 結婚 破土 葬儀 求医	諸事に宜しからず	歳徳日・大吉日 万事に宜しい	祭祀 祈福 結婚 沐浴 交易 納財 葬儀 出行 清掃	傳星日・大吉日 万事に宜しい	祭祀 祈福 沐浴 動土 移転 結婚 破土 葬儀 求医	祭祀 祈福 動土 買房 栽種	曲星日・大吉日 万事に宜しい
羅睺	羅睺	土星	計都	木星	太陰	水星	火星
南	西南	西北	東北	東南	南	西南	西北
南	東	東	北	北	西南	西南	東北
北	北	北	北	北	西北	西北	西北

木	水	火	月	日	土	金	木
12月31日	12月30日	12月29日	12月28日	12月27日	12月26日	12月25日	12月24日
11月17日	11月16日	11月15日	11月14日	11月13日	11月12日	11月11日	11月10日
戊申	丁未	丙午	乙巳	甲辰	癸卯	壬寅	辛丑
九紫	八白	七赤	六白	五黄	四緑	三碧	二黒
奎	壁	室	危	虚	女	牛	斗
成	危	破	執	定	平	満	除
母倉・三合・天喜・天醫・玉宇・除神・青龍	月徳合・要安	傳星・月空・陽徳・続世・解神・司命・鳴吠	四相・五富・益後	月恩・四相・三合・臨日・時陰・天倉・聖心	曲星・民日・五合・玉堂・鳴吠対	顯星・月徳・時徳・相日・驛馬・天後・天馬・天巫・福徳・不將・福生・五合・鳴吠対	陰徳・守日・吉期・六合・不將・普護・寶光
九坎・九焦・土符・大煞・五離	月煞・月虚・月害・四撃・八専・勾陳	月破・大耗・災煞・天火・厭對・招瑤・四廃・五虚・血忌	劫煞・小耗・重日・玄武	死氣・天牢	天罡・死神・月刑・天吏・致死・天賊・復日	五虚・帰忌・白虎	なし
				不成就日			
入宅 結婚 移転 沐浴 開市 交易 納財 出行 旅行 清掃	祭祀 祈福 沐浴 動土 移転 結婚 破土 葬儀 求医	傳星日・大吉日 万事に宜しい	祭祀 除虫	祭祀 祈福入宅 結婚 動土 移転 交易 出行修倉庫	曲星日・大吉日 万事に宜しい	顯星日・大吉日 万事に宜しい	祭祀 祈福 結婚 沐浴 交易 納財 出行 清掃 求医
計都	木星	太陰	水星	火星	太陽	金星	羅睺
東南	南	西南	西北	東北	東南	南	西南
北	西南	西南	東北	東北	南	南	東
なし	なし	なし	なし	なし	なし	なし	なし

［第肆章］は欠番

［第伍章］

風水十二支占い

風水と五行のエネルギーバランス

ここでは各干支の風水占いを解説する前に、まずは風水と密接な関係がある五行のエネルギーバランスを整えて、パワーストーンや開運スポット、そして開運フードアドバイスについて解説します。

そしてその後、本年の十二支について具体亥的な運勢を紹介していきましょう。

◆二〇二〇年からの五行のエネルギーバランスは？

【二〇二〇年】

五行すべてのエネルギーが揃い、バランスに極端な偏りはありませんが、木と火のエネルギーがやや弱めで、土のエネルギーがやや強めです。

立春、立夏、立秋、立冬の直前となる土用の季節には、さらに土のエネルギーが加わるため、気持ちが意固地になりやすく、家庭生活に不調を起こしやすくなりそうですから、気持ちに柔軟性を持たせるよう心掛けてください。

何事にも責任感を持つことが開運の秘訣です。

【二〇二一年】

五行のエネルギーが揃っており、比較的安定していますが、水がやや強めで、土はとても弱い状態です。

気持ちが移り気になりやすく、浮気や不倫などの恋愛トラブルが起こりやすくなりそうですから、特に恋愛に関しては慎重さを心がけてください。

日常生活では、一貫性のある行動や言動があなたの信頼度を高め、成功の秘訣となりそうです。

【二〇二二年】

五行のエネルギーの中で、火と土が欠けていて、木と水が多め、土は弱めという、偏ったバランスとなります。

気持ちが空回りしすぎたり、一方通行になりやすい状況で、努力の成果を感じられず無気力になることが心配されます。

何事も焦らず落ち着いて取り組み、集中することを意識して、急がば回れの姿勢で物事を進めてゆくよう心がけてください。

落ち着いた行動が開運の秘訣です。

◆五行のエネルギーバランスを整える技

身近にパワーストーンを置くこと、開運スポットに出かけること、旬の食材を食べることなどは、五行のエネルギーバランスを整え、心と体を健やかに保つだけでなく、運氣アップに繋がります。

◆パワーストーンの力

パワーストーンは、不思議な力を持つと言われ、五行では土のエネルギーを持っていますが、それぞれの石の特性によって、木・火・土・金・水のバランスを整えたり、強化する作用のある頼もしいツールです。（P244～246参照）

◆食の力

私たちが普段口にしている料理の食材にも、木・火・土・金・水の五行の性質があり、それらの働きによって、私たちの体と心のエネルギーバランスを整え、健康な毎日が過ごせる助けとなる作用をします。

旬のものをいただくことは、季節のエネルギーと自然の恵みを、ダイレクトに身体に取り入れるということです。（P247参照）

季節の食材は、同じ食材でも旬の時期でないものと比較すると、各段に栄養価が高いうえに、体調を整え、その季節に起こしがちな体調不良を改善する働きがあります。

しかも、旬の食材は値段も安価で気軽に入手することができます。

凝った料理でなくてよいのです。むしろシンプルな料理ほど、素材の味と良さを引き立てます。

旬の食材を体に取り入れて、薬膳効果で体の内側からも幸運体質を作っていきましょう。

◆2020年開運ラッキーアイテム◆

干支	開運アイテム・パワーストーン	開運フード	開運スポット	開運ワーク
子（ね）	ゴールデンルチルクォーツのチャーム	赤飯 おこわ	書店	賑やかなショッピングモールでお買い物
丑（うし）	ロードナイトのブレスレット	チキン 卵料理	お洒落なインテリアショップ	軽いストレッチやウォーキング
寅（とら）	アメジストのチャーム	桃 フレンチトースト	花火大会	以前から興味のあったことを学んでみる
卯（う）	ガーネットのジュエリー	バタークッキー タンドリーチキン	歴史のある建築物	和風小物を持ち歩く
辰（たつ）	カーネリアンのチャーム	ゴボウ 黒ゴマクッキー	ラグジュアリーブランドのお店	身だしなみに気を配ってみる
巳（み）	アベンチュリンのブレス	トウモロコシ 納豆料理	森林浴	日記やブログを書いてみる
午（うま）	ペリドットのジュエリー	アボカド シーフード料理	パーティー会場	ウッド系のアロマを焚く
未（ひつじ）	アマゾナイトのジュエリー	蓮根 メレンゲのお菓子	植物園	リラックスできる時間を大切に
申（さる）	ガーデンクォーツのブレスレット	キウイ 蕎麦	映画館	BGMにヒーリングミュージック
酉（とり）	スモーキークォーツのブレスレット	オレンジ 豆腐料理	クラシックの流れる喫茶店	部屋の模様替え
戌（いぬ）	ファイヤーアゲートのチャーム	キュウリ 小豆の和菓子	人気のスポット	ミュージカル鑑賞
亥（い）	タイガーアイのチャーム	メロン ハニーブレッド	ジャズの流れるカフェ	ラグジュアリーブランドの革小物を持つ

干支	開運アイテム・パワーストーン	開運フード	開運スポット	開運ワーク
子（ね）	ムーンストーンのジュエリー	バナナ 白菜の鍋料理	イタリアンレストラン	ボランティア活動や寄付
丑（うし）	ラリマーのジュエリー	ヨーグルト 牛スジの料理	緑の多い公園	大事なことは午前中に済ませる
寅（とら）	ガーデンクォーツのブレスレット	ブロッコリー ナッツ	山、キャンプ場	家族と過ごす時間を大切に
卯（う）	スモーキークォーツのブレスレット	はちみつ 湯葉料理	クラシックの流れる喫茶店	疲れたら軽いストレッチ
辰（たつ）	ヒスイのジュエリー	桃 魚介のパスタ	植物園	ウッディ系のアロマを焚く
巳（み）	ブラックアイアゲートのブレスレット	白ごま スナップえんどう	食器のお店	部屋の模様替え
午（うま）	フローライトのチャーム	ライチ きのこ料理	パーティー会場	森林浴
未（ひつじ）	マラカイトのチャーム	塩こうじ 松の実のお菓子	フラワーショップ	観葉植物を育てる
申（さる）	アゲートのチャーム	とうもろこし 小豆のお菓子	自然と触れ合える場所	部屋の片づけ・不用品の処分
酉（とり）	タイガーアイのチャーム	フカヒレ もち米の料理	クリスタルショップ	募金や寄付をする
戌（いぬ）	アベンチュリンのブレスレット	ウズラの卵 鶏料理	新しくオープンしたお店	スキルアップを意識する
亥（い）	シトリンのチャーム	高菜 ポテトサラダ	ラグジュアリーブランドのお店	お友達と食事会

◇2022年開運ラッキーアイテム◇

干支	開運アイテム・パワーストーン	開運フード	開運スポット	開運ワーク
子（ね）	シトリンのチャーム	山芋 ミントティー	ジャズの流れるカフェ	ハイブランドの小物を持つ
丑（うし）	サンストーンのジュエリー	きゅうり アップルパイ	最近話題になっている場所	身だしなみに気を配る
寅（とら）	ブルーレースアゲートのジュエリー	スイートコーン 鰻料理	水辺のレストラン・カフェ	時間にゆとりを持たせた行動
卯（う）	ブルートパーズのジュエリー	黒豆 ロールキャベツ	老舗料亭	ヒーリングミュージック
辰（たつ）	アンバー（琥珀）のジュエリー	ナッツ ジビエ料理	カレーのお店	シルバーかゴールドを身に着ける
巳（み）	アラゴナイトのブレスレット	ヨーグルト 茶碗むし	ラグジュアリーブランドのお店	ワンランク上のファッションを意識する
午（うま）	ルチルクオーツのジュエリー	ガーリック 蕎麦	ジュエリーショップ	お友達と食事会
未（ひつじ）	イエロークオーツのブレスレット	生姜 あさり	コンサート会場	お気に入りのマグカップを見つける
申（さる）	ジャスパーのジュエリー	ハスの実 タラの芽	お祭り	ウォーキング
酉（とり）	ピンクオパールのチャーム	枝豆 卵料理	人気のスポットに出かけてみる	TO-DOリストを作る
戌（いぬ）	アゲートのチャーム	すいか メレンゲのお菓子	アミューズメントパーク	軽い運動を心がける
亥（い）	オーラクオーツのブレスレット	とうもろこし 小松菜の料理	ライブハウス	お花を飾る

＜季節ごとの旬の食材＞

春	夏	秋	冬
木のエネルギーが高まります。自律神経の不調を起こしやすくなります。	火のエネルギーが高まります。汗をたくさんかく季節だけに、水分調整が大切です。	金のエネルギーが高まります。呼吸器に不調を起こしやすく、風邪をひきやすい季節です。	水のエネルギーが高まります。冷えや、腎臓などの内臓に不調を起こしやすい季節です。
かぶ・春菊・玉ねぎ・フキノトウ・タケノコ・アスパラガス・あさり・アジ・ひじき	すいか・メロン・ゴーヤ・ピーマン・オクラ・トマト・ナス・トウモロコシ・イワシ・鮎(あゆ)	梨・柿・小豆・大豆・しめじ・まいたけ・サツマイモ・里芋・あさり・サンマ	山芋・ねぎ・白菜・ニラ・大根・ごぼう・ほうれん草・牡蠣(かき)・カニ・鯖・ぶり

風水十二支占い

【二〇二〇年からはこんな年】

九星は二〇二〇年の一月六日（月）六時三〇分（小寒）より「七赤」へと換わり、干支は二月四日（火）十八時三分（立春）から「庚子」に換わります。二〇二〇年は新年が立春前に明けることから「春が長い年」となります。「庚子」（金のねずみ）年の特徴は、春の訪れとともに、成長の原動力に恵まれる一年です。これまでよりもさらに世界経済に勢いが増し、私たち個人の生活レベルも収入面での向上が期待できる年です。

二〇二〇年を境に二一年、二二年とこの三年間は、ビジネスだけではなく生活様式にも改革のメスが入る事で、チャンスを得られる人とそうでない人の差が広がります。このチャンスを見逃さないように暦の知識を身につけ、各方位（干支）の吉凶を確認して、しっかりと対策を立てておきましょう。

◆子年の総合運　★★★

二〇二〇年の子年は、言葉のトラブルに注意が必要です。ちょっとした一言で誤解を招いたり、思いもよらぬ事で訴訟問題に発展したりトラブルの暗示のある一年ですが、悪い事が起こっても、ネガティブな感情を引きずらないことが開運の鍵です。気持ちの切り替えが早ければ早いほど、状況が好転して行きます。

＊各運の評価…★5→最高・★4→よい・★3→中くらい・★2→あまりよくない・★1→よくない

◆丑年の総合運　★★★★★

二〇二〇年の丑年は前半は運気の停滞を感じるかもしれませんが、年の半ばを境に非常にパワフルな運気があなたをサポートしてくれます。年の後半はこれまでの苦労や努力が報われたり、直感力に磨きかかったりすることで、厳しい決断を迫られるシーンでも正しい選択が出来るようになるでしょう。飛躍の一年が期待できそうです！

◆寅年の総合運　★★★★★

二〇二〇年の寅年は、昨年までの不安定な感情やしがらみから解放され、年間を通して良好な運気が到来します。何か新しい事にチャレンジしたいという人は、引越しや転職など環境を変えることでさらなる幸運が舞い込むでしょう。仕事、人間関係、金運の全てにおいて好調ですが、体調管理にはいつも以上に注意を払っておきましょう。

◆卯年の総合運　★★★

二〇二〇年の卯年はメンタルのトラブルをはじめ、体調管理に注意が必要です。日常生活において何かしらの小さなトラブルが発生しますが、不思議と大惨事には至らず、自分は「何かとても強いものに護られているのでは?」と思うような、危機一髪にも遭遇するかもしれません。ちょこちょこと、小さな幸運に恵まれる一年です。

◆辰年の総合運　★★★★

二〇二〇年の辰年は、息つく暇もないほど忙しい一年になりそうです。思いも寄らぬ人から誘われたり、諦めていた想いやプロジェクトが再稼動したりと、目まぐるしい年になります。辰年は責任感の強い干支なので、今年は多方面から手腕を認められ勢いのある年になります。今年は、注意力が散漫と感じたらいつもより思慮深く行動しましょう。

◆巳年の総合運　★★★

吉凶半々の一年。巳年の特徴である〝慎重な性格〟が、今年は開運の鍵を握ります。新しいことに挑戦する機会に恵まれ、全体的に運気は上昇気味なのですが、普段より家族やパートナー・他人の目が気になってしまい、自分の気持ちをうまく表現できない事が多くなりそう。今年は思い切って殻を破ってみると、新しい発見に出会えます。

◆午年の総合運　★★★

二〇二〇年の午年は、昨年のモヤモヤした感情から解放され、少しずつあなた自身の心の在り方や周りの環境が、ゆっくりと良い方向に変化して行く一年になりそうです。年の初めは思い通りにならない事がストレスと感じることもあるようですが、ネガティブな感情を手放し現状を受け入れる事で、笑顔の絶えない一年を過ごせる事でしょう。

◆未年の総合運　★★★

二〇二〇年の未年は吉凶半々の一年。年初は非常にパワフルな運に恵まれますが、周囲のやっかみを買ってしまいがちです。幸運が立て続いてもあまり人には喋らず、自分だけの喜びとしてこっそりと楽しみましょう。年の半ば以降は大きな失敗やケアレスミスに悩まされ、周囲のサポートが得られずストレスを感じてしまいそうです。

◆申年の総合運　★★★★

二〇二〇年の申年は、年間通して安定した運気を保てそうですが、時々周囲の言葉を気にしすぎてしまったり、ちょっとした事でイライラして普段は口にしないような暴言を吐いてしまったり、ウッカリなトラブルに注意しましょう。資格を取ったり、スキルアップを目指したりすると効果が期待できる一年です。

◆酉年の総合運　★★★★★

二〇二〇年の酉年は本当に羽が生えたのではないか？と思うくらい、飛躍の一年になりそうです。これまで停滞していた運が面白いほど動きだし、何をやっても成功に繋がる一年です。日頃からお世話好きな酉年ですが、今年は運が良すぎて他人よりも自分優先になりがちです。運の良いときほど思いやりの心を忘れずに、強運の一年を楽しみましょう。

◆戌年の総合運　★★★★★

二〇二〇年の戌年は停滞していた仕事運、金運が一転して良好になります。昨年大きなミスをしてしまった、誤った決断をしてしまったという人は、今年は名誉挽回の一年です。失ったものを取り返すべく、プライドを捨て頭を下げる事で更なる幸運が舞い込みます。あなたから離れて行く人には固執せず、あなたを大切にしてくれる人に感謝しましょう。

◆亥年の総合運　★★★★

二〇二〇年の亥年は、周囲の人の動きに注意が必要な一年です。昨日まで味方だと思っていた人が急に態度を変えてしまったり、人間関係でストレスを抱えたりしそうです。会話中上の空にならないよう、相手の言葉をしっかりと記録する癖をつけておきましょう。仕事運、金運は絶好調ですが、大きな決断は十月以降にしましょう。

◆２０２０年開運グッズの配置図◆

方位	卦	九星	開運グッズ
中央		七赤	
南	離	二黒	鉄製のベル、金のひょうたん、六帝銭、麒麟
南西	坤	四緑	文昌塔、筆
西	兌	九紫	招き猫、照明、赤いマット
西北	乾	八白	岩塩ライト、紫水晶
北	坎	三碧	照明、朱肉、赤いマット、貔貅
東北	艮	一白	２羽の水鳥、花瓶の花
東	震	五黄	金のひょうたん、鉄製の目覚まし時計、鉄製のベル
東南	巽	六白	金製の香炉、花瓶の花、六帝銭

◆2021年開運グッズの配置図◆

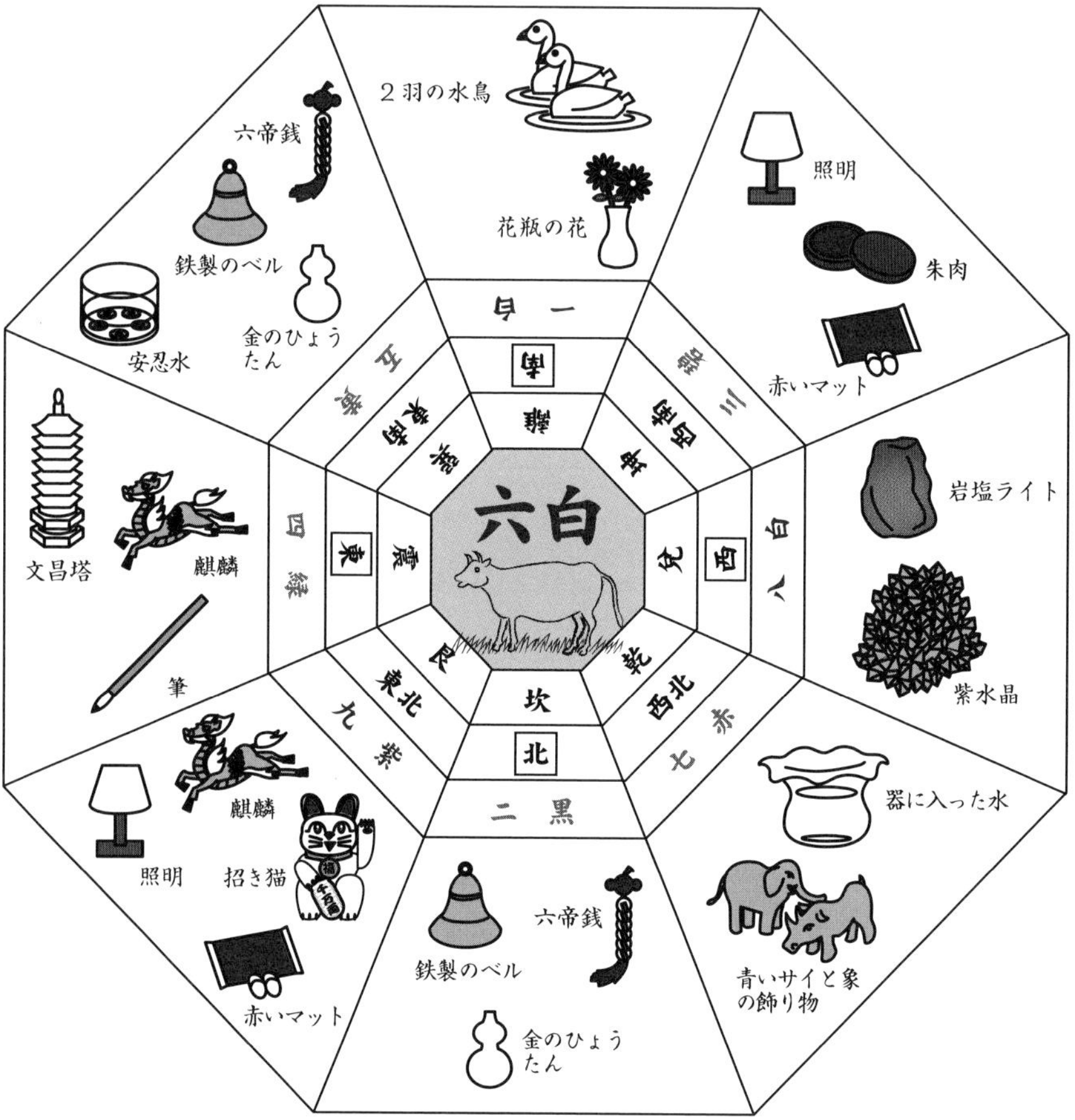

六白

一白
南
離
2羽の水鳥
花瓶の花

三碧
西南
坤
照明
朱肉
赤いマット

八白
西
兌
岩塩ライト
紫水晶

七赤
西北
乾
器に入った水
青いサイと象の飾り物

二黒
北
坎
鉄製のベル
六帝銭
金のひょうたん

九紫
東北
艮
麒麟
照明
招き猫
赤いマット

四緑
東
震
文昌塔
麒麟
筆

五黄
東南
巽
六帝銭
鉄製のベル
金のひょうたん
安忍水

◇２０２２年開運グッズの配置図◇

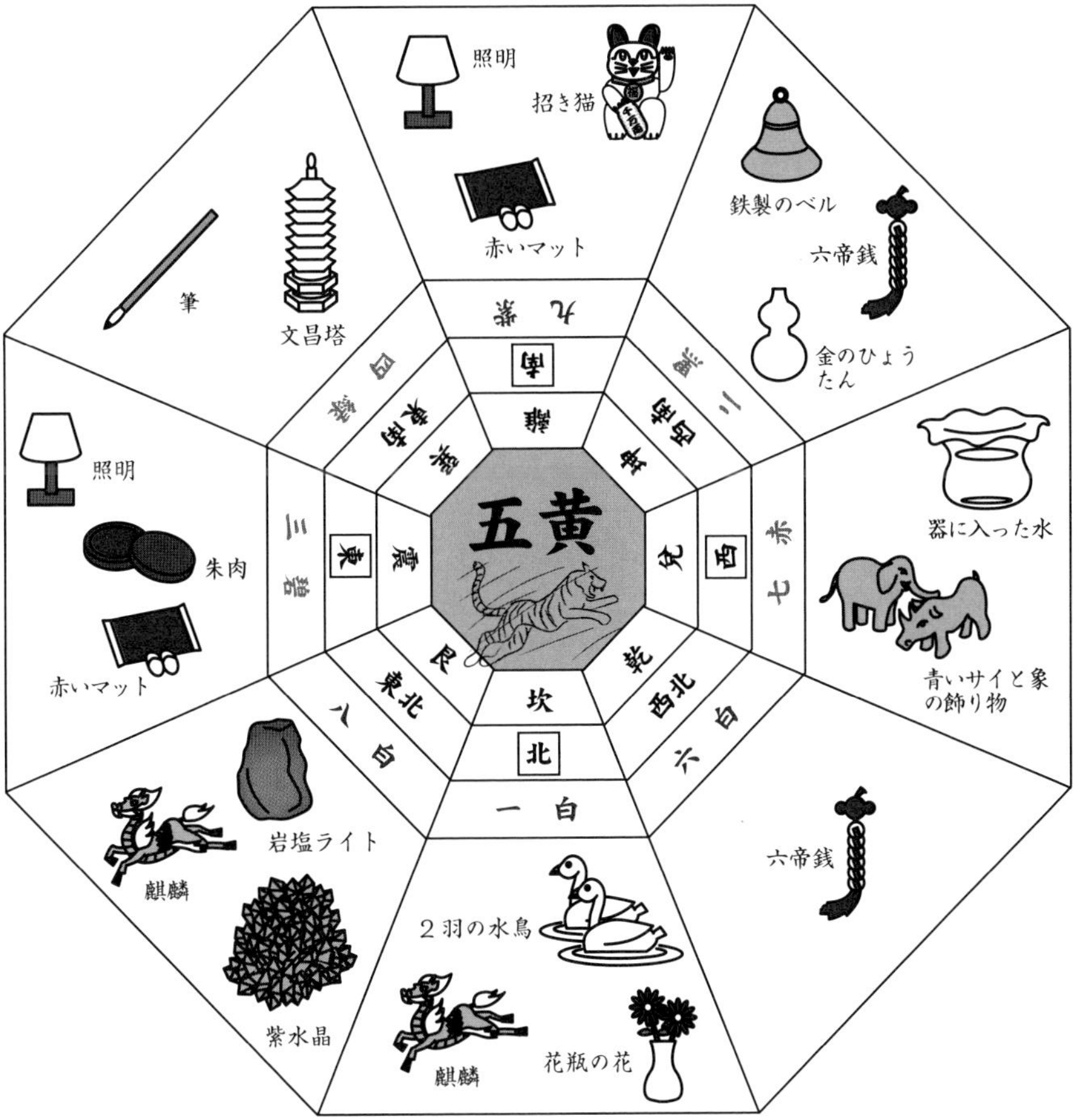

五黄

離 南 九紫
照明
招き猫
赤いマット

坤 西南 二黒
鉄製のベル
六帝銭
金のひょうたん

兌 西 七赤
器に入った水
青いサイと象の飾り物

乾 西北 六白
六帝銭

坎 北 一白
２羽の水鳥
麒麟
花瓶の花

艮 東北 八白
岩塩ライト
麒麟
紫水晶

震 東 三碧
照明
朱肉
赤いマット

巽 東南 四緑
筆
文昌塔

ここからは付録（華僑の強運護符）ですので、巻末からご覧ください。

【巻末付録】

華僑の強運護符

◆風水護符の作用と使い方

本書では、私（鮑義忠）が特別に謹書して御靈入れを行った護符（靈符）を特別付録の「護符」として進呈致します。「開光點眼（かいこうてんがん）」と呼ばれる道教の御靈入れの儀式を執り行うことで、神聖な「護符」（靈符）が生まれることになります。

護符を貼る吉方位は、目的別に分類されているので、第弐章の吉凶方位盤を参照して、適切な吉方位に護符を貼ってください。護符を所持する際には、上下三つ折りにして大切に携帯してください。

［十二支の護符］…〈付録１〉P3 ~ P8

＊自分と同じ十二支の護符を所持する（丑年生まれは丑の護符）、あるいは同じ十二支の方位に貼る（丑年生まれは家の丑の方位に貼る→第弐章の吉凶方位参照）。なお、毎年の干支は立春（二月四日）に切り替わる。

・太歳→子［凶］…病気、財を失う、法的トラブル、結婚に不利
・病符→丑［凶］…病気、財を失う、保証人になってはいけない、家庭不和、思いもよらないトラブル
・天狗→寅［凶］…不測の災い、流血、財を失う、外出に注意
・福徳→卯［吉］…財運、結婚運、対人運が強い、家庭平安、助けの貴人現る、昇給
・白虎→辰［凶］…ケガ、交通事故、病気、法的トラブル、思わぬトラブル
・龍徳→巳［吉］…富と名誉、昇給、家内平安、貴人の助け
・歳破→午［凶］…不測の災い、破産、家が荒れる、夫婦不和、法的トラブル、火災、盗難
・死符→未［凶］…病気、財を失う、保証人になってはいけない、色難
・五鬼→申［凶］…金銭の損失、口論、法的トラブル、失敗、刑罰
・太陰→酉［吉凶半々］…女性はあらゆることが旺盛になり栄える、男性は病気、トラブル、異性関係に注意
・喪門→戌［凶］…金銭を失う、家が荒れる、盗難、思わぬトラブル
・太陽→亥［吉］…萬時如意、吉なる慶びが多く、たとえ凶に遭っても吉となる、投資や勝負事は大いに吉

［神様の護符］…〈付録２〉P9 ~ P12

・十八代玉帝（心願成就）、北極玄天上帝（護身）、九天玄女（方位避け）、媽祖（安産祈願）、趙元帥（招財・投資）、福徳正神土地公（不動産運）、観音佛祖（治病）、二郎神楊戩（ペット守護）

［方位の護符］…〈付録３〉P13 ~ P16

・年太歳、年月三煞、歳破、化五黄、形煞避け

＊護符を活用する場合は、各護符を丁寧に切り取ってください。

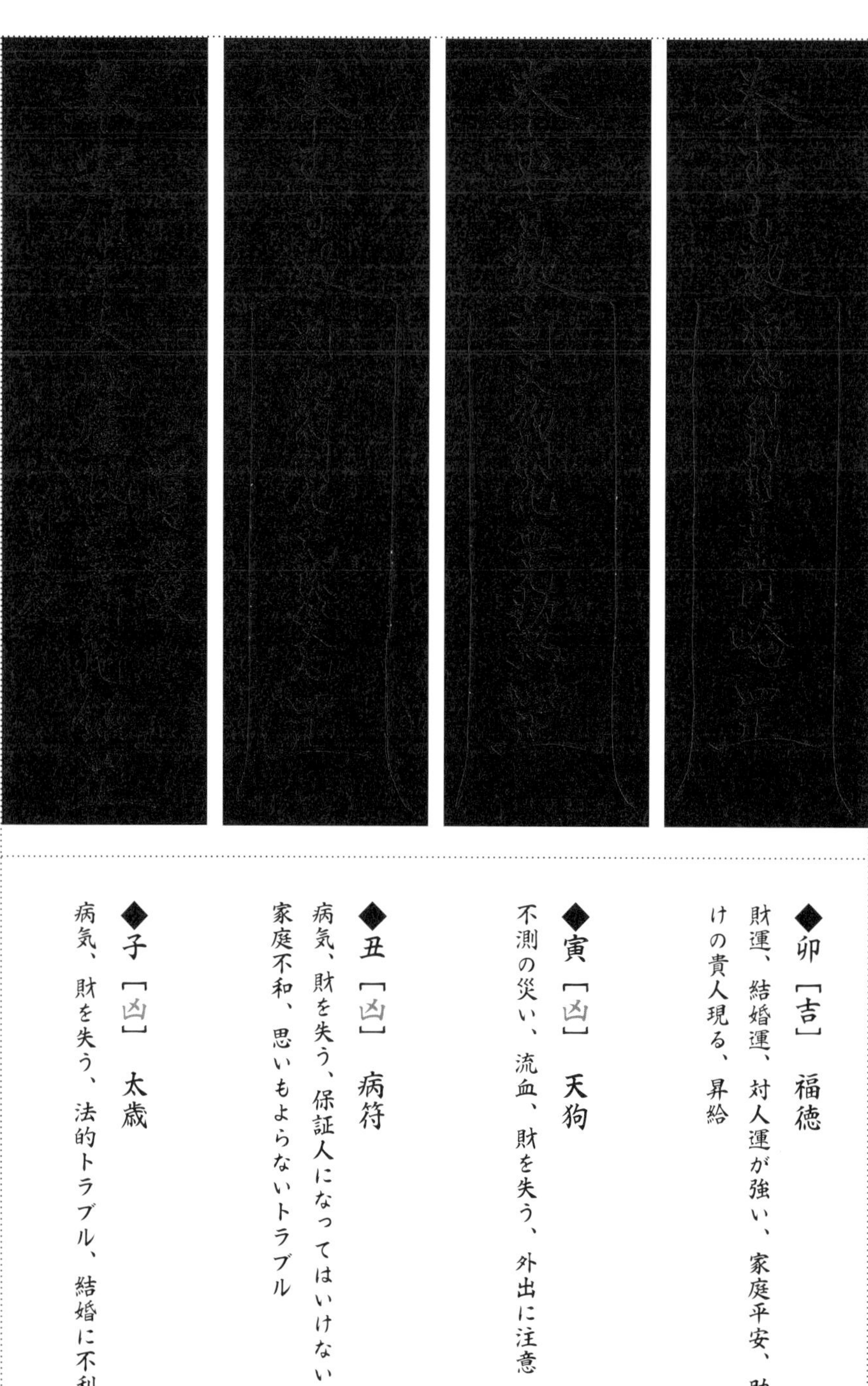

◆卯［吉］福徳

財運、結婚運、対人運が強い、家庭平安、助けの貴人現る、昇給

◆寅［凶］天狗

不測の災い、流血、財を失う、外出に注意

◆丑［凶］病符

病気、財を失う、保証人になってはいけない、家庭不和、思いもよらないトラブル

◆子［凶］太歳

病気、財を失う、法的トラブル、結婚に不利

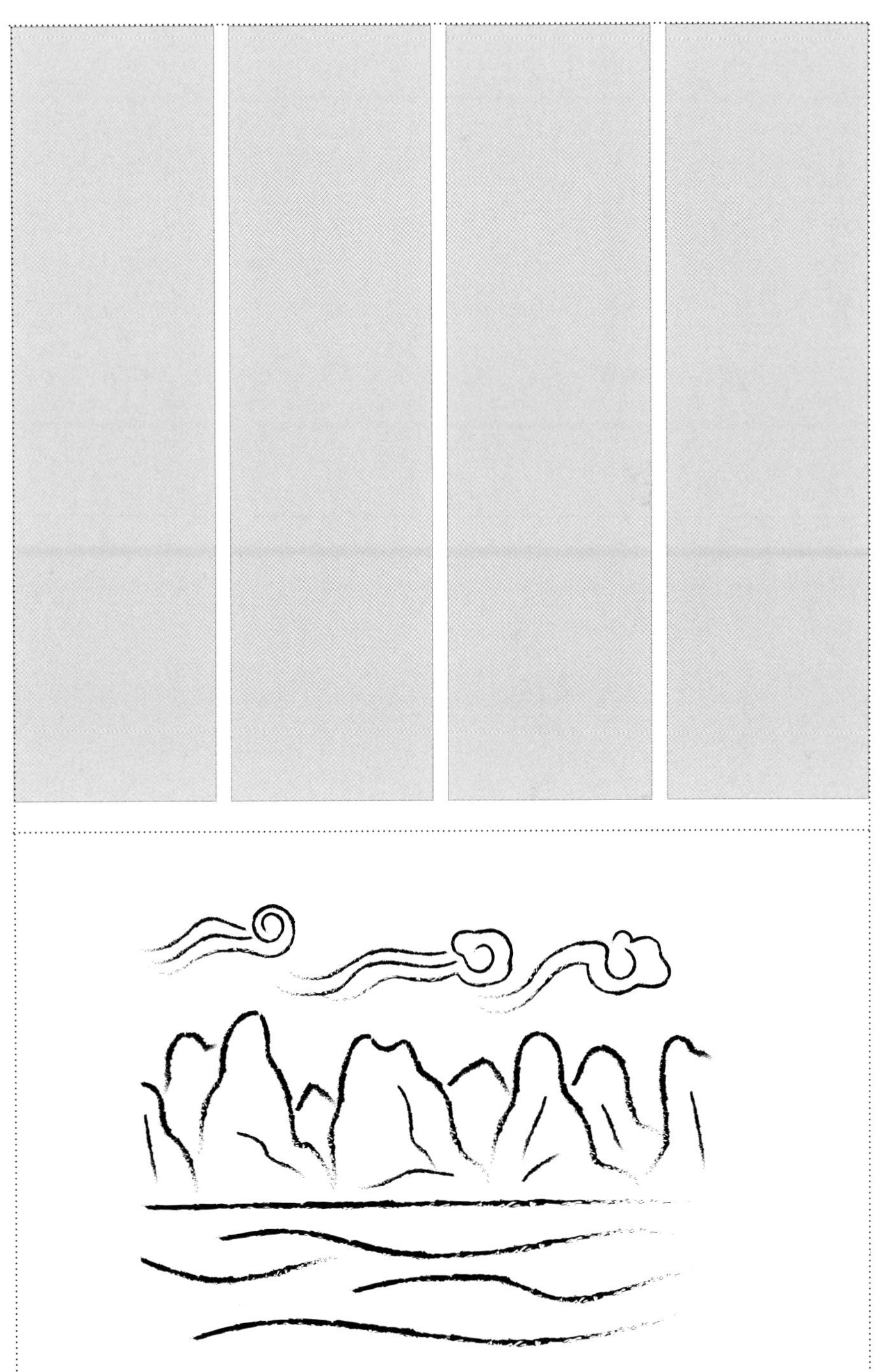

＊護符を活用する場合は、各護符を丁寧に切り取ってください。

◆未［凶］　死符
病気、財を失う、保証人になってはいけない、色難

◆午［凶］　歳破
不測の災い、破産、家が荒れる、夫婦不和、法的トラブル、火災、盗難

◆巳［吉］　龍徳
富と名誉、昇給、家内平安、貴人の助け

◆辰［凶］　白虎
ケガ、交通事故、病気、法的トラブル、思わぬトラブル

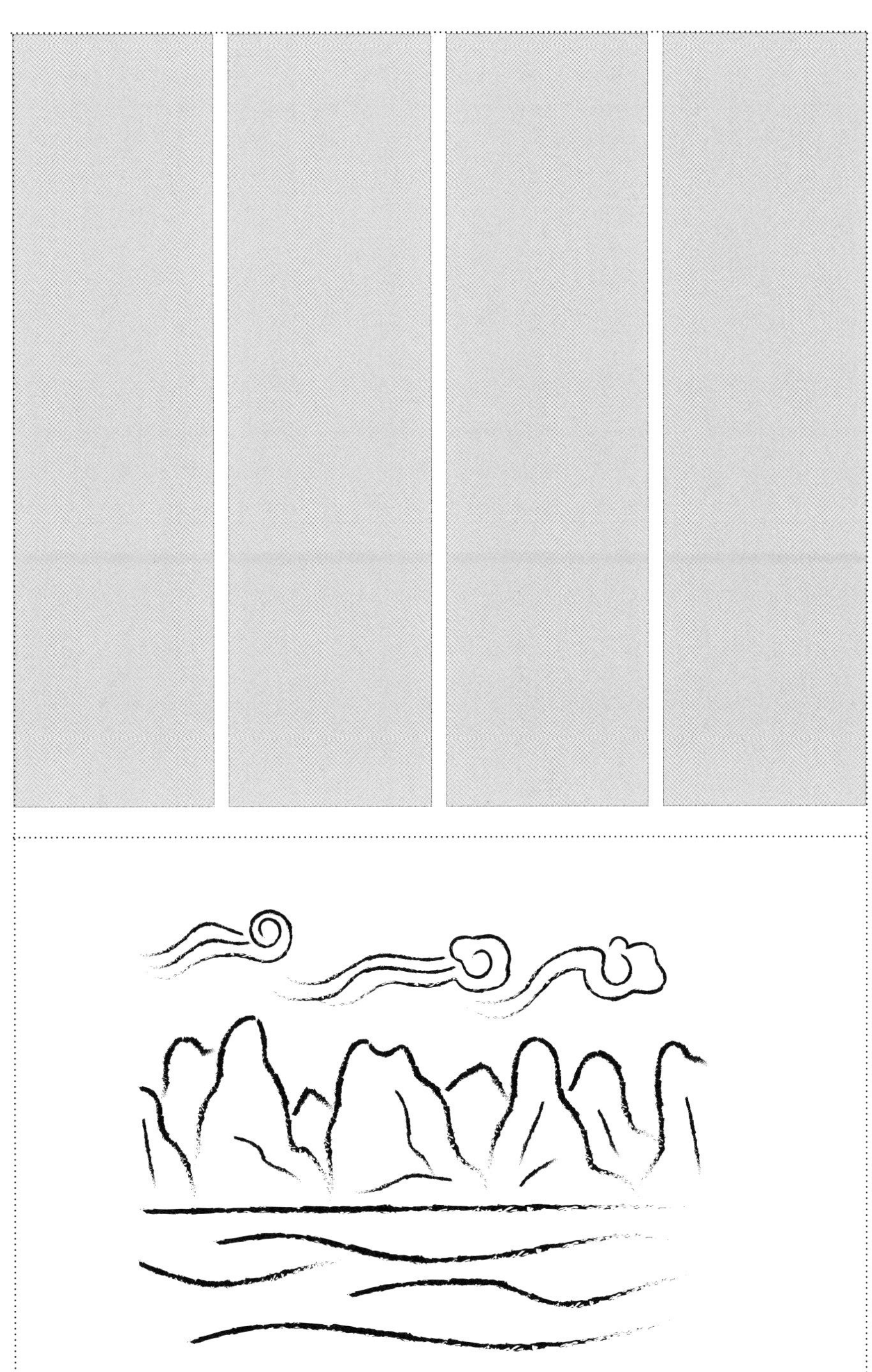

＊護符を活用する場合は、各護符を丁寧に切り取ってください。

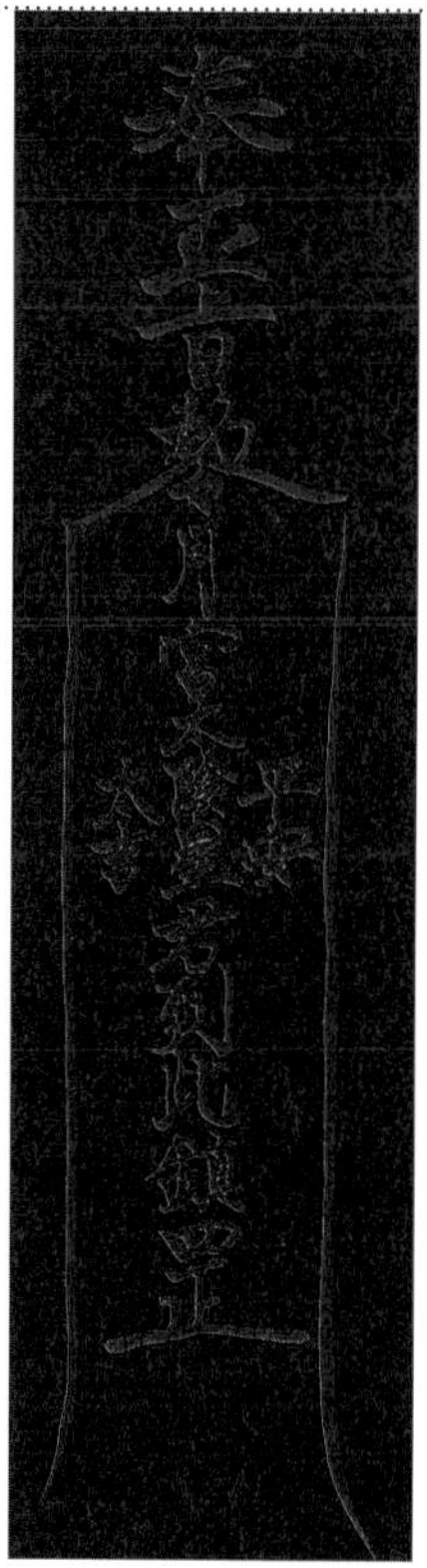

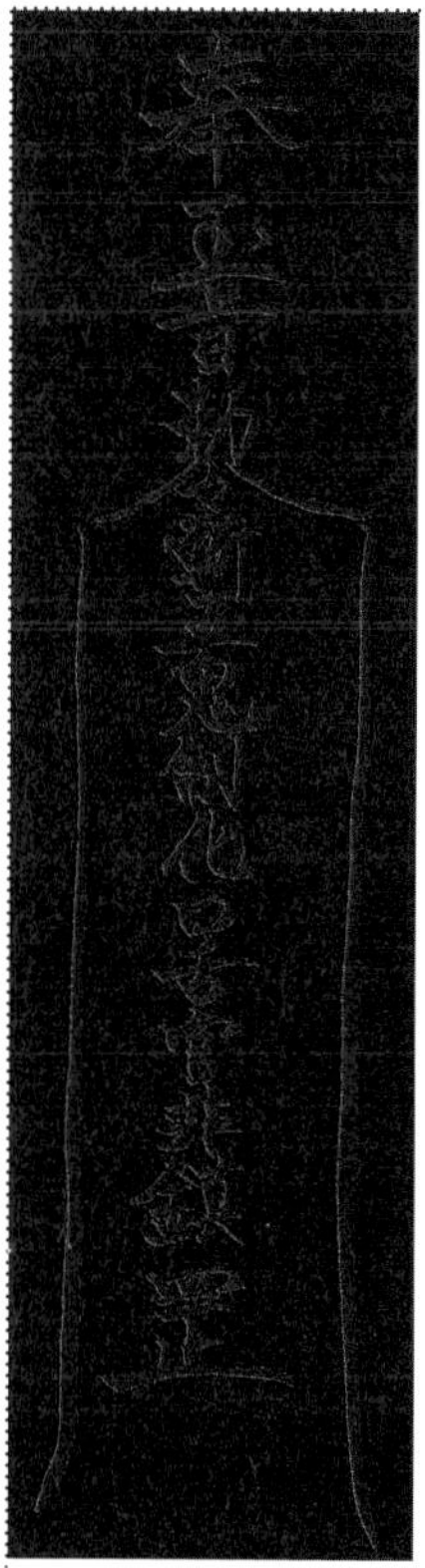

◆亥［吉］　太陽

萬時如意、吉なる慶びが多く、たとえ凶に遭っても吉となる、投資や勝負事は大いに吉

◆戌［凶］　喪門

金銭を失う、家が荒れる、盗難、思わぬトラブル

◆酉［吉凶半々］　太陰

女性はあらゆることが旺盛になり栄える、男性は病気、トラブル、異性関係に注意

◆申［凶］　五鬼

金銭の損失、口論、邪魔者、法的トラブル、失敗、刑罰

＊護符を活用する場合は、各護符を丁寧に切り取ってください。

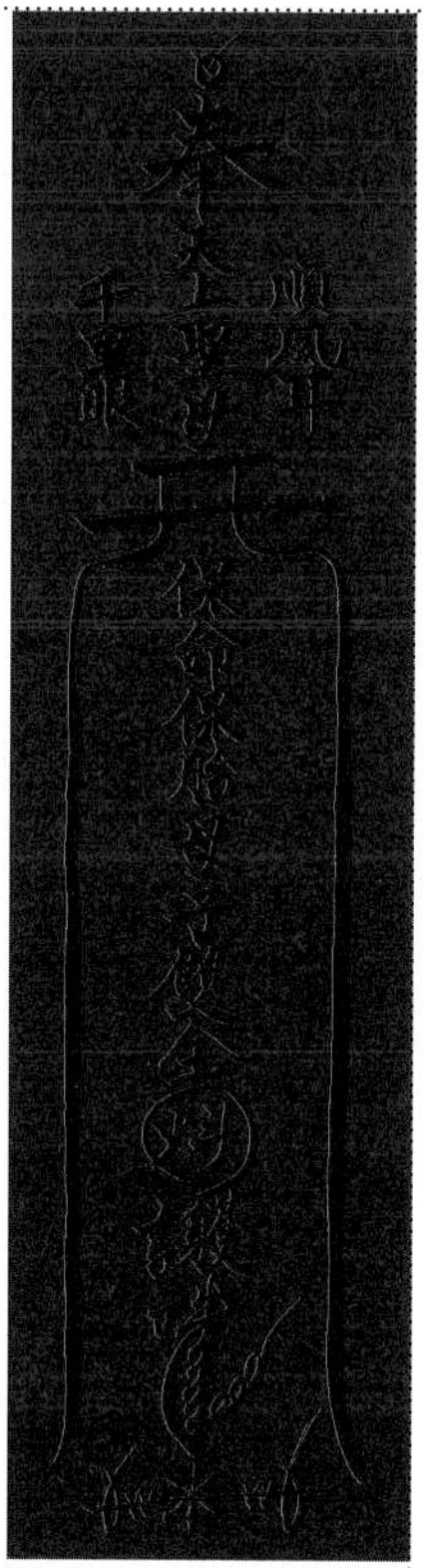

◆媽祖
安産祈願→所持

◆九天玄女
方位避け、百煞退ける→所持

◆北極玄天上帝
魔除け、護身、咒詛返し→所持または玄関付近に貼る

◆十八代玉帝
心願成就、萬事如意→年の玉皇、紫微、天皇のいずれかの方位に貼る。2020年（陰）庚子は玉皇＝寅、甲、坤、庚、酉・紫微＝亥・天皇＝丑、巳、丁、申。21年（陰）辛丑は玉皇＝艮、丑、坤、申・紫微＝亥・天皇＝巽、辛。22年（陽）壬寅は玉皇＝乾、亥・紫微＝子・天皇＝巽、辛。

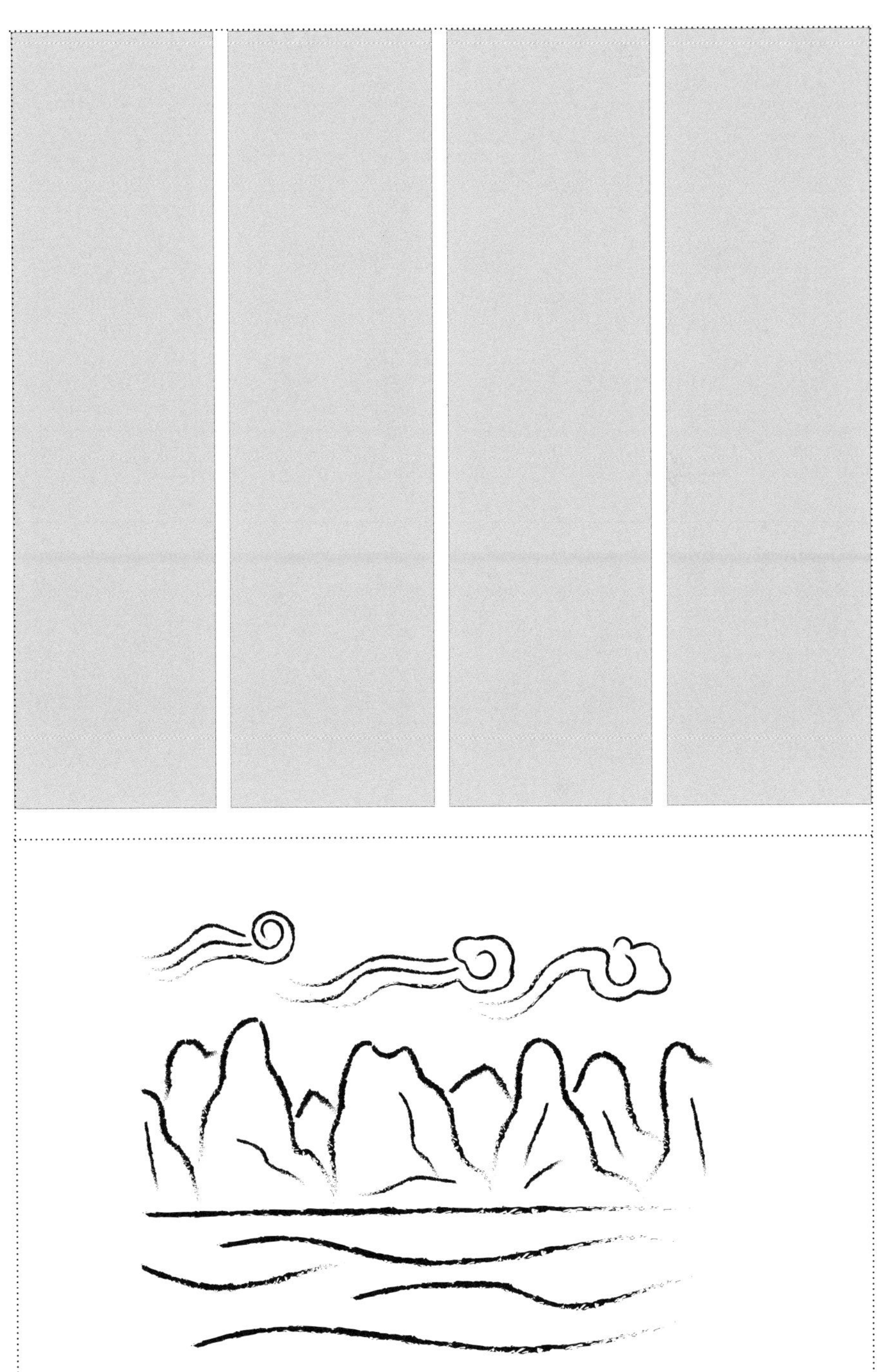

＊護符を活用する場合は、各護符を丁寧に切り取ってください。

◆二郎神楊戩
ペット守護→ペットの小屋、寝る場所に貼る

◆観音佛祖
治病→病人が所持

◆福徳正神土地公
不動産運→福徳の方位（申）または年の財位（２０２０年は乾、２１年は兌、２２年は艮）に貼る

◆趙元帥
招財、投資→年の財位（２０２０年は巽、２１年は中宮または家や部屋の中央、２２年は乾）に貼る、または財布に入れる

＊護符を活用する場合は、各護符を丁寧に切り取ってください。

◆化五黄
↓年の五黄（西南）の方位に貼る

◆歳破
↓歳破の方位に貼る。2020年は午、21年は未、22年は申。

◆年月三煞（さんさつ）
↓年月の三煞方位に貼る。2020年は巳、午、未、21年は寅、卯、辰、22年は亥、子、丑。

◆年太歳
↓太歳の方位に貼る。2020年は子、21年は丑、22年は寅。

＊護符を活用する場合は、各護符を丁寧に切り取ってください。

◆形煞（けいさつ）避け

↓家の外の形煞（鎌刀煞、彎弓直箭、丁字路口、天斬煞、隔角煞など…第四章参照）に向けて貼る

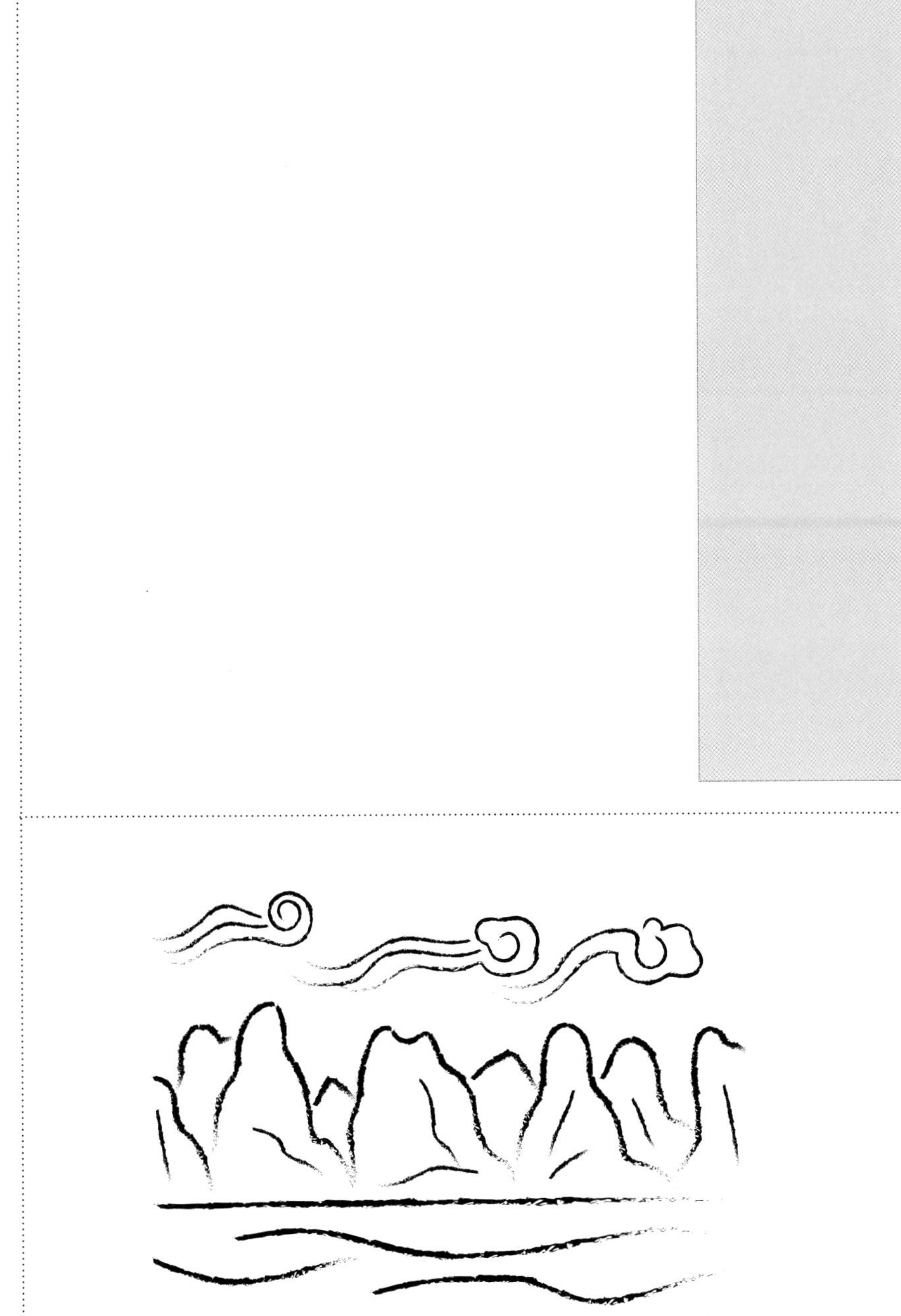

企画・プロデュース／アイブックコミュニケーションズ
本文デザイン・イラスト（十二支・背景）図版制作／清原修志
挿画／山本夏子
本文ＤＴＰ／立花リヒト
編集協力／矢野政人・中島嘉博

参考文献／「玉匣記」許真君著
「協紀辨方書」梁湘潤著
「鰲頭通書大全」熊宗立著
「沈氏玄空学」沈竹礽著
「董公選擇要覧」董德彰著
「八宅明鏡」楊筠松著
「開運風水暦」（一九九五年～二〇一五年）鮑黎明著
『華僑の風水学』鮑黎明著
『実用正統風水百科』鮑黎明著

【著者紹介】
鮑 義忠（ほう・ぎちゅう）
1981年台湾生まれ。国内における正統派風水のさきがけである鮑黎明を父に持つ。父の病をきっかけに十八代玉帝（關聖玉皇閣下）が現れ、父の運命を変える未来を宣告される。そしてそれ以来、身に余るほどの守護を受けて、未来を予知した神託が幾多の神々から降りる。そして十八代玉帝の計らいで台湾道教の林文瑞老師を師事して、護符を書く力を授かる。著書に「貼るだけ！超開運風水」、「貼るだけ！超招財風水」、「貼るだけ！超良縁風水」（共に自由国民社）、「日帰り神の国ツアー」（共著・ヴォイス）、BeBe、Ayaによる共著に「龍神さま開運手帖」「龍神召喚の書」「十二神將占い＋六神獣パワー」などがある。
鮑義忠監修 道教風水　http://www.taoizm-fengsui-seiryudo.com/

BeBe（ビビ）
犬神使いであった第十代種子島島主、種子島幡時の末裔で、リリアン・トゥーより風水を学ぶ。その貴重な風水の知識をベースに、風水コンサルテーションとして、「八宅派・玄空飛星派」を用いた、住居、店舗、オフィス、新規建築物件のコンサルティングや御筆先による鑑定として、特殊占術、自動書記を用いた運命鑑定、仕事、人間関係、恋愛、結婚、ご先祖絡みの鑑定、その他、タロットリーディングや風水のセミナーを行っている。
BeBe（ビビ）のラブスピリチュアル…http://love-spiritual.net

Aya（彩）
マレーシアのクアラルンプールでリリアン・トゥーより直接風水を学び、GIA（米国宝石学会）の資格を持つ、風水開運アドバイザー・開運ジュエリーデザイナー・薬膳アドバイザー。風水と四柱推命の鑑定による住環境・オフィス・店舗の風水開運アドバイス。陰陽五行に基づく体に合った薬膳アドバイス。全国で開運セミナーを開催。本格的な宝石の知識を生かした、オリジナルグッドラック（開運）ジュエリーのデザイン・制作を行っている。
Ayaのラブスピリチュアル…http://aya.love-spiritual.net/

華僑の風水事典

2020年3月19日　初版第1刷発行

著　者　　鮑 義忠 ／ BeBe ／ Aya
発行者　　伊藤 滋
発行所　　株式会社自由国民社
　東京都豊島区高田3-10-11　〒171-0033
　URL：http://www.jiyu.co.jp
　振替：00100-6-189009
　TEL：03-6233-0781（代表）
造　本　　JK
印刷所　　大日本印刷株式会社
製本所　　新風製本株式会社